한 번쯤은
아일랜드

여행에서 만나야 할 모든 것은 아일랜드에 있다

한 번쯤은 아일랜드

김현지 지음

이 책은 지난 4년 동안 아일랜드에 사는 현지인이자 이방인일 수밖에 없는 내가 떠났던 여행지에 대한 기록이다. 각 명소에 대한 해설과 함께 여행자가 실질적으로 궁금해하는 여행 정보를 충실히 기록했지만, 그렇다고 단순히 여행지에 대한 정보나 찬양만 늘어놓은 것은 아니다. 외국인의 시각에서 그들의 역사와 문화, 자연에 대한 생각을 가감 없이 넣었다. 그 기록을 열기 전에 내가 아일랜드에 살게 된 이야기, 아일랜드를 여행하고 사랑하게 된 이야기를 먼저 해보려고 한다.

아일랜드에서 두 번째 인생을 살기로 했다

아일랜드에서 살게 되리라고는 한 번도 생각해본 적이 없었다. 아일랜드의 한 대학에서 남편 전공 분야의 박사후과정 공고를 발견하기 전까지는 말이다. 어쩌면 그때가 내 인생에서 아일랜드를 처음 떠올린 순간이었을 것이다. 사실, 유럽에 아일랜드가 있다는 것도 그때 다시 깨달았다.

당시 미국에서 유학생 부부로 살던 나는 공부와 육아를 병행하며 지쳐있었다. 하루빨리 힘든 유학 생활을 청산하고, 제대로 된 월급을 받으며 안정적으로 살고 싶었다. 미국을 떠나는 데 미련은 없었지만, 또다시 연고도 없는 곳에 가서 살아야 한다는 불안감이 있었다. 그러면서도 마음 한편으로는 '지금이 아니면 언제 유럽에서 살아볼 수 있을까?'라며 유럽 생활을 막연하게 꿈꾸기도 했다.

몇 주간의 고민 끝에 우리는 아일랜드로 이사를 결정했다. 아일랜드에 대해 많이 알았다면(특히 날씨에 대해), 아마 이곳에 오지 않았을지도 모르겠다. 하지만 당시의 우리는 젊었고, 무엇보다도 새로운 터닝포인트가 절실한 시기였기에, 아일랜드에서의 두 번째 인생을 살기로 했다.

꿈꾸던 유럽 생활, 그 이상과 현실의 괴리

이사 준비를 하면서 우리는 아일랜드에 대해 공부하기 시작했다. 직접 가보지 않고 단편적으로 알게 된 아일랜드의 역사는 정말 드라마틱했다. 영국의 식민지 지배를 800년이나 받다가 독립한 나라, 인구의 4분의 1이 감소한 무시무시한 감자 대기근을 이겨내고 유럽의 강국으로 급성장한 나라인 아일랜드가 왠지 대단해 보이기까지 했다.

이사는 매우 순조롭게 진행됐다. 사용하던 물건은 대부분 처분하고 큰 사과 상자 10개에 옷과 책, 꼭 필요한 것들만 가지고 2013년 2월 초, 아일랜드 땅에 도착했다. 영국만큼 날씨가 나쁘다는 지인들의 말과는 달리 아일랜드는 유난히 화창한 날씨로 우리를 반겼다.

태어나서 처음 만나는 유럽 또한 나에게 신선함과 호기심의 연속이었다. 미국에서 매일 보던 영어 간판인데도 유럽은 뭔가 달랐다. 더 우아하고 고상해 보였다. 저녁 6시만 되도 대부분의 상점이 문을 닫고, 차도나 인도는 좁디좁았는데도 모든 게 좋아 보였다. 그동안 경험해보지 못한 이국적인 풍경은 불편한 것들조차 새롭다는 말로 일축되었다.

딱 거기까지였다. 이사 온 지 2주가 지나자 매일 흐리고 비가 내렸다. 다양한 명도의 회색 구름은 햇빛을 서서히 막았고 어느샌가 바람과 빗발이 매섭게 휘몰아치곤 했다. 바람 속에 내리는 비는 익히 알던 비의 모습과 달랐다. 위에서 아래로 떨어지는 게 아니었다. 30도, 60도, 90도…, 바람이 부는 대로 빗방울이 춤을 췄다. 덕분에 우산은 쓸모가 없어졌고, 안경알엔 영락없이 빗방울이 맺혔다. 태양의 자비를 갈망하듯이 도로 옆 나무들은 모두 한쪽으로 가지를 뻗고 늘어서 있었다.

밖으로 나가는 게 점점 더 불편해졌다. 흐리기만 하면 다행인데 사람을 놀리듯이 비가 내렸다 그쳤다를 반복하니 아예 나가는 것을 포기하게 된 것이다. '나는 지금 어디에 있는가? 왜 여기 왔는가?' 하며 이곳의 삶을 자책하기도 했다.

아일랜드를 사랑하게 된 건, 날씨 덕분이었다

아일랜드에 오기 전까지 날씨가 이렇게 내 삶에 큰 영향을 끼칠 줄은 몰랐다. 이곳에 온 후로 날씨에 울고 웃는 내가 되어버린 것이다. 그러면서 나는 배웠다. 날씨가 좋을 땐 그 날씨를 그저 충분히 즐겨야 한다는 것을, 아무리 날이 궂어도 곧 지나간다는 것을. 좋은 것은 더 좋게 받아들이고 나쁜 것은 좀 더 가볍게 받아들일 수 있는 내성이 생겼고, 지금 이 순간의 삶이 가장 중요하다는 것을 깨닫게 되었다.

그때부터였을 것이다. 그동안 나에게 사치로만 다가왔던 '여행'이라는 모험을 하게 되고 아일랜드가 이렇게 아름다운 나라임을 알게 된 때가. 시작은 동네 산책이었다. 숨쉬기가 유일한 운동이던 내가, 날씨가 좋은 날에는 무조건 산책을 했다. 가까운 동네를 걷다가 자동차로 한 시간 남짓한 도시로 여행을 떠났다. 여행은 또 다른 여행으로 이어 졌고 더 나은 여행을 하기 위해 책을 읽었다. 책을 읽으니 하고 싶은 이야기를 글로 남 기게 되었다. 기록이 모여 내가 되고 또 다른 기록이 되었다. 어떤 것은 혼자만 간직하기 도 하고 어떤 것은 블로그를 통해 세상 밖으로 나오기도 했다. 여행 후 남겨놓은 기록들 은 단조로운 일상을 살아가는 힘을 주었다.

장엄한 대자연과 인정 많은 사람들을 만날 수 있는 곳

내 뇌리에 오래도록 머물렀던 여행지는 어디였던가. 크기조차 가늠할 수 없는 장엄한 대자연 앞에서였다. 북아일랜드의 자이언츠 코즈웨이Giant's Causeway에서 자로 잰 듯 이 정확한 육각형 모양의 돌들이 그저 자연의 힘만으로 만들어졌다는 사실은 눈으로 보 면서도 믿어지지 않았다. 대서양을 향한 거대한 모허 절벽Cliffs of Moher 위에서의 감동 도 잊을 수 없다. 바다와 맞닿은 육지의 끝자락에 서있다는 사실에 마치 신대륙을 발견 한 사람처럼 뿌듯하고 우쭐했다. 너무나 엄청난 그 모습을 단순히 '멋지다', '아름답다' 는 말로밖에 표현하지 못하는 내 표현력의 한계를 느끼곤 했다. 아일랜드의 자연은 때 로는 소박하게, 때로는 장엄하게 내 마음을 쥐었다 폈다 했다.

현지인과 깊은 교감을 나누었던 여행지도 잊을 수 없다. 아는 사람 하나 없는 여행지 에서 현지인으로부터 받는 환대는 기대 이상의 감동으로 다가왔다. 예이츠의 고향, 슬라 이고Sligo 여행길에 들렀던 뉴포트Newport의 어느 작은 펍, "Welcome to Newport."라 는 인사와 함께 소박한 이야기를 건네준 동네 아저씨는 뉴포트를 따뜻한 도시로 기억하 게 했다. 별것 없는 여행지가 특별한 곳으로 탈바꿈한 순간이었다. 어찌 보면 여행에서 더 중요한 것은 여행지의 주관적인 아름다움 아닐까.

유라시아 대륙 북서쪽에 위치한 나라, 아일랜드. 아마도 당신은 4년 전의 나처럼 아일랜드를 들어본 적은 있지만 무심하게 지나쳤을 것이다. 아니면 비싼 돈을 들여 여행가야 할 만큼 매력적이지 않다고, 친구들에게 으스대며 자랑할 만한 곳이 아니라고 생각할지도 모르겠다. 하지만 아일랜드를 여행하면 할수록, 이곳에서만 느낄 수 있는 대자연의 웅장함과 소박한 삶의 모습에 당신은 새로운 아름다움을 느끼게 될 것이다. 거친 자연과 친절한 사람들, 흥겨운 펍 문화까지도 말이다. 그리고 이 모든 것을 경험하고 한국으로 돌아가는 비행기 안에서 이렇게 되뇔지도 모르겠다.

'아일랜드에 가길 잘했다고… 참 아름다운 나라였다고…'

Special Thanks to.

아일랜드를 널리 알릴 수 있도록 멋진 사진을 제공해준 아일랜드 관광청과 북아일랜드 관광청, 더 좋은 책을 만들기 위해 힘써준 도서출판 슬로래빗에 감사드립니다. 기도로 매 순간을 함께 해주신 양가 부모님들과 언제나 든든한 남편, 사랑하는 가족들, 원고 교정에 도움을 아끼지 않으셨던 시어머니께도 감사의 인사를 전합니다.

부록 아일랜드 여행, 어떻게 해야 할까?

01
문화의 도시, 더블린

THE WINDING STAR
DUBLIN
WOOLLEN
MILLS
THE WOOLLEN MILLS

❋ 아일랜드 = 기네스 맥주, 기네스 스토어하우스

　훌륭한 브랜드는 상품뿐만 아니라 브랜드가 탄생한 나라의 가치를 높여준다. 아일랜드에서 가장 성공한 브랜드를 이야기하라면 단연코 기네스Guinness 맥주를 이야기해야 한다. 아일랜드는 잘 몰라도 기네스 맥주를 모르는 사람은 없을 만큼 기네스는 흑맥주의 대표 주자로 전 세계인들에게 아일랜드를 알리는 일등 공신 역할을 톡톡히 하고 있기 때문이다.

　온갖 진기한 기록을 모아놓은 《기네스북Guinness Book》을 기네스 사에서 발행한다는 사실도 흥미롭다. 사연은 이렇다. 1950년대 기네스 사의 상무이자 사냥광이던 휴 비버 경Sir Hugh Beaver, 1890~1967이 아일랜드 동남쪽, 웩스포드 지역Co. Wexford의 슬레이니Slaney 강변에서 사냥을 하고 있었는데, 황금물떼새Golden Plover가 워낙 빨라서 한 마리도 잡지 못했다. 자존심이 상한 그가 유럽에서 가장 빠른 새는 황금물떼새일지도 모른다고 주장하면서 논쟁이 시작됐다. 이에 사실을 확인하려고 자료를 찾아보았지만, 새에 대한 기록을 찾아볼 수가 없었단다. 그는 황금물떼새뿐만 아니라 '누가 빠르냐, 누가 최고냐' 같은 문제로 술자리에서 논쟁이 자주 일어나는 것을 보고 공식 기록을 남기기로 결심했다. 《기네스북》은 그렇게 1955년 8월에 처음으로 출간되었다. 술집에서 벌어지는 사소한 논쟁을 위한 심심풀이용 책으로 시작하였으나 현재는 각종 세계적인 기록을 등록하는 장으로 세계인들의 흥미와 관심의 대상이 되고 있다.

기네스 맥주와 사랑에 빠지는 곳, 기네스 스토어하우스

더블린 남서쪽에 위치한 기네스 스토어하우스Guinness Storehouse를 방문해보면 제대로 만들어진 브랜드 박물관이 얼마나 큰 영향력을 미치는지 직접 느낄 수 있다. 기네스 스토어는 20유로라는 사악한 입장료에도 불구하고, 돈으로 환산하지 못할 잠재력과 가치를 지닌 곳이다. 그저 맥주만 이야기하는 곳이 아니다. 기네스 맥주를 넘어, 기네스 사의 문화와 그 문화의 힘을 소개하고, 더 나아가 아일랜드 문화를 보여주고 있다.

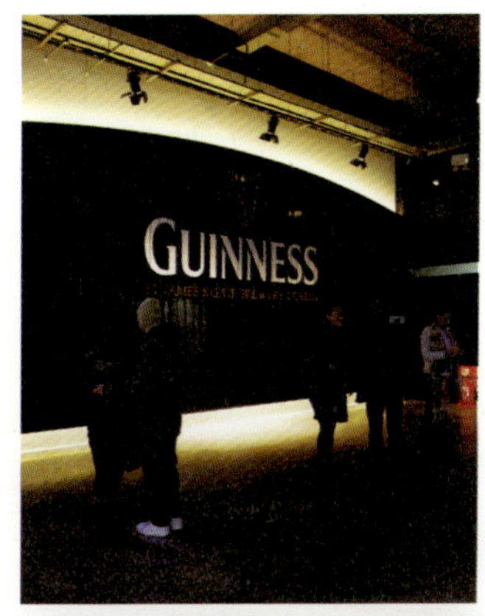

박물관은 더블린 리피Liffey 강변의 기네스 공장 옆에 있다. 천장을 비롯한 벽면은 의도적으로 철근과 각종 통풍, 환기 시설을 노출하고, 과거 공장에서 사용하던 육중한 기계를 박물관 인테리어에 적극적으로 활용했다. 기네스 공장의 콘셉트를 그대로 가져온 인테리어 자체로도 브랜드 이미지를 보여주기에 충분하다. 화력발전소를 미술관으로 탈바꿈시킨 런던의 테이트 모던Tate Modern 갤러리를 연상케 하기도 한다. 오래된 것이 현대에 와서 더욱 빛을 발하는 순간이랄까.

박물관 내부는 적당히 어두워서 전시물에 집중할 수 있고, 바닥의 화살표는 진행 방향을 알려주어 관람을 더욱 편하게 한다. 관람객이 지루하지 않도록 간단한 설명과 함께 시각적 효과를 높여주는 타이포 디자인이 곳곳에 배치되어있고, 전시물을 직접 보고 듣고 만져볼 수 있다.

관람객의 마음을 잘 아는 전시장

본격적인 관람은 1층에서 시작된다. 기네스 맥주에 사용되는 보리와 물을 먼저 소개한 후, 볶고, 으깨는 등 맥주가 양조되는 과정을 보여주는데, 맛과 향을 그대로 느끼도록 해서 전혀 지루하지 않다. 다리가 아플 즈음에는 간단한 스낵 코너가 나타나 잠시 휴식도 가능하다.

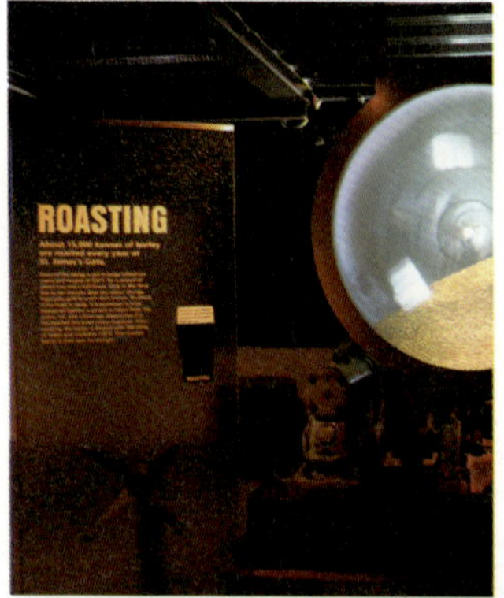

2층의 테이스팅 룸Tasting Room에서는 기네스 사가 만든 다양한 맥주를 시음해볼 수 있는데, 앙증맞은 기네스 잔에 맥주를 한 모금 마시면 더 마시고 싶은 마음이 절로 든다. 3층 전시실은 기네스의 역사를 한눈에 보여주는 곳이다. 과거부터 현재까지의 기네스 광고 영상을 대형 벽

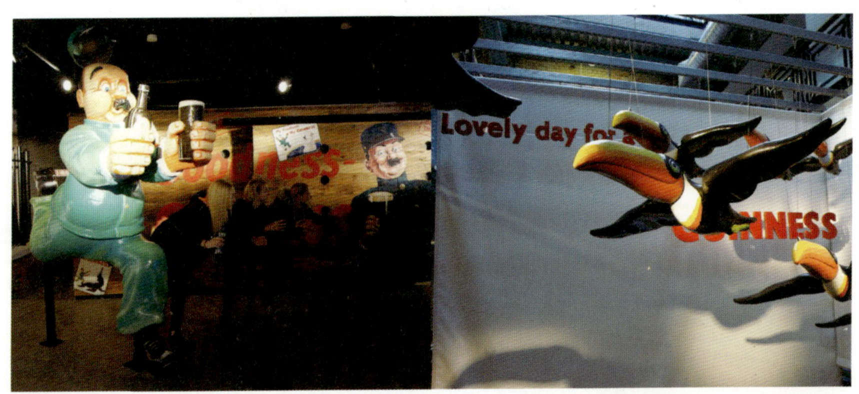

면 스크린에서 즐길 수 있고, 기네스 브랜드 캐릭터를 모아놓은 포토존도 있어 다채롭다.
　기네스 스토어하우스만의 특별한 장소를 꼽으라면 4층의 기네스 아카데미와 7층의 전망대를 빼놓을 수 없다. 기네스 아카데미에서는 기네스 맥주를 세상에서 가장 맛있게 따르는 방법을 배울 수 있다. 잔을 45도 기울여 기네스 로고인 골드 하프까지 맥주를 채우고 나서 질소가 충분히 섞이도록 2분간 기다린 후 나머지를 채우면 된단다. 이곳은 단순히 전시물을 관람하는 것을 넘어 직접 배우고 체험하면서 기네스라는 브랜드를 더 깊이 알게 되는 곳이다. 체험을 마치면 본인 이름이 새겨진 간단한 수료증도 제공하니, 특색 있는 기념품을 원한다면 참고하시길.

　　7층에는 사방이 통유리로 된 전망대가 있다. 1층부터 6층까지 관람하면서 다리도 아프고 집중력도 떨어진 관광객 앞에 나타난 시원한 기네스 맥주 한 잔, 그리고 360° 어디 하나 막힘 없이 탁 트인 더블린 전경! 관람객의 심리를 제대로 파악해서 필요한 것을 미리 제공해주는 완벽한 동선과 구성을 갖춘 박물관이다.

　　2015년 유럽 최고의 관광 명소로 선정되어 한 회사뿐만 아니라 아일랜드의 명성까지 높여주는 아일랜드 관광의 일등 공신, 기네스 스토어하우스. 완벽한 기네스를 체험하고 싶은 사람이라면 넉넉히 시간을 가지고 방문하길 바란다. 단, 박물관에 들어가기 전에 마음을 단단히 먹어야 한다. 건물에 들어서는 순간, 그곳의 매력에 푹 빠져서 출구를 찾기 싫을지도 모르니까.

기네스 스토어하우스(Guinness Storehouse)

홈페이지 www.guinness-storehouse.com

주소 St. James's Gate, Ushers, Dublin 8

운영 시간 09:30~19:00(마지막 입장은 오후 5시)

　　　　단, 7~8월은 오후 8시까지 운영(마지막 입장은 오후 6시)

　　　　매년 Good Friday(부활절 전 금요일), 12월 24일~12월 26일 휴관

입장료 성인 €25, 학생 €18(ID 지참시), 11~17세 어린이 €16, 10세 미만은 무료,

　　　　온라인 결제 시, 날짜와 시간에 따라 5~30% 할인율이 적용됨.

관람 시간 2~3시간

관람 포인트 기네스 아카데미, 7층 360° 전망대 새로운 곳을 여행할 때면 으레 유명한 장소를 찾게 된다. 파리에 가면 에펠탑Eiffel Tower을, 런던에서는 빅벤Big Ben을 꼭 가봐야 하듯이 아일랜드에선 '펍Pub, Public House의 약자'이 바로 그런 곳이다. 그 정도로 아이리시 펍Irish Pub은 아일랜드를 대표하는 관광 명소다. 더블린을 비롯한 아일랜드 곳곳에 수많은 펍이 있어서 어쩌면 기념품 가게보다 펍을 찾기가 더 쉬울지도 모르겠다. 오죽하면 아일랜드의 대표 작가 제임스 조이스James Joyce, 1882~1941가 이런 말을 썼을까.

"펍을 피해서 더블린을 걷는다는 것은 마치 퍼즐 게임을 벌이는 것과 같다."
- 소설 《율리시스》 중에서

아일랜드의 문화가 숨 쉬는 곳, 펍

아일랜드 사람들도 우리나라 사람들처럼 술 마시며 이야기하는 것을 좋아한다. 그래서인지 펍 문화가 발달했고, 세계에서 술을 가장 많이 마시는 나라 상위권을 굳건히 지키고 있다. 아일랜드의 펍은 우리나라의 주점과 비슷하게 맥주와 음식을 판매하지만, 단순히 술과 음식을 즐기는 곳이 아니다. 우리나라 카페에서처럼 술 한잔을 두고 몇 시간

씩 담소를 나누기도 하고 독서 토론회를 벌이기도 한다. 또 축구 시즌에는 응원 장소의 역할을 톡톡히 해낸다. 평일 저녁이나 주말에는 아일랜드 전통음악 공연이 열리기도 하는데, 젊은이들이 많은 트렌디한 펍에서는 그들 취향에 맞는 음악이 연주되기도 한다. 더블린 시내에서는 담배 피우는 사람을 흔히 볼 수 있지만, 펍 실내에서만큼은 금연이 원칙임을 명심하자.

아이리시 펍은 더블린 어디에서나 만날 수 있다. 그중에서도 가장 유명한 펍은 붉은 벽돌로 지어진 템플바Temple Bar. 처음 이곳을 찾아갈 때 겪은 웃지 못할 에피소드가 있다. 술을 그다지 즐기지는 않지만 더블린을 대표하는 펍은 가봐야 할 것 같아 지도를 보며 템플바를 찾아가고 있었다. 그런데 막상 지도를 따라가 보니 여기에도 템플바, 저기에도 템플바가 있는 게 아닌가. 분명 내가 알고 있는 템플바는 모퉁이에 있는 붉은색 건물이었는데 말이다. 한참을 헤매다가 안 되겠길래 한 펍에서 나온 종업원에게 길을 물었다.

"템플바가 어디예요?"
"여기가 템플바인데요??"
"아니, 아일랜드 관광 엽서에 많이 나오는 붉은색 벽돌 건물에….."
"그런 곳이 있어요? 잘 모르겠는데요?"

이런 황당한 경우가! 이 동네에서 일하는 사람이 아일랜드의 유명한 관광 명소를 모르다니! 처음에는 '내가 길을 잘못 들어섰나?' 생각했다가, '그 사람이 일한 지 얼마 안 돼서 그런가?'라는 생각이 들기도 했다. 그러지 않고서야 외국인들도 다 아는 템플바를 현지인이 모를 리가 있을까. 잠시 후 다시 길을 물었을 때 의문이 풀렸다. 여기서 말하는 템플바는 특정 가게를 말하는 게 아니라 전통 아이리시 펍이 밀집된 구역 전체였다. 내가 그토록 찾고 있던 템플바는 17세기 초, 트리니티Trinity 대학의 학장인 윌리엄 템플 경Sir William Temple의 집과 정원이 있던 곳에 지어진 곳이었다. 그 종업원의 말마따나 여기도, 저기도 모두 템플바였던 것이다.

명성과는 달리 짧은 역사를 가진 템플바 구역

울퉁불퉁한 자갈길이 보이고 국적을 알 수 없는 다양한 언어가 섞여 들려오기 시작하면 템플바 구역의 중심으로 들어온 것이다. 전통 아이리시 펍과 잘 어울리는 자

갈길은 마치 중세 시대 마차들이 다니던 길인 듯하여 특별하게 느껴지지만, 이 구역의 역사는 생각보다 길지 않다. 1980년대 초반부터 조성된 곳으로 더블린의 유명한 구역 중에서 가장 최근에 지어졌단다.

　템플바 구역은 19세기부터 서서히 쇠퇴하기 시작해서 20세기 초반만 해도 버려진 건물들로 슬럼화되어 희망이 없는 곳이었다. 그러던 중 1980년대 초반에 에린 버스회사 Córas Iompair Éireann가 이곳에 버스 터미널을 세우려고 했다가, 주민들의 항의로 개발이 취소되었다. 주민들은 템플바 지역을 더블린 문화의 중심으로 부흥시키고자 뭉쳤다. 그 결과 더블린에서 가장 활기찬 곳, 세계 각지에서 온 수많은 관광객으로 붐비는 템플바 구역이 탄생했다.

여기가 유럽이야!

템플바 구역은 펍뿐만 아니라 다양한 볼거리들로 관광객의 눈과 귀를 사로잡는다. 중앙 광장Temple Bar Square에서 토요일마다 열리는 템플바 푸드 마켓Temple Bar Food Market은 규모는 작지만 '여기가 유럽이야!'라고 외치는 듯 유럽식의 소박한 멋과 재미를 선사한다. 푸드 마켓의 위를 올려다보면 커다란 나뭇잎 모양의 자이언트 엄브렐라 Giant Umbrella 천막이 눈에 들어온다. 시도 때도 없이 내리는 비를 막고자 설치된 천막으로 아일랜드 건축 공모전 수상작이다. 그 밖에도 주말마다 책, 골동품 등을 판매하는 북 마켓Book Market과 아마추어 디자이너들의 작품을 판매하는 디자이너 마트Designer Mart도 정기적으로 열려서 템플바 구역은 늘 관광객으로 북적인다.

반나절, 아니 하루 정도는 템플바의 매력에 흠뻑 빠져보자. 그래야지만 아일랜드 문화를 봤다고 말할 수 있다.

템플바 푸드 마켓(Temple Bar Food Market)

주소 Meeting House Square, Dublin 2
운영 시간 10:00~16:30(토요일)

북 마켓(Book Market)

주소 Temple Bar Square, Dublin 2
운영 시간 11:00~18:00(토~일)

디자이너 마트(Designer Mart)

주소 Cow's Lane, Dublin 2
운영 시간 10:00~17:00(토요일)

템플바 구역에서 가볼 만한 펍들

템플바(The Temple Bar)

템플바 구역에서 가장 유명한 펍(22p 사진). 아이리시보다 관광객이 더 많고, 하루 두 차례(오후 1시, 8시) 아이리시 전통음악을 들을 수 있다.
운영 시간 10:30~01:30(월~수)
　　　　　10:30~02:30(목~토)
　　　　　11:30~01:00(일)

올리버존고가티(Oliver St. John Gogarty)

아일랜드 시인이자 의사였던 고가티의 이름을 따서 지은 펍으로, 노란색 건물에 다양한 국기들이 걸려있어 가장 찾기 쉽다(23p 사진). 매일 아이리시 전통음악 공연이 있다.
운영 시간 10:30~02:30(월~토)
　　　　　12:00~01:30(일)

포터하우스(The Porterhouse)

펍에서 직접 맥주를 양조하는 곳으로, 맥주 오스카상인 IBA(The International Brewing Awards)에서 최고의 스타우트 맥주로 선정된 적이 있다. 매일 라이브 공연이 펼쳐진다.
운영 시간 11:30~24:00(월~수)
　　　　　11:30~01:00(목)
　　　　　11:30~02:00(금~토)
　　　　　12:00~24:00(일)

팰리스바(The Palace Bar)

1823년에 설립된 펍으로 빅토리안 양식이 보존되어있다. 더블린에서 가장 훌륭한 위스키를 마실 수 있다.
운영 시간 10:30~23:30(월~목)
　　　　　10:30~00:30(금~토)
　　　　　10:30~23:30(일)

❋ 영화《원스》가 남기고 간 것들, 그래프턴 거리 & 영화 촬영지

겨울 저녁, 인적이 드문 더블린 그래프턴 거리Grafton St.에서 한 남자가 기타를 치며 자신이 작곡한 노래를 부르고 있다. 누구를 향한 외침인지 알 수 없지만, 아무도 들어주지 않는 노래를 밤마다 부른다. 바로 2006년에 제작된 영화《원스Once》의 오프닝 장면이다.

탄탄한 스토리만큼이나 감미로운 음악으로도 많은 관객을 울렸던 이 영화는 2016년 《싱 스트리트Sing Street》, 2014년 《비긴 어게인Begin Again》으로 흥행한 존 카니John Carney 감독의 첫 번째 독립 영화다. 2006년 당시 13만 유로(한화로 약 1.6억원)의 저예산

으로 촬영했지만 미국을 비롯한 세계 곳곳에서 이천만 달러(한화로 약 230억 원)가 넘는 흥행을 기록했다. 국내에서도 약 23만의 관객을 모으며 2007년 국내 개봉 당시 독립 영화 관객 기록을 갈아치웠다.

《원스》는 신기하게도 흔한 갈등 구조 하나 없다. 두 주인공*은 자연스럽게 만나 앨범을 만들기로 결심하고 쉽게 제작자를 구한다. 영화는 그들의 사랑을 직접적으로 다루지

---

* 주인공 글렌 한사드(Glen Hansard)는 버스커 출신의 아일랜드 가수로 인디밴드 '더 프레임스(The Frames)'의 보컬 및 기타리스트이다. 여주인공인 마르케타 이글로바(Marketa Irglova)는 일곱 살 때부터 음악을 시작한 싱어송라이터로, 《원스》 촬영 후 글렌 한사드와 '더 스웰 시즌(The Swell Season)'이라는 포크 듀오를 결성하기도 했다.

않는다. 관객들은 영화가 끝날 때쯤에야 그들이 서로 사랑하게 되었다는 것을 '눈치'챈다. 영화는 이렇게 주인공들의 모습을 시종일관 차분하게 보여준다. 다소 따분할 만한 전개인데도 영화 내내 흐르는 음악으로 전 세계 관객들의 마음을 사로잡았다. '막장 드라마'가 판을 치는 요즘에 이 영화가 나왔어도 그만큼 흥행할 수 있었을까 궁금해지기도 한다.

영화가 인기를 끌면 종종 그 촬영 장소에도 관심이 쏠리게 된다.《원스》도 예외는 아니다. 전 세계의 영화 팬들은 아일랜드라는 나라에 막연한 호기심을 가지기 시작했고, 영화의 주요 배경이 된 그래프턴 거리로 모여들었다. 그들은 오늘도 더블린 곳곳에서 영화 속 장면들과 음악을 추억하고 있다.

더블린의 대표 쇼핑가, 그래프턴 거리

영화 초반에 나오는 그래프턴 거리는 우리나라 명동처럼 더블린의 대표적인 쇼핑가이다. '전 세계 10대 쇼핑하기 좋은 거리'로 선정될 만큼 소위 '잘 나가는' 상점들이 밀집된 곳이라, 인구 밀도가 우리나라의 8분의 1 정도로 낮은 아일랜드에서도 이곳만큼은 늘 사람들로 북적인다.

한 손에 쇼핑백을 든 사람들이 오가는 풍경과 더불어 그래프턴 거리에서 또 하나 흔하게 볼 수 있는 광경은 바로 예술가들의 공연이다. 실제로 이 거리는 무명 가수들의 등용문으로 유명하다. 《원스》의 주인공 글렌 한사드도, 우리에게 '쌀 아저씨'로 잘 알려진 데미안 라이스Damien Rice도 한때는 그래프턴 어딘가에서 버스킹Busking, 거리 공연을 하는 가난한 뮤지션이었다고.

500m가 채 안 되는 짧은 거리에 다재다능한 예술가들이 곳곳에서 자신의 끼를 과감히 발휘하고 있다. 듣고 있자니 안쓰러워져 1유로라도 던져주게 되는 아마추어가 있는가 하면, 거리에 나온 것이 의아할 정도로 수준급의 공연을 보여주는 프로 예술가도 있다. 실력도, 모습도 각기 다르지만, 공연에서만큼은 진지함을 잃지 않는 그들의 모습에 깊은 감동이 느껴진다.

더블린에서 가장 오래된 카페, 뷸리스 카페

프랑스 파리에 20세기 지성인들이 자주 모이던 명소 레 뒤 마고Les Deux Magot가 있다면, 그래프턴 거리에도 그런 곳이 있다. 1927년에 문을 연 뷸리스* 카페Bewley's Café. 더블린에서 가장 오래된 카페이자 그래프턴 거리의 랜드마크인 이곳은 유명한 문학가 제임스 조이스James Joyce, 1882~1941와 사무엘 베케트Samuel Beckett, 1906~1986가 생전에 즐겨 찾았고 아일랜드의 유명한 펑크 밴드인 붐타운 래츠Boomtown Rats의 밥 겔도프Bob Geldof, 1951~와 유명한 싱어송라이터인 시네드 오코너Sinead O'Connor, 1966~가 좋아하는 곳이다.

---

* 뷸리스(Bewley's Limited)는 18세기에 프랑스에서 이민 온 뷸리스 가문이 1840년에 설립한 세계적인 음료 회사로 커피와 티를 전문으로 한다. 1835년, 인도를 거쳐 중국의 차를 들여오던 당시의 관행을 깨고 뷸리스 가족은 중국과 직거래를 시작했다. 그 후로 회사를 설립하고 커피로 영역을 넓혔고 지금의 카페까지 개설했으니 그들의 사업 수완이 가히 놀라울 따름이다.

　카페는 총 3층으로, 규모는 400석 이상, 전체 약 500평 정도로 아일랜드에서 가장 크다. 카페 안쪽 창문에는 스테인드글라스 아트로 유명한 아일랜드 화가 해리 클락Harry Clark, 1889~1931의 작품이 설치되어있고 건물 곳곳에서 화려한 아르누보 양식*의 건물 장식을 찾을 수 있다. 또한 건물 한쪽에는 조이스의 필체가 담긴 편지나 당시의 사진이 걸려있어 과거 아일랜드의 풍경과 문학가들의 발자취를 느낄 수 있는 소중한 장소이다.

　굳이 무언가를 사지 않아도 좋다. 그래프턴 거리의 붐비는 사람들 속을 걷다가 아일랜드의 거센 바람을 막아줄 따뜻한 커피 한 잔만 있다면 그곳을 걷는 즐거움은 배가될 것이다.

빅토리안 양식의 쇼핑센터, 조지 스트리트 아케이드

　월튼 뮤직 맞은편에는 영화 초반에 잠깐 등장한 조지 스트리트 아케이드George Street Arcade가 있다. 1881년 더블린에 처음으로 지어진 빅토리안Victorian 양식**의 쇼핑센터인데, 건설될 당시 영국의 지배를 받던 더블린 시민들에게 환영받지 못했다고 한다. 우

---

* 아르누보(Art Nouveau)는 '새로운 미술'을 뜻하는 프랑스어로 19세기 말부터 20세기 초까지 유럽에서 성행한 예술 사조이다. 자연물, 특히 꽃이나 식물 덩굴에서 따온 장식적인 곡선을 특징으로 삼고 있는데, 체코의 알폰스 무하(Alfons Mucha, 1860~1939)가 대표적인 아르누보 화가로 손꼽힌다.(위키백과 참조)
** 특정한 표현 양식이라기보다는 영국 빅토리아 여왕 재위 기간(1837〜1901)에 유행하던 모든 양식을 포괄적으로 나타낸다. 당시 영국은 산업혁명과 식민 통치로 인한 황금기를 누리며 세계 각국의 다양한 문화 양식(비잔틴, 오리엔탈, 이탈리아 고전주의, 로마네스크, 고딕 등)을 받아들였다.

리 식으로 말하자면 일본풍의 건물을 멋지게 지은들 누가 좋아하겠는가? 하지만 1892
년에 발생한 엄청난 화재로 이곳의 상인들은 하루아침에 파산할 위기에 처했다. 이 소
식에 더블린 시민들은 대규모 모금 활동을 진행하며 상인들을 물심양면 도와주었다고
한다. 아일랜드인들의 이런 정情은 한국인들과 참 닮은 구석이 많다. 우여곡절 끝에 조
지 스트리트 아케이드는 1894년 가을에 다시 문을 열었고 지금까지 운영되고 있다. 최
근에는 더블린 시티가 아케이드 근처를 '크리에이티브 쿼터Creative Quarter'로 지정하
면서 혁신적인 사업을 주도할 문화 공간으로 자리 잡고 있다.

아케이드 안에는 다양한 상점들이 옹기종기 모여있다. 간단히 음식을 먹을 수 있는 까페나 레스토랑에서부터 악세사리, 옷, 골동품, 책, 레코드와 무명 화가의 작품까지 온갖 잡다한 물건이 가득하다. '이런 물건도 팔리나?' 싶은 것들이 있는가 하면 여기서 팔기엔 아까워 보이는 멋진 제품도 눈에 띈다. 심혈을 기울여 물건을 팔고 있는 가게 주인도 있고, 뻔하디뻔한 물건을 늘어놓고 무심히 앉아있는 주인도 있다. 그곳 상인들에게는 매일 보는 물건, 매일 같은 일상이지만 모든 것이 새로운 여행자에게는 더할 나위 없는 구경거리가 된다.

뷸리스 카페(Bewley's Café)

홈페이지 www.bewleys.com/ie/grafton-street-cafe

주소 78 Grafton St, Dublin 2

참고 사항 07:30~20:00 (월~수, 금), 07:30~20:00(목), 08:30~20:00(토),
　　　 09:00~20:00(일)

조지 스트리트 아케이드(George Street Arcade)

홈페이지 www.georgesstreetarcade.ie

주소 2 south Great George's St, Dublin 2

운영 시간 09:00~18:30(월~수), 09:00~19:00(목~토), 12:00~18:00(일)

LOLLY AND COOKS

✳ 대저택에서 쇼핑센터로, 파워스코트 쇼핑센터

그래프턴 거리가 더블린의 대표적인 쇼핑가라면 그래프턴 거리 사이로 뻗은 골목들은 더블린의 숨은 보물과도 같다. 대로보다는 작은 골목골목에 알짜배기 상점이 많이 숨어있는 것은 서울이나 더블린이나 마찬가지인가 보다. 관광객보다는 더블리너Dub-liner, 더블린에 거주하는 사람들에게 더 알려진 곳으로 가면 진짜 더블린을 만날 수 있다. 그 중에서도 처음 보는 순간 내 마음을 사로잡은 쇼핑센터가 하나 있었는데, 바로 파워스코트 쇼핑센터Powerscourt Shopping Centre이다.

여기가 집이에요? 쇼핑센터예요?

사람들이 바쁘게 오가는 클라렌던 거리Clarendon St.와 윌리엄 거리William St. 사이에 조지언 양식Georgian Style*의 큰 저택이 우뚝 서있다. 커다란 간판이 있는 것도 아니고, 사람들로 북적이지도 않는다. 정문 앞 계단 위에 아기자기한 화분들이 놓여있고 몇

---

* 영국 조지 1~3세 재위 기간(1714~1820)에 유행한 건축 양식(상세 내용은 91p 참고).

몇 사람들이 계단에 앉아 책을 읽거나 커피를 마시는 것이 전부다. 쇼핑센터라고 누군가 말해주지 않으면 그냥 지나치기 십상일 정도. 많은 사람이 볼 수 있도록 간판을 크게 붙여야 할 것 같은데 건물 중앙에 무심하게 걸린 배너는 소박하다 못해 불친절해 보이기도 한다.

열 개도 안 되는 계단을 올라가 정문으로 들어서자 영화에서나 봤음 직한 붉은색 융단이 깔린 계단이 2층으로 향하고 있다. 그 너머로 사람들의 시끌벅적한 소리가 들리기 시작한다. 독특한 쇼핑센터의 모습에 방문객은 그저 감탄하며 건물 안으로 발을 옮길 수밖에 없다.

18세기 초, 당대의 유명한 건축가인 로버트 마크Robert Mack가 설계한 이 건물은, 더블린에서 세 번째로 지어진 조지언 양식의 건물로 3년에 걸쳐 3층 규모로 완공되었다. 18세기 당시 파워스코트 경Sir Richard Wingfield 3rd Viscount Powerscourt, 1730~1788의 저택이자 파티 장소로 사용됐지만, 현재는 더블린의 새로운 쇼핑센터로 자리매김하고 있다.

이 쇼핑센터에는 쇼핑을 넘어선 색다른 재미가 있다. 그중 한 가지는, 건축학도들의 답사 장소로도 인기가 있을 만큼 다채로운 건축 양식에 있다. 전체적인 외양은 조지언 양식으로 건물의 균형과 대칭을 강조했지만, 복도, 천장, 창문 난간 등에서는 로코코Ro-coco 양식을 사용하여 화려하고 섬세하다. 과거 무도회장이던 파워스코트 갤러리는 네오클래식Neo-classic 양식이라 웅장하고 우아한 멋을 자랑한다.

또 하나는 과거의 공간이 현재에 와서 어떻게 재탄생되었는지를 구경하는 것이다. 주방이던 곳에는 현재 바Bar가 있고, 파워스코트 경과 파워스코트 부인의 드레스룸은 각각 패션 매장과 미용실로 사용되고 있는 등 과거와 거의 같은 용도로 쓰이고 있는 상점들이 특히 눈길을 끈다.

일반 저택을 개조해서 만들었기 때문에 상업공간을 목적으로 설계된 건물보다 공간이 협소하고 동선이 불편한 곳도 있다. 하지만 과거의 건축물을 그대로 보존하면서 새로운 공간으로 탄생시켰다는 점에서 매우 독특하고 멋스럽다. 틀에 박힌 스타일이 아닌, 더블린에서만 볼 수 있는 쇼핑센터이기에 더욱 특별한 곳이다.

다양한 편집숍을 만나볼 수 있는 곳

　입점한 매장들이 대부분 편집숍의 성격을 띠는 독립 매장이라는 점도 파워스코트 쇼핑센터의 또 다른 매력이다. 음식점을 제외하고 일반 상품을 판매하는 매장은 약 40여 개뿐. 쇼핑센터라고 하기엔 터무니없이 작은 규모지만, 각각의 매장은 주인의 소신이 담긴 물건을 팔고 있다. 다른 곳과 비교할 수 없는 이곳만의 특별한 매력은 이런 점에 있다. 더블린 사람들의 삶과 문화에 관심이 많고, 유명 브랜드보다는 디자이너들의 제품에 좀 더 관심이 가는 여행자라면 파워스코트 쇼핑센터를 기억하자. 그곳에 가면 문화와 예술을 공유하는 사람들을 만날 수 있을 것이다.

파워스코트 쇼핑센터(Powerscourt Shopping Centre**)**
홈페이지 www.powerscourtcentre.ie
주소 59 South William St, Dublin 2
운영 시간 10:00~18:00(월~수, 금), 10:00~20:00(목)
09:00~18:00(토), 12:00~18:00(일)

❄ 아일랜드 국민 기업 '아보카'의 특별한 성공, 아보카 매장

아일랜드를 여행하면서 가장 흔히 보는 풍경은 푸른 잔디밭에서 풀을 뜯고 있는 양의 모습이다. 그도 그럴 것이 아일랜드는 양이 사람보다 더 많은 나라라고 한다. 기념품 가게를 가도 양을 캐릭터로 만든 상품이 많고, 도심을 조금만 벗어나면 자동차만큼 양을 흔하게 볼 수 있다. 참 재미있지 않은가? 사람보다 동물이 더 많은 나라라는 것이.

그런 면에서 보면 양털로 사업을 시작한 아보카 핸드위버스AVOCA Handweaves, 아래 아보카가 아일랜드를 대표하는 가장 '아일랜드스러운' 회사 아닐까.

시골의 한 직물 공장에서 시작된 작은 움직임

아보카의 역사는 18세기 위클로 지역Co. Wicklow의 작은 아보카 마을Village Avoca 직물 공장에서 시작되었다. 당시의 직물 산업은 농부들이 양을 길러서 털을 깎고 그 털로 실과 옷감을 짜기까지의 모든 과정을 하는 가내 수공업이 대부분이었고, 양털의 천연색을 그대로 사용한 직물로 트위드*나 담요를 만드는 것이 고작이었다.

---

* 간간이 다른 색깔의 올이 섞인 두꺼운 모직 천.

초기 아보카를 운영하던 위니스Wynnes 가문 자매들은 자연에서 추출한 강렬한 색상들빨강, 초록, 노란색로 양모를 염색하며 변화를 시도했다. 결과는 대성공. 그녀들은 직물 산업에 획기적인 변화를 이끌었다. 이후 아보카의 직물은 파리의 디자이너를 포함한 영국의 조지 6세George VI, 엘리자베스 여왕 2세Elizabeth II의 자녀들에게까지 사랑받으면서 널리 이름을 알리게 된다.

아보카에 위기가 없던 것은 아니다. 1970년대, 직물 제조업은 사양길로 접어들었고 아보카도 예외는 아니었다. 그 시기에 도널드 프래트Donald Pratt 부부는 주변의 반대를 무릅쓰고 아보카를 인수한다. 그들은 수직 공법을 도입해 러그와 담요를 만들고, 영국을 비롯한 각 나라로 수출하기 시작했다. 그들은 죽어가던 아보카를 지금의 아보카로 성장시켰고, 그들이 만든 수직 공법의 담요는 아보카의 대표적인 상품으로 지금까지도 꾸준히 사랑받고 있다. 전통을 계승하려는 끊임없는 노력이 '한때 유명했던 회사'로 사라질 뻔한 아보카를 '아일랜드에서 가장 오래된 직물 회사'로 남게 한 것이다.

다양한 용품을 판매하는 종합 판매 매장으로

직물 제조로 시작한 아보카는 현재 다양한 종합 매장으로 탈바꿈했다. 홈메이드 음식에서부터 주방용품, 가정용품, 의류까지 아일랜드 사람들이 좋아하는 모든 품목을 다루고 있다고 해도 과언이 아니다. 아보카에서 추진하는 사업은 크게 세 가지로, 아보카 스토어, 아보카 푸드&카페, 아보카 가든으로 나뉜다. 하나씩 자세하게 살펴보자.

[아보카 스토어] 아보카의 디자인은 유행을 타지 않는 것으로 유명하다. 알록달록하면서도 촌스럽지 않은 아보카만의 색상과 변함없이 좋은 품질은 하루가 다르게 변화하는 패션 업계에서 아보카가 성공하는 비결이다. 아일랜드인의 삶과 문화 속에 깊숙이 뿌리내린 브랜드로 성장하게 된 동력이자 꾸준히 사랑받는 이유이기도 하다. 아일랜드 전역에 걸쳐 총 열한 개의 매장이 있는데, 각 매장은 지역 특성에 따라 상품 구성이 다르다.

[아보카 푸드&카페] 초기의 아보카가 직물 상품으로 이름을 알렸다면 최근에는 음식 사업을 통해 회사를 확장하고 있다. 홈메이드 잼과 처트니Chutney*로 작게 시작했지만, 현재는 마멀레이드**, 오일, 드레싱, 베이커리 등 다양한 홈메이드 제품이 있다.

1997년부터는 레스토랑도 운영 중인데, 아보카 특유의 다채로운 디자인을 토대로 신선한 재료를 써서 만든 새롭고 실험적인 음식들이 많은 인기를 얻고 있다. 그뿐인가. 아보카 푸드 매장에서 출간한 요리책Avoca Café Cookbooks은 아일랜드인들이 '믿고 보는 책'으로, 출간될 때마다 베스트셀러에 이름을 올린다고 한다.

[아보카 가든] 영국의 정원 문화에 영향을 받아서인지 아일랜드인 중에서도 정원 꾸미기에 노력을 기울이는 사람들이 많다. 아보카는 아일랜드인들의 그런 취향을 반영하여 몇 년 전부터 위클로 지역의 유명한 정원인 마운트 어셔 정원Mount Usher Gardens 안에 매장을 운영하고 있다. 단순히 아보카 제품을 판매하는 곳이 아니다. 멋지게 가꿔진 넓은 정원에서 간단한 티타임을 즐기거나 식사를 할 수 있는 곳, 그야말로 눈과 입이 함께 즐거워지는 곳이다.

---

* 과일, 설탕, 향신료와 식초로 만드는 걸쭉한 소스로 고기나 치즈와 함께 먹는다.

** 오렌지 · 레몬 등으로 만든 잼

아보카 더블린 시티 센터(Dublin City Centre Store)

홈페이지 www.avoca.com

주소 11-13 Suffolk St, Dublin 2

운영 시간 09:30~18:00(월~수), 09:30~19:00(목~금)
09:30~18:00(토), 11:00~18:00(일)

참고 사항 아보카 매장마다 운영 시간이 다르기 때문에 시간을 확인하고 가야 한다.
아보카 숍 안의 카페는 숍보다 1시간 일찍 닫는 경우가 많다.

아보카 가든(Avoca garden cafe)

홈페이지 www.avoca.com/explore/our-gardens/mount-usher-wicklow

주소 Mount Usher Gardens, Ashford, Wicklow

운영 시간 09:00~17:00(월~금), 10:00~17:00(토~일, 공휴일)

참고 사항 닫는 시간 30분 전까지 주문이 가능하다.

✳ 손때 묻은 물건의 유혹, 세컨핸드 매장

미국에서 유학하던 시절이었다. 처음 미국 땅에 도착한 날, 주인집 아주머니는 비영리단체의 세컨핸드 매장Second-hand Shop, 중고품 매장으로 나를 데려갔다. 아주머니 나름엔 물건을 싸게 살 수 있는 곳을 야심 차게 소개해주는 눈치였지만 처음으로 그런 곳을 경험한 나는 작지 않은 충격을 받았다.

'정말 이 물건들을 돈을 주고 사는 거야?'

비싸지는 않아도 항상 새 물건을 고집하던 내가 남이 쓰다 버린 듯한 물건을 산다는 것은 상상해본 적도 없었다. 애써 데려간 아주머니에게 죄송하여 고르고 고른 물건이 나무 바구니로 된 쓰레기통 하나였다. 내 아무리 가난할지라도 이곳에는 다시 올 일 없으리라 호언장담했었다.

그런데 일 년도 채 지나지도 않아 우연히 그 매장을 다시 찾았을 때 또 한 번 나는 놀랐다. 어찌나 사고 싶은 물건들이 많던지! 불과 일 년 전에 소스라치게 놀랐던 곳인지 눈을 의심할 정도로 쓸만한 물건이 많았다. 그것도 저렴한 가격으로. 유학 생활을 하면서 나는 조금씩 변하고 있었다. 나에게 필요한 물건이면 굳이 새 물건이 아니더라도 괜찮았다. 이후로도 세컨핸드 물건을 향한 나의 사랑은 지속되었고, 결혼 후 아이를 기르면서는 더욱 애용하게 되었다.

처음 아일랜드에 왔을 때 세컨핸드 매장을 찾기 힘들어서 나는 아쉬웠다. 새 물건을 살 수 있는 기쁨보다는 제값을 다 주고 물건을 사야 한다는 슬픔이 더욱 크게 다가왔다. 하지만 아일랜드에 대해 잘 모르고 있을 때의 일이다. 얼마 지나서 이곳 사람들도 세컨핸드 매장을 좋아하고(엄밀히 말하면 값이 싼 물건을 좋아한다.), 더블린에도 각양각색의 세컨핸드 매장이 있다는 것을 알게 되었다.

매달 마지막 일요일엔 더블린 플리마켓으로

세컨핸드의 대명사는 벼룩시장 아니겠는가. 더블린에서 가장 눈길을 끄는 벼룩시장은 매달 마지막 일요일에 열리는 더블린 플리마켓Dublin Flea Market이다. 2008년 11월부터 시작되었는데, 누구라도 물건을 사고팔 수 있다.(판매자는 참가비 40유로를 내야 한다.) 빈티지 옷부터 시작해 가구, 책, 주방용품 등 온갖 물건이 이곳에 모여든다.

아일랜드의 '아름다운 가게'

더블린의 또 다른 세컨핸드 매장으로 비영리단체에서 운영하는 재활용 센터를 들 수 있다. 우리나라의 '아름다운 가게'와 비슷한데, 다양한 단체에서 이런 매장을 운영한다. 일반 매장처럼 깔끔하게 해놓지 않아서 거부감이 들기 쉽고, 매장 규모가 크지 않아서 언뜻 봐서는 살 만한 물건을 못 찾을지도 모른다. 하지만 잘 뒤져보면 필요한 물건들을 아주 저렴한 가격에 구입할 수 있다. 보통은 세컨핸드 제품만 판매하지만, 연주회를 하거나 쿠키를 만들어서 판매하는 식의 작은 이벤트를 하는 매장도 있다.

나의 경우에는 재활용 센터에 갈 때마다 아이의 책을 사곤 한다. 아일랜드는 책값이 비싼 편이라 선뜻 새 책을 사기가 쉽지 않다. 그런데 우연히 들어간 재활용 센터에서 한 권에 1유로 남짓 되는 저렴한 가격으로 아이의 책을 살 때 엄마이자 주부로서 더할 나위 없이 흐뭇하다.

중고라도 좋은 물건을 찾는다면 빈티지 숍으로

영리를 목적으로 세컨핸드 제품을 파는 빈티지 숍도 있다. 가격은 벼룩시장이나 재활용 센터보다 비싸지만 물건 상태가 좋다. 대중적인 제품을 파는 매장에서부터 샤넬, 구찌, 루이비통 같은 명품을 파는 매장까지 다양하다. 이런 매장들은 주로 독특한 빈티지 제품을 선호하는 사람들이 많이 찾기 때문에 신상품을 함께 팔기도 한다.

누가 어떻게 파느냐에 따라 매장 특징은 달라지지만, 공통점이 하나 있다면 무엇을 사든지 시중보다 훨씬 저렴한 가격에 살 수 있다는 것. 게다가 잘만 고르면 새것보다 훨씬 멋스러운 물건을 만날 수 있다.

여행지에서 그 나라, 그 도시만의 특색 있는 물건을 보고 싶다면 더블린의 다양한 세컨핸드 매장으로 가보라. 더블리너의 손때가 묻어있는 물건들 속에서 더블린의 지난 시간을 만나는 즐거운 여행이 될 것이다.

더블린 플리마켓(Dublin Flea Market)

홈페이지 www.dublinflea.ie
주소 Newmarket square, Dublin 8
운영 시간 매월 마지막 주 일요일

비영리단체 재활용 센터
Enable Ireland, Vincent's Shop,
Oxfam Ireland, Irish Cancer Society, Focus Ireland

영리단체의 빈티지 숍
Lucy's Lounge, Siopaella Designer Exchange, Om Diva,
Designer Exchange Ltd, Dublin Vintage Factory

❋ 여행에도 쉼표가 필요하다, 더블린의 다리와 공원

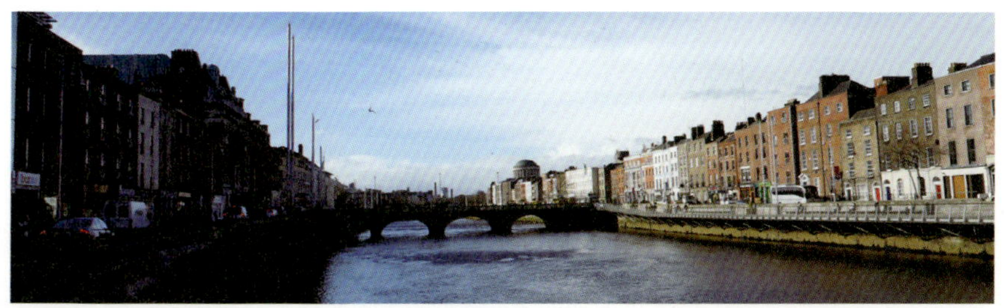

　다른 나라를 여행하다 보면 제한된 시간에 많은 명소를 보아야 한다는 부담으로 실제 그 도시에서의 '일상'을 경험하지 못할 때가 많다. 유명한 건축물이나 공원 앞에서 사진을 찍는 것으로 그 장소에 대한 기본적인 예의를 갖추었다고 생각한다. 그래도 과거 필름 카메라를 사용하던 시절에는 가장 멋진 곳을 골라서 사진을 찍느라 정성이라도 기울였지만 오늘날에는 어떤가. 디지털카메라와 스마트폰으로 사진을 쉽게, 또 많이 찍을 수 있게 된 후로는 조금 괜찮다 싶은 곳에서 일단 먼저 찍고 시간이 허락된다면 그 주변을 잠깐 걸어보고 만다. 그리고는 사진 남긴 것을 뿌듯해 하며 다음 여행지로 바쁘게 이동하는 것이 요즘 사람들의 여행 패턴이다.

　그렇게 수박 겉핥기 하듯이 돌며 사진만 마구 찍어댔던 여행은 사진은 남을지언정 기억에는 남지 않는다. 그보다는 길을 잃어 헤매다 발견한 예상외의 장소, 다리가 아파 잠시 쉬었던 이름 모를 공원, 예정 없이 걸었던 한적한 산책로, 우연히 만난 사람들과 나눴던 대화처럼 여행지에서만 경험할 수 있는 일상의 일들이 나중에 그 여행을 더 기억나게 하고 빛나게 했다. 여행에서 추구하는 것이 무엇이냐에 따라 달라지겠지만, 나는 그랬다.

여행의 쉼표가 되어준 더블린 다리들

　아일랜드 대부분의 도시는 강을 중심으로 형성되어있다. 더블린 역시 리피Liffey 강을 중심으로 남과 북으로 나뉘는데, 남쪽은 주소가 짝수 번호로, 북쪽은 홀수 번호로 표기되어 쉽게 구분된다. 남쪽에 관광지가 집중되어있고 북쪽보다 상대적으로 집값이 비싸고 안전하다. 강남이 더 개발되고 잘 사는 것은 비단 우리나라만의 이야기는 아닌 듯하다.

리피 강의 길이는 약 125km, 폭은 70~80m 정도로 한강에 비하면 길이와 폭이 짧은 편이다. 강을 건너는 데 1분이 채 걸리지 않아서, 누군가에게는 동네 개울을 보는 것처럼 가소로울지도 모르겠다. 하지만 이렇듯 아담한 강임에도 불구하고 리피 강에는 24개의 다리가 있다. 그중에서 오코넬 다리O'Connell Bridge와 하페니 다리Ha'penny Bridge가 가장 유명하다.

아일랜드 해방운동가 다니엘 오코넬Daniel O'Connell, 1775~1847의 이름을 딴 오코넬 다리는 길이보다 폭이 더 넓은 것으로 유명하다. 더블린 최대의 중심가인 오코넬 거리에 맞닿아있어서, 더블린에 가는 누구나 한 번은 건너게 되는 다리일 만큼 더블린의 중심가에서 많은 사람들을 만나고 있다.

오코넬 다리

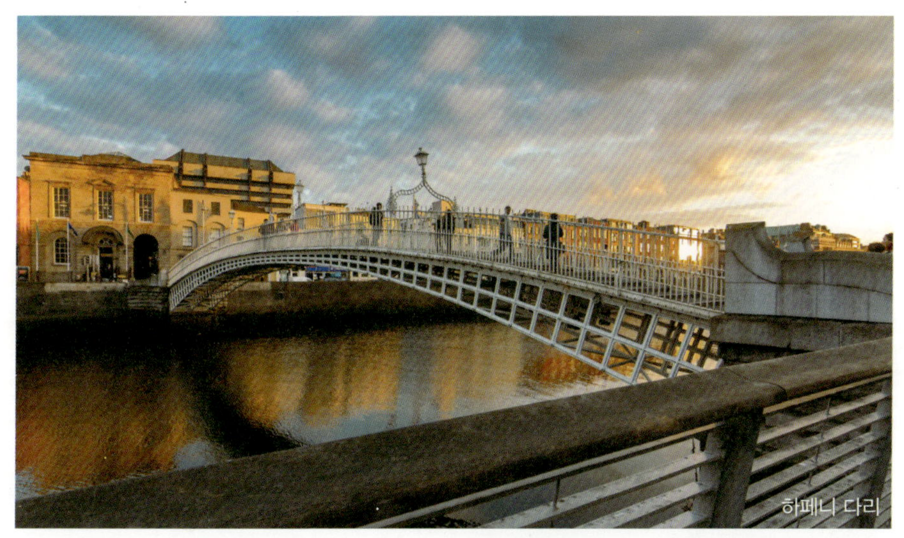

오코넬 다리에서 서쪽으로 약 300m 떨어진 곳에 하페니 다리가 있다. 중앙에 자동차 도로가 없는 보행자 전용 다리이다. 공식 명칭은 리피 다리Liffey Bridge이지만, 1816년 건립 당시 통행료가 하프 페니half penny라서 하페니 다리로 불리기 시작했다고. 1919년에 통행료는 폐지됐지만 여전히 하페니 다리로 불리고 있다. 이 다리에 얽힌 재미있는 이야기가 있는데, 다리 중앙에서 하늘을 바라보고 5분간 서있으면 길 가던 사람들이 나를 둘러싸고 함께 하늘을 바라본다고 한다. 물론 믿거나 말거나다.

보행자 산책로에서 즐기는 여유

시간이 허락된다면 다리와 다리 사이, 리피 강을 따라서 놓여진 보행자 산책로도 들러보자. 더블린은 도심에서도 4차선을 넘는 도로가 거의 없다. 더블린에서 가장 복잡한 리피 강 주변도 마찬가지. 도로를 넓힐 법도 한데, 더블린 시는 그 대신에 도로 옆으로 보행자들이 걸을 수 있는 산책로를 만들어놓았다.

햇살이 좋은 날이면 이곳은 더블린 시민들의 더할 나위 없는 휴식 공간이 된다. 산책로 안에 있는 테이크아웃 커피숍에서 커피 한 잔을 사 들고 강을 따라 걷기도 하고, 강을 향해 놓여있는 벤치에 앉아 책을 읽는 사치도 부릴 수 있다. 바로 옆으로 차가 달리고 있지만, 산책로와 도로 사이에 허리 높이의 턱이 있어 사고가 날 염려는 없다.

공원은 그들의 일상이다

1년 내내 비가 오는 나라 아일랜드. 스프링쿨러 시스템 없이도 하루에 한 번은 하늘에서 비를 내려주고 연중 기온이 영하로 떨어지는 날이 적기 때문에 사시사철 푸른 잔디를 볼 수 있다. 공원 잔디밭에서 사람들이 잔디를 깔고 뭉개도 그 싱싱함을 잃지 않는 이유이기도 하다.

아일랜드에서 공원은 어떤 의미일까 생각해보다 결론을 내렸다. 어떤 의미를 넘어서 그저 삶 자체라고. 누군가에게는 휴식의 공간, 만남의 공간이 다른 누군가에게는 일상의 연속일 수 있다. 항상 들르는 단골 카페처럼, 공원은 아일랜드인의 일상 속에 촘촘히 들어와 있다.

날씨가 좋은 날이면 사람들은 공원으로 모여들어서 공원 잔디밭에 누워 햇살을 즐긴다. 이곳에서는 적어도 전염병 같은 걸 걱정하는 사람은 없어 보인다. 자연이 주는 풍요로움이 얼마나 소중한지 느끼기 때문 아닐까. 나 역시도 적당히 따스한 햇볕이 얼마나 값진 것인지를 아일랜드에 살며 깨닫고 있다.

빡빡한 여행 일정에서 벗어나 도심 한복판에 있는 산책로와 공원에서 더블린의 일상을 느껴보는 건 어떨까? 하루쯤은 아니 반나절만이라도 더블리너가 되어보자는 말이다.

축제로 더욱 즐거워지는 여행

아일랜드는 1년 내내 다양한 축제가 펼쳐지는 나라다. 아일랜드의 각 도시에서 펼쳐지는 축제 정보는 디스커버아일랜드 www.discoverireland.ie 사이트의 상단 What's On 코너에서 확인할 수 있다.

[세인트 패트릭스 데이]

기원전 5세기경 아일랜드에 기독교를 전파한 패트릭(St. Patrick, 386~493) 신부는 아일랜드에서 가장 존경받는 인물 중 하나이다. 그가 사망한 3월 17일을 기념하며 시작된 세인트 패트릭스 데이(St. Patrick's Day)는 3월 셋째 주 수요일부터 4일간 열리는데, 이제는 기독교 축제라기보다 종교를 떠나 누구나 즐기는 축제로 자리 잡았다. 날씨가 별로 좋지 않은 3월에 열림에도 불구하고, 전 세계의 관광객들이 이 축제를 보기 위해 모여들 만큼 규모도 크고 볼거리도 많다.

축제 기간에는 저녁 6시가 넘으면 관공서와 성당, 대학 건물들이 녹색으로 변하는 진귀한 광경도 만날 수 있다. 하지만 축제의 진정한 하이라이트는 다름 아닌 퍼레이드! 3월 17일 정오에 더블린의 중심 도로인 오코넬 거리(O'Connell St.)에서 출발하여 약 2시간 동안 퍼레이드가 이어진다. 남녀노소 할 것 없이 모두 녹색으로 옷을 맞춰 입고 나와서 즐기는데, 다들 개성 있고 화려한 옷을 입기 때문에 아무리 튀는 옷을 입어도 절대 튀지 않는 날이기도 하다.

관련 사이트 www.stpatricksfestival.ie

블룸스 데이(Blooms Day)는 아일랜드의 대표 작가 제임스 조이스(James Joyce, 1882~1941)의 소설, 《율리시스(Ulysses)》를 사랑하는 전 세계 문학인의 날이다. 소설의 배경이 되는 6월 16일이 바로 축제일이다. 사람들은 소설 속의 주인공 레오폴드 블룸처럼 아일랜드 튀김 감자와 돼지 간, 신장을 아침으로 먹고, 그와 같은 옷을 입고, 그가 걸었던 더블린의 거리를 걸으며 발자취를 따라간다. 조이스 소설 애호가에게 무척 의미가 큰 행사이다.

관련 사이트 jamesjoyce.ie/bloomsday

©Conor McCabe

©Alex Keys

©Sinead McCarthy

컬쳐 나이트(Culture Night)는 매년 9월 셋째 주 금요일에 열리는 문화 예술 축제이다. 이날 더블린을 비롯한 각 지역의 기관과 단체들은 밤늦게까지(대략 11시) 다양한 프로그램을 무료로 제공한다. 아일랜드 명소들(기네스 스토어하우스, 더블린 성, 트리니티 대학의 구 도서관 등)도 이날엔 무료로 입장할 수 있다. 단 하루 동안만 열리는 축제라 제한적이지만 가을 여행을 준비하고 있다면 9월을 기억하도록 하자.

관련 사이트 www.culturenight.ie

©Sinead McCarthy

©Max Media

[9월의 골웨이 굴 & 해산물 축제]

9월 마지막 주에는 골웨이에서 굴과 해산물 축제(Galway Oyster & Seafood Festival)가 열린다. 1954년부터 시작되어 세계적인 축제로 자리 잡았으며, 해산물 산책로, 굴 까기 올림픽, 최고의 레스토랑 선정 등 다양한 이벤트로 눈과 입이 즐겁다. 기네스 맥주와 함께 신선한 굴과 해산물을 먹으며 아일랜드 전통음악을 함께 즐길 수 있는, 명실상부한 최고의 축제이다. 관련 사이트 milestoneinventive.com/store

©Tourism Ireland

[10월의 건축 페스티벌, 오픈 하우스 더블린]

매년 10월 중순 주말, 최대의 건축 페스티벌인 오픈 하우스 더블린(Open House Dublin) 시즌이 되면, 아름다우면서도 건축학적으로 의미 있는 더블린 시내의 건물 100개가 시민들에게 무료로 개방된다.

그중에는 건축상을 받은 개인 주택이나 상업용 건물도 있어서 눈길을 끈다. 에어비앤비(Airbnb), 페이스북(Face-book), 구글(Google) 등 회사의 유럽 헤드쿼터(Headquarters)를 방문할 수 있는 기회이기도 하다.

관련 사이트 openhousedublin.com

GAILEARAÍ NÁISIÚNTA NA hÉ

02

예술의 도시, 더블린

✳ 이보다 더 더러울 수 없다, 프란시스 베이컨의 작업실

국가나 시에서 운영하는 갤러리가 아님에도 상당한 컬렉션을 보유하고 있는 갤러리가 간혹 있다. 건물 자체로도 유명한 뉴욕의 구겐하임 미술관Solomon R. Guggenheim Museum과 런던의 사치 갤러리Saatchi Gallery가 대표적인데, 두 곳 모두 세계적 아트 컬렉터인 설립자의 이름을 따서 세운 갤러리이다. 페기 구겐하임Peggy Guggenheim, 1898~1979은 거액의 유산으로, 찰스 사치Charies Saatchi, 1943~는 광고 회사의 성공으로 그림을 모으기 시작하면서 신진 작가들을 양성하고 후원했다.

아일랜드에도 그런 갤러리가 있다면? 시립 휴래인 미술관Dublin City Gallery The Hugh Lane이 바로 그것이다. 현재는 더블린 시에서 관리하고 있지만 1908년 설립 당시에는 휴 래인Hugh Lane, 1875~1915의 소유였다. 휴 래인은 아일랜드 태생의 아트 컬렉터이자 딜러로, 20세기 초 유럽에서 가장 왕성하게 그림을 거래하던 사람이었다.

그가 자신의 주요 활동 무대이던 영국으로 모든 유산을 남기게 되면서 문제가 생겼다. 그가 사망한 후 그의 엄청난 컬렉션모네, 마네, 드가, 르누아르, 피카소 등 인상파 화가들의 유명한 작품들을 두고 아일랜드와 영국 사이에 갈등이 있었던 것이다. 그런 갈등 끝에 아일랜드로 넘어온 일부 작품들을 휴래인 미술관에서 볼 수 있다. 그가 살아있을 때 이미 많은 작품을 영국에 기부했기 때문에 미술관이 소장하고 있는 작품은 그리 많지 않다. 하지만 이름만 대면 알 만한 인상파 화가의 작품을 더블린에서, 그것도 무료로 만나볼 수 있다는 것은 우리에게 굉장한 기쁨이다.

감추고 싶은 내면의 모습을 담은 광폭한 예술가, 프란시스 베이컨의 작업실

휴래인 미술관의 가장 큰 매력은 무엇보다도 프란시스 베이컨Francis Bacon, 1909~1992의 단독 전시실과 작업실을 무료로 볼 수 있다는 것. 더블린의 영국계 부모 밑에서 태어난 베이컨은 20세기 영국을 대표하는 표현주의 화가이다. 그의 작품을 처음 보는 사람들이라면 아름답다는 느낌보다 불편하다는 감정이 앞설 것이다. 인간의 치부를 드러내며 지나치게 원초적, 풍자적으로 그린 작품에서 현대 사회를 살아가는 인간의 불안

과 공포가 여과 없이 느껴지기 때문이다. 그렇기에 그의 작품은 불편하지만, 결코 간과하지 말아야 할 우리의 모습이기도 하다.

갤러리 한쪽에 프란시스 베이컨의 전시실로 향하는 작은 표지판을 발견할 수 있다. 자동문으로 들어가 몇 개의 낮은 계단을 올라가면 한쪽 벽면의 커다란 스크린과 반대편에 일렬로 늘어선 짙은 갈색의 푹신한 소파를 만나게 된다. 이전의 전시실을 다 돌고 약간 피로해진 채로 이곳에 온 관람객이라면 자연스럽게 소파에 몸을 맡기고 베이컨의 동영상을 보게 될 것이다.

　베이컨은 당시 기자들 사이에서 인터뷰 섭외 1순위인 작가였다고 한다. 전시실의 영상만으로 그의 삶과 작품 세계를 모두 이해할 수는 없지만, 활자나 작품 속에서의 모습보다 영상에서 만난 베이컨은 훨씬 소탈하고 순수해 보인다. 내면의 일그러진 자아를 끊임없이 탐구하는 작가라기보다는 시골 아저씨같이 훈훈하고 천진난만한 표정을 하고 있다. 커다란 화면이 있는 공간을 지나면 디지털 전시실 벽면 곳곳에서 그의 어록과 작품을 감상할 수 있다.

　그리고 이어지는 곳이 바로 베이컨 전시실의 하이라이트, 2001년부터 미술관 신관에 영구 전시로 마련된 베이컨의 작업실이다. 살아생전에 단 한 번도 청소하지 않은 그의 작업실을 재현해놓은 이 공간은 묘한 매력으로 관람객을 이끈다. 베이컨의 유일한 상속인이자 18년 동안 베이컨의 가장 가까운 친구였던 존 에드워즈John Edwards, 1949~2003는 베이컨이 30년 동안 작업했던 런던의 작업실을 휴래인 미술관에 기증했다. 미술관은 1998년부터 베이컨 작업실의 유품을 고고학자와 예술가들을 고용해서 물감 하나, 붓 하나까지 1제곱인치 단위로 정밀하게 위치를 기록하고, 수북이 쌓인 먼지까지 남김없이 수집했다. 그렇게 3년이 넘는 시간을 거치며 그대로 복원된 베이컨 작업실은 공간 그 자체로 새로운 작품이 되었다.

　유리 너머의 작업실은 처음 보는 사람이라면 누구나 '진짜 엄청나게 더럽다'는 말이 절로 나올 만큼 엉망진창이다. 발 디딜 틈 없어 보이는 공간, 덕지덕지 붙어있는 페인트 더미, 먼지 쌓인 물감과 붓, 여기저기 휘갈겨놓은 붓 자국들. 그 모습 속에서 왠지 인간의 부패한 마음이 여과 없이 드러나 보이는 듯하다. 우리는 깨끗한 척, 고상한 척, 착한 척하지만 실상 내면은 한없이 이기적이고 추악하다. 그런 더러운 속마음을 누구보다 잘 알고 있던 베이컨은 작업실을 통해 그런 마음을 표현한 것 아닐까? 그도 아니라면 작업실보다는 자신의 마음이 조금은 더 깨끗해 보이길 기대했던 것일까?

그는 말했다.

"우리를 둘러싸고 있는 이 난장판은 차라리 내 맘과 같다. 그건 아마도 내 안에 있는 어떤 생각들의 좋은 이미지인지도 모른다. 내 인생이 그런 것처럼, 이것들도 모두 그렇다."

"나는 이곳의 내 작업실에서만 작업할 수 있다. 다른 곳에도 작업실이 있지만, 나는 30여 년간을 지내온 이곳이 아주 편하다. 나는 아주 깔끔한 곳에서는 작업을 못 하겠고, 이렇게 난장판인 곳이 작업하기가 더 좋다. 왜 그런지는 모르겠으나 난 아주 좋다."

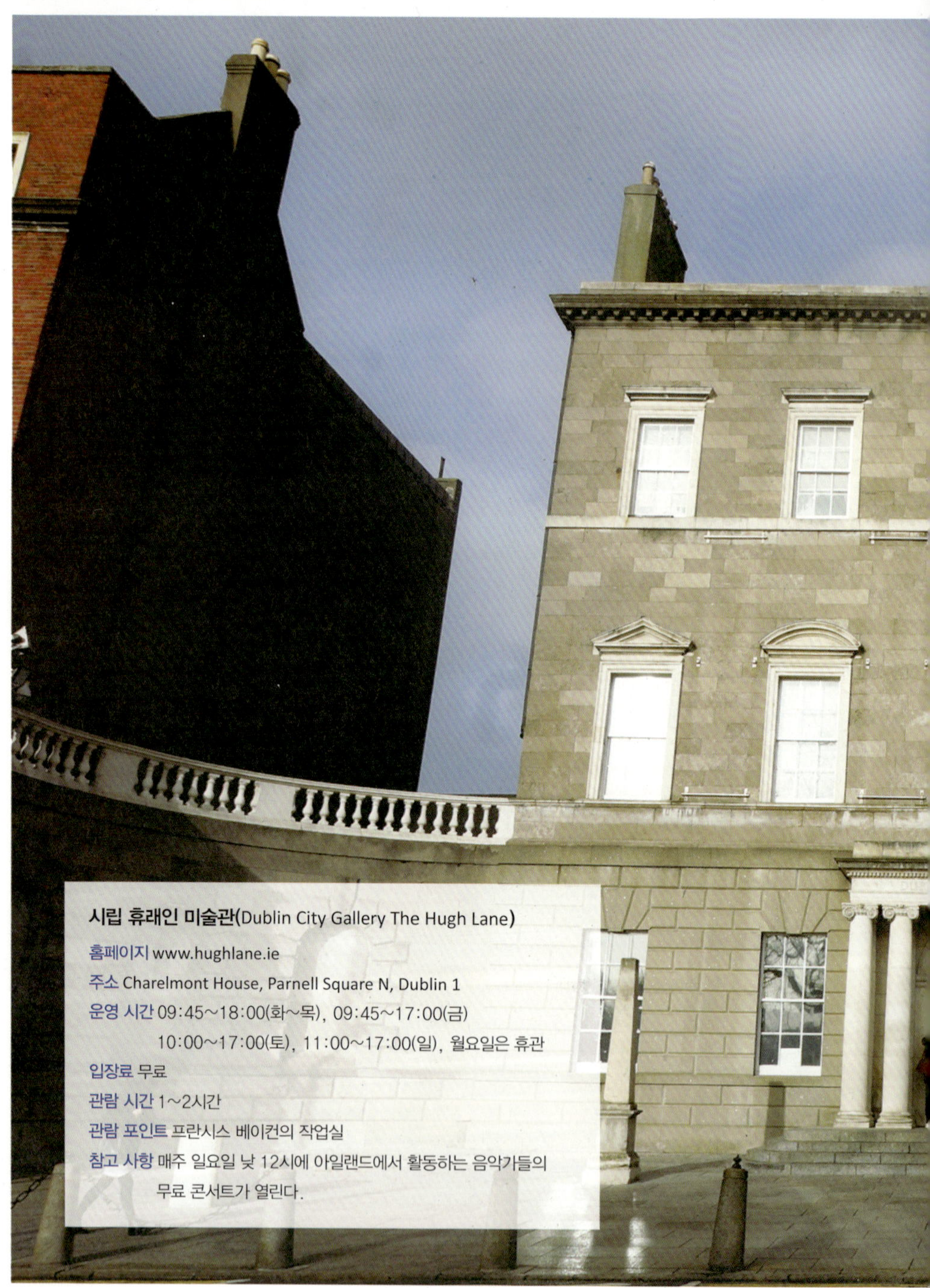

시립 휴래인 미술관(Dublin City Gallery The Hugh Lane)

홈페이지 www.hughlane.ie

주소 Charelmont House, Parnell Square N, Dublin 1

운영 시간 09:45~18:00(화~목), 09:45~17:00(금)
10:00~17:00(토), 11:00~17:00(일), 월요일은 휴관

입장료 무료

관람 시간 1~2시간

관람 포인트 프란시스 베이컨의 작업실

참고 사항 매주 일요일 낮 12시에 아일랜드에서 활동하는 음악가들의
무료 콘서트가 열린다.

DUBLIN
CITY
GALLERY
THE
HUGH
LANE

서울에 살 때 서울시립미술관을 무척 좋아했다. 정확히 말하면 시립미술관까지 가는 덕수궁 돌담길과 미술관 내에 있는 정원을. 연인과 덕수궁 돌담길을 걸으면 헤어진다고 하지만, 그게 사실이든 아니든 간에 나는 그 길을 한때 연인과 자주 걸었다. 그 길을 따라가면 만나게 되는 곳, 서울시립미술관. 서울 도심 한복판에 있는 미술관의 정원은 그 자체만으로도 나에게 휴식이 되는 '비밀의 정원'이었다.

내가 갤러리에 가는 이유는 '그림을 보러 가는 것'뿐만 아니라 그림이 전시된 '아름다운 장소'를 만나기 위해서였다. 같은 작품이라도 어디에 전시되어있는지가 나에게는 더 중요했다. 아무리 유명한 작가의 작품이라도 갤러리가 맘에 들지 않으면 작품도 시시해졌고, 별로 알려지지 않은 작가라도 갤러리가 마음에 들면 작품을 한 번 더 보러 가기도 했다.

이유야 어쨌든, 갤러리에 가는 걸 즐기던 내가 아일랜드에 이사 온 이후 한동안은 갤러리에 가지 못했다. 가기로 마음먹었다가도 곧잘 잊어버리곤 했다. 더블린의 멋진 풍경은 작품보다는 건물에 관심이 많은 나에게서 갤러리에 갈 이유를 빼앗았는지도 모르겠다.

아일랜드 내셔널 갤러리National Gallery of Ireland에 처음 들른 것도 우연한 발걸음이었다. 자칫 지나칠 수도 있는 건물이었는데, 조지언 풍의 메리언 스퀘어Merrion Square 공원 옆 현대식 건물이 눈에 들어왔다. 나도 모르게 발걸음은 그곳으로 향하고 있었다.

아일랜드 내셔널 갤러리는 1854년에 설립되어 1864년부터 대중에게 공개되었다. 한 나라를 대표하는 국립 미술관이고

짧지 않은 역사를 가지고 있지만, 영국 내셔널 갤러리
나 프랑스의 루브르 박물관의 규모를 생각하고 방문한
다면 실망하기 쉽다. 하지만 작품 수가 너무 많아 빠른
걸음으로 관람을 끝내야 하는 대형 미술관과 달리 여유
롭게 작품을 관람할 수 있어서 좋다. 또한, 르네상스 화
가와 후기 인상주의 화가를 비롯해 한 번쯤은 들어봤을
법한 유명 작가의 작품도 있고, 한국에는 잘 알려지지
않은 아일랜드 작가의 그림도 볼 수 있어서 방문해볼
만하다.

갤러리 정문에서 메인 로비로 향하는 길에 작은 공간이 있다. 그곳엔 레스토랑의 대기실처럼 모던한 벤치가 놓여있고 갤러리에 관한 간략한 설명이 붙어있다. 조금만 더 유심히 관찰해보면 벽면 한가득 작가들의 이름이 보인다. 나는 이상하게도 이 공간이 참 마음에 들었다. 많은 것을 설명하지 않아도 한 시대를 풍미했던 작가들의 이름만으로 이곳이 어떤 곳인지 짐작할 수 있으니까. 두근거리는 마음으로 흰색의 두꺼운 문을 열면 비로소 갤러리가 모습을 드러낸다.

긴 복도로 설계된 로비, 전체가 흰 벽으로 이루어진 이곳은 큰 공간이 아님에도 높은 천장과 천창 때문에 건물이 확 트여있는 느낌이다. 2002년에 기존의 건물에 추가로 지은 밀레니엄 윙Millennium Wing이라는 곳이다. 건축가는 건축물을 설계했다기보다는 마치 조형물처럼 건물의 이곳저곳을 디자인해놓았다. 시원함이 느껴지는 갤러리 로비, 고개만 들면 하늘을 바라볼 수 있는 천창, 갤러

리의 시작과 끝에서 관람객을 기다리는 널찍한 기념품 매장과 확 트인 갤러리 레스토랑
까지, 구석구석이 사랑스럽다.

갤러리는 이제 미술 작품을 전시하는 곳을 넘어서 복합 문화 공간의 역할을 하고 있
다. 갤러리에 미술 작품만 감상하러 와야 하는가? 내셔널 갤러리는 공간 자체만으로도
나에게 작품 이상의 기쁨을 주었다. 그래서 나는 이곳이 정겹다. 당신도 이곳에서 당신
마음에 드는 이유 하나를 만들길 바란다. 그것만으로도 이곳에 온 이유가 충분할 테니까.

세 명의 화가를 주목하자

이곳에서 눈여겨볼 만한 세 명의 아일랜드 화가를 소개한다. 잭 버틀러 예이츠Jack B.
Yeats, 1871~1957, 윌리엄 존 리치William John Leech, 1881~1968, 월터 프레드릭 오스본
Walter Frederick Osborne, 1859~1903이 그들이다.

잭 버틀러 예이츠는 아일랜드의 대표적인 민족주의 시인이자 노벨 문학상을 수상한
윌리엄 버틀러 예이츠William B. Yeats의 동생으로 아일랜드의 대표적인 화가이다. 형제

Jack B. Yeats, The Liffey Swim, 1923, Oil on canvas, 61 x 91cm

의 유년시절 고향이던 슬라이고Sligo는 형에게도 시적인 영감을 주었지만, 동생의 작품 활동에도 큰 영향을 끼쳤다. 실제로 그는 대부분의 작품을 슬라이고에서 그렸고, 작품 역시도 슬라이고의 풍경을 그렸을 만큼 고향에 대한 애착이 강했다.

초기에는 주로 신문과 책에 필요한 삽화를 그리다가 이후 아일랜드 독립 투쟁의 시기를 거치면서 본인만의 작품 스타일을 구축해나갔다. 슬라이고의 풍경, 동물, 사람들을 담는 사실주의풍의 작품을 많이 남겼지만, 짙은 색을 주로 사용해서 그런지 조금은 상징주의적으로 다가온다.

윌리엄 존 리치는 더블린 태생으로 아일랜드를 대표하는 풍경 화가 중 한 사람이다. 더블린에서 메트로폴리탄 예술학교Dublin Metropolitan School of Art와 로얄 하이버니안 아카데미Royal Hibernian Academy에 다닌 그는 1901년에 파리로 건너가 후기 인상주의의 영향을 많이 받았다. 20세기 초반 프랑스의 풍경을 주로 그렸는데, 해안가나 주택가의 풍경과 전통 의상을 입고 있는 사람들을 주로 그렸다. 후기 인상주의의 영향으로 빛과 색의 특성을 이용한 작품에 관심이 많았고 평평한 캔버스 위에 추상적인 요소를 가미하는 작품들도 선보였다.

William John Leech, A Convent Garden, Brittany, 1913, Oil on canvas, 132 x 106cm

월터 프레드릭 오스본은 19세기 후반의 아일랜드 인상주의 화가로 윌리엄 존 리치의 스승이었다. 그는 아일랜드 시골 마을의 풍경과 사람들을 매우 사실적으로 그려냈다. 그의 화폭 안에 담긴 여성, 어린이, 노인들의 표정에서 그들의 고단한 삶과 당시 아일랜드의 어려운 생활상을 엿볼 수 있다. 일찍 죽은 여동생의 딸을 비롯해 부모님의 생계를 책임졌기 때문에 유명해진 후에도 끊임없이 작품 활동을 했지만, 안타깝게도 43세의 젊은 나이에 폐렴으로 사망했다.

Walter Frederick Osborne, Feeding the Chickens, 1885, Oil on canvas, 91 x 71.5cm

아일랜드 내셔널 갤러리(National Gallery of Ireland)

홈페이지 www.nationalgallery.ie

주소 Merrion Square W, Dublin 2

운영 시간 09:15~17:30(월~토, 목요일 제외, 공휴일 포함)
　　　　　09:15~20:30(목), 11:00~17:30(일)

입장료 무료

예상 관람 시간 2시간 내외

관람 포인트 밀레니엄 윙 로비, 갤러리 카페

여행지를 기억하는 방법엔 뭐가 있을까? 가장 쉽고 편한 방법은 사진을 찍는 것이다. 예쁘거나 새롭다 싶으면 일단 사진부터 찍게 되는데, 그렇게 생각 없이 눌렀던 셔터 덕분에 여행지를 다시 기억해내기도 한다. 여행자가 사진을 찍는다는 건, 그만큼이나 무의식적이고 본능적인 행위이다.

여행지를 기억하는 또 다른 방법은 바로 기념품이다. 기념품은 단순히 필요해서 사는 물건이 아니다. 그곳이 아니면 살 수 없는 것, 여행의 추억을 떠올리고 다시 여행을 꿈꿀 수 있게 해주는 수단이다. 그렇기에 기념품은 유명 관광지만큼이나 중요하다.

더블린 거리에서도 기념품 가게를 쉽게 찾을 수 있다. 양을 소재로 만든 다양한 캐릭터 상품을 비롯해 기네스 맥주에 관한 것까지, 한국에서 보던 것들과 다른 기념품을 구경하는 재미에 처음 아일랜드에 왔을 때는 기념품 가게를 열심히 구경하고 다녔다. 그런데 그것도 잠깐이었다. 아일랜드 어딜 가나 비슷한 기념품을 팔고 있었다! 안동 하회 마을에서 보던 기념품을 설악산에서 만났을 때의 기분과 비슷했다. 그 이후부터는 기념품 가게가 더 이상 나의 놀이터가 되지 못했고 간혹 지인들의 선물을 사야 할 때는 고민스러웠다. 뭔가 특별한 것이 없을까 하고.

더군다나 아일랜드는 디자인 강국은 아니다. 독특해 보이는 디자인이나 제품들은 대부분 영국이나 프랑스, 덴마크, 스페인 제품일 정도로 디자인 분야에서는 여전히 갈 길이 멀다. 그럼에도 아일랜드 디자이너들의 끊임 없는 노력의 결실을 발견할 때면 아일랜드 태생이 아닌 나조차도 반가웠다. 그 노력의 중심에는 킬케니 숍Kilkenny Shop이 있다.

아일랜드 디자이너를 만나는 가장 쉬운 방법

1963년, 아일랜드의 작은 도시 킬케니에서 시작한 킬케니 숍은 현재 더블린을 비롯한 아일랜드의 열세 개 주요 도시에 매장이 있는 편집숍이다. 장신구, 옷에서부터 각종 소품, 문구 용품, 도자기와 가정용품까지, 아일랜드에서 활동하는 디자이너들의 제품을 한 번에 만나볼 수 있는 명실상부한 아일랜드 최대의 종합 매장이다.

편집숍이라고 해서 수시로 제품이 바뀌는 것은 아니다. 대부분의 편집숍이 그렇듯이 어떤 디자이너의 제품은 거의 항상 제자리를 지키고 있다. 그럼에도 내가 이곳

을 좋아하는 이유는 디자이너들의 수고와 노력이 고스란히 킬케니의 제품에 담겨있어
서다. 계절이 바뀔 때마다 새로운 디자이너의 물건이 들어오고 유행하는 스타일에 따라
매장의 진열이 바뀌기 때문에 일반 기념품 가게보다는 한결 독특하다.

그렇다면 킬케니 숍의 제품은 어떻게 채택될까? 숍에서 직접 디자이너를 섭외하거나
디자이너가 킬케니에 제안하는 식으로 제품 샘플이 만들어지면 그중에서 일부만 채택
된단다. 제품 디자이너는 판매 수수료를 받거나 일정 기간 자리를 빌리는 임대료를 낸
다고 한다. 킬케니에서 사랑받고 있는 대표 작가와 작품을 한번 살펴보자.

올라 카일리Orla Kiely, 1963~는 런던에 기반
을 둔 패션디자이너이다. 모자 디자인으로 시
작해서 현재는 종합 디자인을 하고 있는데, 나
뭇잎, 꽃 모양을 모티브로 작업한다. 현재 본인
소유의 매장이 런던에 있으며 킬케니 숍에서
도 가장 비중 있게 대하는 디자이너이다. 영국
의 왕세손비인 케이트 미들턴Kate Middleton,
1982~이 종종 이 브랜드의 의상을 입고 나와
화제가 되기도 했다.

www.orlakiely.com

애나 닐슨Anna Nielsen, 1954~은 남아메리카 페루에서 태어나 11세 때 아일랜드로 이민 왔다. 자녀들이 어렸던 1980년대에는 주로 집에서 패션 계통의 디자인과 제조를 했다. 1994년에 자신의 그림으로 카드와 인쇄물을 만드는 소규모 사업을 시작해서 현재는 스토리가 있는 스케치와 의미 있는 글을 실은 작품으로 유명하다. 그녀의 작품은 펜과 잉크로만 이루어지며 블랙앤화이트 톤이 대부분이다.

www.annanielsen.com

에델 켈리Ethel Kelly는 아이리시 공예가로 5~6세기경 아일랜드와 영국에서 사용했던 오검Ogham 문자에서 모티브를 얻어 작업한다. 작품은 아일랜드에서 많이 나는 검은색의 보그Bog라는 토탄을 재료로 하여 만드는데, 사람, 하트와 같은 심플한 캐릭터가 주를 이룬다.

www.oghamwish.com

시몬 왈쉬Simone Walsh, 1967~는 더블린 태생의 아이리시 현대 작가이다. 선명하고 강한 색상의 아크릴 물감을 사용해 원근법을 무시한 풍경을 그리는데, 팝아트적인 요소를 느낄 수 있다. 작품의 소재는 도시의 풍경, 실내 풍경, 물고기와 새, 고양이 등 다양하다.

www.simonewalsh.net

더블린을 여행하게 된다면 킬케니 숍에 꼭 한번 가보라. 틀에 박힌 기념품이 아닌 오래 간직하고 싶은 제품들이 당신의 지갑을 유혹할 것이다. 그중에서도 나는 페루 출신 작가인 애나 닐슨의 작품을 가장 좋아한다.

RESTAURANT
KILKENNY
DESIGN
CENTRE
FOOD HALL
EVENING
RESTAURANT
50

더블린 킬케니 숍(Kilkenny Shop)
홈페이지 www.kilkennyshop.com
주소 6 Nassau St, Dublin 2
운영 시간 08:30~19:00(월~수, 금), 08:30~20:00(목), 08:30~18:30(토), 10:00~18:30(일)
참고 사항 지역별로 매장 운영 시간이 다르니 다른 지역을 방문할 때는 확인해야 한다.

❋ 위대한 작가들의 발자취를 찾아서, 더블린 작가 박물관

 부끄러운 이야기지만, 아일랜드에 와서 살기 전까지 나는 이곳이 '문학'으로 유명한 나라*라는 사실을 몰랐다. 자리가 사람을 만들고 환경이 사람을 변하게 한다고 했던가. 아일랜드에 오기로 결정하고 나서야 이 나라의 역사와 문화, 예술에 관심을 갖게 되었다. 제임스 조이스James Joyce, 1882~1941의 《더블린 사람들》을 맨 먼저 읽었고 오스카 와일드Oscar Wilde, 1854~1900의 대표작 《도리언 그레이의 초상》을 영화화한 《도리언 그레이》를 찾아보기도 했다. 한국어판으로 된 아일랜드 문학가에 대한 책을 구해서 읽어보기도 하며, 아일랜드 작가들의 삶과 문학에 점점 관심이 깊어졌다. 유럽의 작은 섬나라는 문학에 조예가 없던 나에게 새로운 세상을 보여주었다.

 유난히 날씨가 좋았던 어느 봄날, 그 작은 호기심의 점들은 나를 더블린 작가 박물관 Dublin Writers Museum으로 이끌었다.

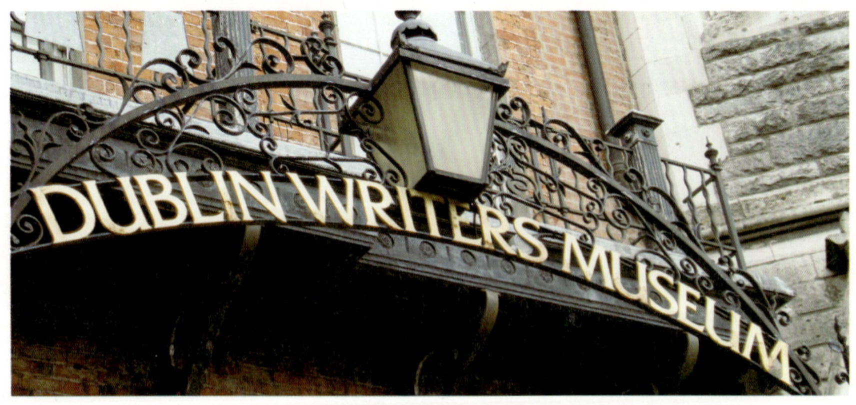

---

* 아일랜드에는 노벨 문학상을 수상한 작가가 네 명이나 된다. 윌리엄 버틀러 예이츠(W. B. Yeats, 1865~1939)가 1923년, 조지 버나드 쇼(George Bernard Shaw, 1856~1950)가 1925년, 사무엘 베케트 (Samuel Beckett, 1906~1989)가 1969년, 셰이머스 히니(Seamus Heaney, 1939~2013)가 1995년에 수상했다. 이들 외에도 《걸리버 여행기》의 조나단 스위프트(Jonathan Swift, 1667~1745), 《드라큘라》의 브람 스토커(Bram Stoker, 1847~1912), 제임스 조이스와 오스카 와일드가 우리에게 잘 알려져 있다.

　더블린 작가 박물관은 1991년 더블린이 유럽의 문화 도시European Capital of Culture
로 선정되면서 이를 기념하기 위해 설립되었다. 더블린의 중심 거리인 오코넬 거리
O'Connell St.를 지나 프레드릭 거리Frederick St.를 따라 올라가면 뾰족한 두 개의 첨탑
을 가진 교회 건물이 보인다. 그 옆으로 붉은 벽돌집이 다닥다닥 붙어있는데, 첫 번째 건
물이 바로 더블린 작가 박물관이다. 원래는 주택이었던 건물을 재단장한 곳이라 그런지
명성과는 달리 아주 소박하고 아담하다.

　개인 주택과 별반 다르지 않은 현관문을 들어서면 녹색의 나라답게 초록색 벽과 스테
인드글라스로 장식된 창문이 방문객을 맞이한다. 현관 앞의 작은 복도가 로비로 사용하
는 공간이다. 한눈에도 오래되어 보이는 가구가 '리셉션 데스크'라는 명목으로 놓여있
고, 녹색의 벽면에 더블린 전경 사진을 비롯해 아일랜드 대문호들의 초상화가 걸려있다.
아일랜드 문학에 문외한인 나에게도 익숙한 작가들이 있다는 점이 아일랜드 문학의 위
상을 간접적으로 드러내고 있다.

　박물관 1층 전시실은 이 건물이 박물관으로 바뀌게 된 유래를 먼저 알린 다음 본격적으로 아일랜드 문학에 대해 이야기한다. 하프 연주를 하던 음유 시인들의 이야기로 시작하여 17세기부터 20세기에 이르기까지 아일랜드의 작가들과 아일랜드 문학의 역사와 특징을 전반적으로 소개하고 있다. 아일랜드어로 번역된 최초의 구약 성경, 문장 부호까지 찍을 수 있는 100년 넘은 낡은 타자기, 작가들이 사용하던 소품들, 파란색 표지로 된 제임스 조이스의 《율리시스》 초판본, 여러 버전의 《드라큘라》, 윌리엄 버틀러 예이츠의 전시품과 그가 남긴 삽화들, 오랫동안 예이츠가 흠모한 여인의 사진까지…. 전시실은 갖가지 진귀한 보물을 넣은 오래된 보물 상자처럼 아일랜드 문학의 역사를 담담히 보여주고 있다. 어찌 보면, 박물관이라기보다 문학에 조예가 깊은 어느 개인의 소장품을 들춰보는 것 같기도 하다.

　작가들의 초상화와 작품이 걸려있는 계단을 따라 올라가면 2층 전시실에 다다른다. 2층에는 시나 소설을 강연하기 위한 넓은 강당이 있고, 한쪽으로 근대 여류 시인의 책과 소품 등이 전시되어있다. 특히 천장, 벽, 문, 가구 등도 눈여겨볼 만하다. 18세기 저택을 개조한 곳이라 조지언 스타일의 장식을 볼 수 있어서 장식 박물관에 온 듯한 느낌도 든다.

솔직하게 말하면, 더블린 작가 박물관은 아일랜드 문학가들의 명성에 비해 박물관의 규모나 관리가 아쉬운 곳이다. 세계적인 작가들의 애장품이 비좁은 전시실에 다닥다닥 놓여있어서 제대로 보지 못한 채 실망하며 박물관을 나설지도 모른다. 책으로 빽빽하게 둘러싸인 작은 헌책방에 들어갔을 때, 공간에 압도되는 것은 잠깐이고 이내 무슨 책부터 읽어야 할지 몰라 망설이다 나오는 느낌이라고나 할까? 그럼에도 한 시대를 풍미했던 문학가의 흔적을 한자리에서 만난다는 것, 그것만으로도 문학 애호가들에게는 엄청난 감동과 희열일 것이다. 실제로 몇몇 (문학에 조예가 있어 보이는) 여행자들은 닳고 낡은 책을 유심히 보기도 했고, 작가들이 쓰던 물건들을 보며 끊임없이 토론하기도 했다. 그들에게는 그것들이 보이는 것 이상의 가치를 주는 것이 분명하다.

단언컨대 '문학에 특별히 관심은 없지만, 유명하다니까 가봐야지.'라고 생각한다면 이곳을 과감히 무시하기 바란다. 더블린에는 이곳 말고도 당신이 가봐야 할 곳이 너무나 많다.

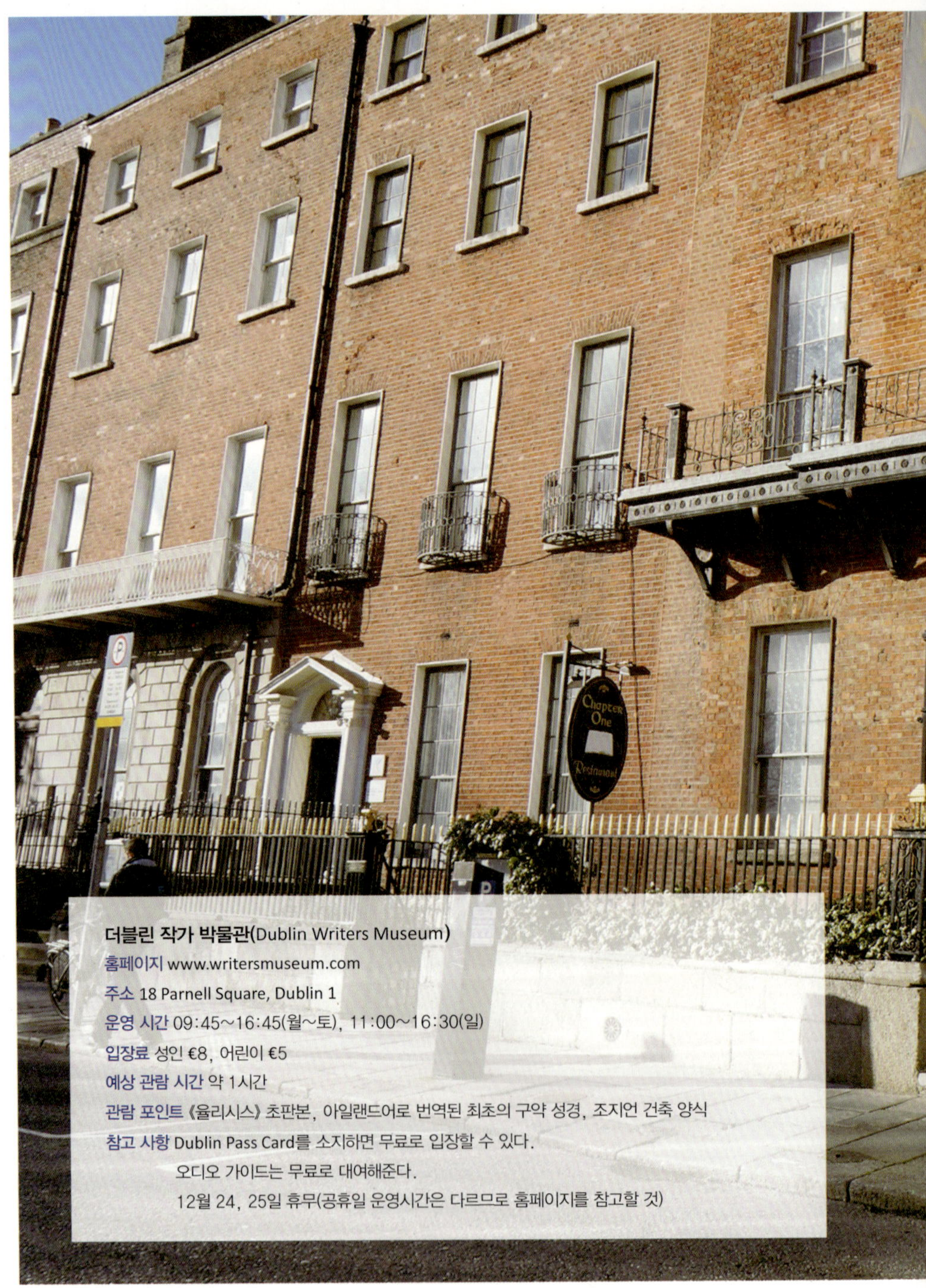

더블린 작가 박물관(Dublin Writers Museum)

홈페이지 www.writersmuseum.com
주소 18 Parnell Square, Dublin 1
운영 시간 09:45~16:45(월~토), 11:00~16:30(일)
입장료 성인 €8, 어린이 €5
예상 관람 시간 약 1시간
관람 포인트 《율리시스》 초판본, 아일랜드어로 번역된 최초의 구약 성경, 조지언 건축 양식
참고 사항 Dublin Pass Card를 소지하면 무료로 입장할 수 있다.
오디오 가이드는 무료로 대여해준다.
12월 24, 25일 휴무(공휴일 운영시간은 다르므로 홈페이지를 참고할 것)

WRITERS MUSEUM
P
íoc ┐ Taispeáin
PAY & DISPLAY
Luan - Sath
07.00 - 19.00
MON - SAT
Domhnach
14.00 - 18.00
SUNDAY

❋ 《율리시스》 활자 위를 걷다, 제임스 조이스 센터 & 소설 속 가게들

"바바번개개가라노가미나리리우우뢰콘부천천둥둥너론투뇌뇌천오바아호나나운스
카운버벼락락후후던우우락누크!"

제임스 조이스James Joyce, 1882~1941의 마지막 대작, 《피네간의 경야Finnegan's
Wake》1장에 나오는 문장이다. 작가가 잠결에 썼나 싶을 만큼 난해함을 넘어 의미도 전
달되지 않는 글이 버젓이 등장한다. 이 소설 속에만 40여 종에 달하는 언어가 사용되었
고 일상에서 사용하지 않는 말을 비롯해 작가가 창작한 말들까지 한데 들어가 있다. 한
권의 책 안에 '언어의 바벨탑'을 쌓아놓은 것이다.

더블린을 대표하는 작가, 제임스 조이스는 1882년 더블린 근교인 라스가Rathgar에서
태어났다. 스물두 살에 아일랜드를 떠나 37년간 망명인 신분으로 외국에서 집필했지만,
그의 소설 속 배경은 언제나 더블린이었다. 몸은 비록 더블린을 떠났을지언정 그의 의
식 속에는 언제나 더블린의 영혼이 깃들어있던 것이다.

그가 남긴 작품 중 20세기 최고의 작품으로 불리는 《율리시스》는 고대 그리스 호메
로스Homeros의 원작 《오디세이아》에 영향을 받아 쓴 20세기 버전이다. 《오디세이아》가
10년간에 걸친 해상 표류의 모험과 귀국에 관한 이야기를 18장에 담았다면, 《율리시스》
는 6월 16일 오전 8시부터 다음날 새벽 2시까지 18시간 동안 주인공 블룸Bloom에게 일
어난 육체적, 정신적 일을 묘사하고 있다. 조이스는 이 작품에 대해 이렇게 말했다.

"나는《율리시스》속에 너무 많은 수수께끼와 퀴즈를 감춰두었기 때문에 앞으로 수
세기 동안 대학 교수들은 내가 뜻하는 바를 거론하면서 분주할 것이다. 이것이 나
의 불멸을 보장하는 유일한 길이다."

그의 말대로 지금까지도 많은 학자들은 조이스가 소설 속에 숨겨놓은 수수께끼를 열
심히 풀고 있다. 작품에 등장하는 인물은 백 명이 넘지만, 주요 인물은 세 명이다. 유대
계의 광고업자 레오폴드 블룸, 그의 부인 마리온, 시인의 감성을 가진 스티븐 디달러스.
블룸은 죽은 아들에 대한 미련을 버리지 못하고 살아가는 중년 남성이다. 블룸이 아침
에 일어나 아내에게 식사를 차려주고 자신은 근처 푸줏간에서 산 콩팥으로 아침을 먹으
며 이야기는 시작된다.

6월 16일 블룸스 데이

《율리시스》의 시간적 배경이 되는 6월 16일은 조이스가 젊은 시절에 골웨이Galway
출신의 처녀, 훗날 그의 부인이 된 노라 바나클Nora Barnacle, 1884~1951과 첫 데이트를
했던 날이기도 하다. 조이스는 바나클을 영원히 기억하기 위해 6월 16일을 소설의 시간
적 배경으로 삼았다고 한다. 매년 이날이 되면《율리시스》를 사랑하는 이들 역시 조이
스를 기념하기 위해 모인다. 이름하여 블룸스 데이Blooms Day. 이날을 전후로 더블린은
물론이고 세계 곳곳에서 조이스의 문학 세계와 아일랜드의 문학을 재조명하는 학술대
회와 전시회, 공연이 열린다. 특히 더블린에서는 축제 참가자들이 주인공 블룸의 의상을
입고 그가 걸었던 더블린 거리를 순례하듯 걷기도 한다.

《율리시스》의 흔적을 마주치지 않으며 더블린을 여행한다는 건, (조금 과장해서 말하자
면) 조이스의 수수께끼를 푸는 것만큼이나 어렵다. 더블린을 걷고 있노라면 마치《율리
시스》의 활자 위를 걷는 듯한 느낌이라고 해야 할까.

축제 참가자들처럼《율리시스》의 흔적들을 따라가 보자.

[제임스 조이스 센터] 먼저 블룸스 데이Bloomsday의 출발점인 제임스 조이스 센터
James Joyce Centre. 이곳은 조이스의 작품 초판본과 희귀본, 조이스의 서한, 사진 같은
개인 물품과《율리시스》와 연관된 전시품이 있는 작은 박물관이다.

특히 2층 전시실에 조이스가 파리에서 지내던 침실을 그대로 재연해놓았는데, 낡고 먼지 쌓인 책들과 조이스의 메모, 탁상용 액자, 가구 등 그가 사용하던 물품들을 고스란히 볼 수 있어 흥미롭다.

[데이비 번스 펍]《율리시스》8장 레스트리고니언즈Lestrygonians 에피소드에서 블룸이 점심을 먹으려고 들른 장소가 데이비 번스Davy Byrne's 펍이다. 조이스가 실제로 자주 다니던 술집이자 아내와의 첫 데이트 장소였다고 한다. 소설 덕분에 유명해진 식당은 '데이비 번스 아일랜드 창작상'을 제정해서 젊은 작가들을 발굴하고 지원하는 일에 힘을 보태고 있다.

[아일랜드 국립 도서관] 제9장, 스킬라와 카립디스Scylla and Charybdis 에피소드에는 아일랜드 국립 도서관National Library of Ireland이 등장한다. 1877년에 개관한 이래 아일랜드에서 출판된 대부분의 문헌신문, 사진, 지도, 드로잉, 소설 등을 보유하고 있다. 참고문헌 도서관이기 때문에 열람만 가능하지만, 아일랜드 대작가들의 초판본을 볼 수 있고 작가들이 공부하던 리딩 룸Reading Room에 앉아 책을 볼 수 있어서 많은 이들이 찾고 있다.

[스위니 약국] 제12장, 사이클롭스Cyclops 에피소드에 나오는 스위니 약국Sweny's Pharmacy은 현재, 조이스를 기념하는 사람들이 만든 비영리단체에 의해 작은 박물관으로 운영되고 있다. 조이스의 책과 갖가지 기념품을 팔기도 하고, 매일 조이스의 소설을 낭독하기도 한다. 한국인 여행자가 기부하고 간 한국어판《율리시스》도 전시하고 있다. 오래전 조이스가 살던 시대의 모습 그대로 약국 물품들을 비치하고 있어서 타임머신을 타고 과거로 돌아간 듯하다. 이곳에서 가장 유명한 건,《율리시스》에 등장하는 레몬 향 비누! 이곳에 오면 소설 속 블룸처럼 레몬 향 비누를 살 수 있다.

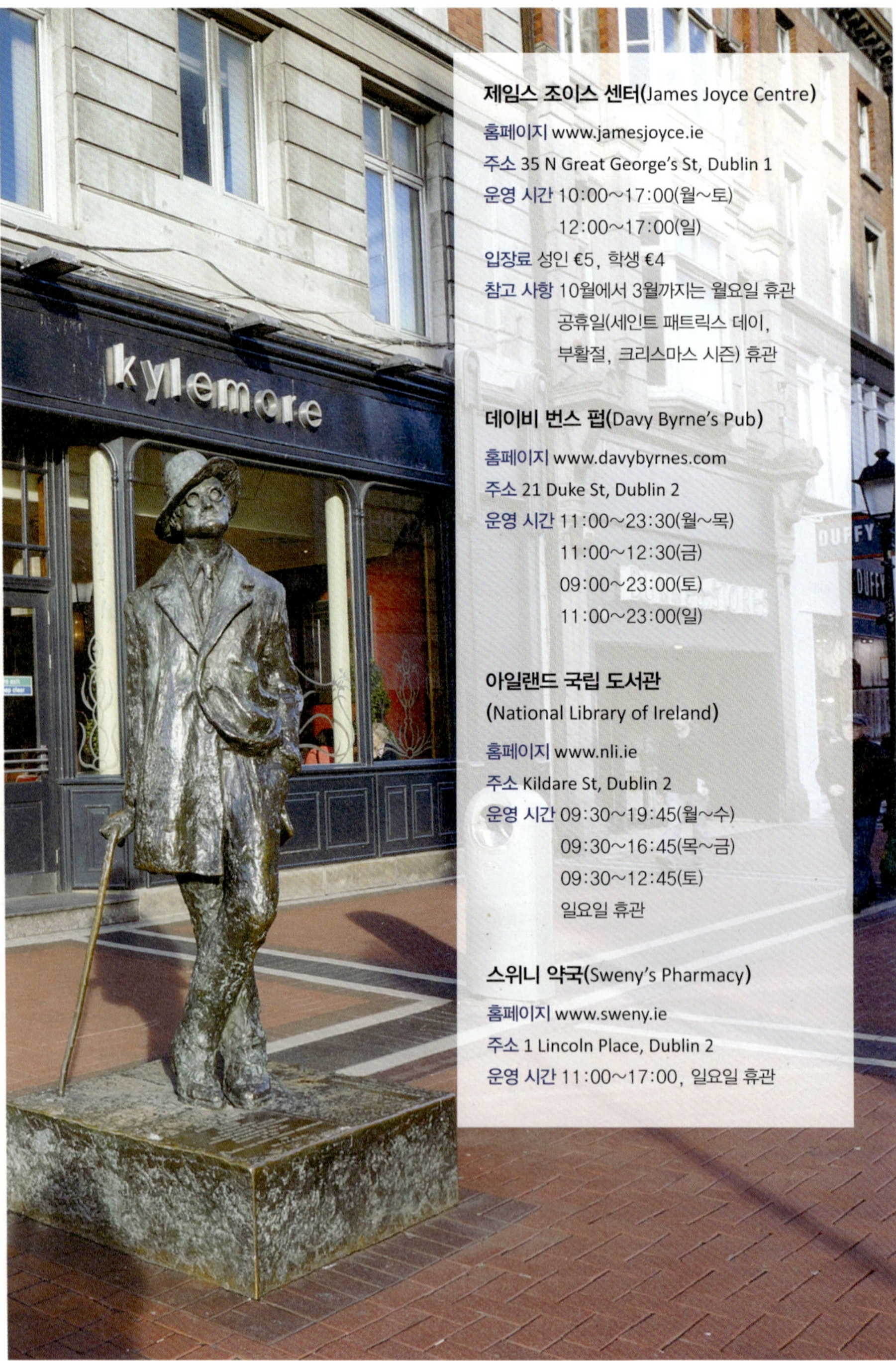

제임스 조이스 센터(James Joyce Centre)

홈페이지 www.jamesjoyce.ie
주소 35 N Great George's St, Dublin 1
운영 시간 10:00~17:00(월~토)
12:00~17:00(일)
입장료 성인 €5, 학생 €4
참고 사항 10월에서 3월까지는 월요일 휴관
공휴일(세인트 패트릭스 데이,
부활절, 크리스마스 시즌) 휴관

데이비 번스 펍(Davy Byrne's Pub)

홈페이지 www.davybyrnes.com
주소 21 Duke St, Dublin 2
운영 시간 11:00~23:30(월~목)
11:00~12:30(금)
09:00~23:00(토)
11:00~23:00(일)

아일랜드 국립 도서관
(National Library of Ireland)

홈페이지 www.nli.ie
주소 Kildare St, Dublin 2
운영 시간 09:30~19:45(월~수)
09:30~16:45(목~금)
09:30~12:45(토)
일요일 휴관

스위니 약국(Sweny's Pharmacy)

홈페이지 www.sweny.ie
주소 1 Lincoln Place, Dublin 2
운영 시간 11:00~17:00, 일요일 휴관

❋ 메리언 스퀘어에서 만난 오스카 와일드, 메리언 스퀘어

더블린 리피Liffey 강 하류에 위치한 메리언 스퀘어Merrion Square 구역은 아일랜드에서 조지언Georgian 양식이 가장 잘 보존되어있는 곳이다. 조지언 양식은 영국 왕 조지 George 1~3세의 이름을 딴 건축 양식으로 18세기에서 19세기 초까지 영국과 미국에서 크게 유행했다. 17세기의 바로크 양식에서 보다 정교한 양식으로 변화하면서 비례와 대칭을 강조했는데, 벽에는 그리스·로마식의 기둥 모양을 넣고 문틀이나 창틀 둘레로 지붕 모양의 페디먼트Pediment* 장식을 많이 사용했다.

이런 조지언 양식의 가장 큰 특징은 창문이다. 이전 시대까지는 경첩으로 창문을 달고 양쪽으로 난 창문을 안으로 당겨 여는 형태였다면, 조지언 하우스는 여섯 개의 작은 판유리가 끼워진 격자창을 위아래로 놓고, 아래 창을 위로 밀어서 올리는 형태이다.

한 가지 재미있는 사실은 당시에는 창문으로 들어오는 빛의 양에 따라 세금을 부과했다는 것. 이 때문에 주인이나 손님이 머무는 아래층의 창문은 크게 내고 하인이 머무는 위층은 창문을 작게 내는 식으로 현실적인 타협점을 찾았다고 한다. 오늘날 높은 층이나 펜트하우스가 가장 비싸고 인기가 좋은 것과는 사뭇 다르다.

---

* 고대 그리스와 로마 건축물의 지붕이나 문 위쪽에 사용되던 삼각형 모양

알록달록한 현관문은 메리언 스퀘어를 대표하는 또 다른 구경거리이다. 한때는 모두 같은 색이었는데, 유명 작가인 조지 무어George Moore, 1852~1933와 올리버 존 고가티 Oliver St. John Gogarty, 1878~1957가 싸우면서 달라졌다는 말이 있다. 무어는 술에 취한 고가티가 자신의 집에 불쑥 쳐들어오는 것에 화가 나서 초록색으로 문을 칠했고, 고가 티 역시 같은 이유로 빨간색으로 칠했다고. 별난 성격의 두 작가가 이렇게 감정싸움을 하면서 시작된 것이 하나의 유행이 되었다고 전해지는데, 이것은 어디까지나 '카더라' 통신일 뿐이다.

실제로는 매우 엄격한 건축 가이드라인을 준수해야 했던 조지언 하우스 주민들이 규 제에 걸리지 않으면서도 차별성을 두고 싶어서였다고 한다. 그 결과 현관문에 작은 램 프를 달거나 색을 다양하게 칠하면서 지금의 모습을 갖추게 되었다.

1921년 아일랜드가 영국으로부터 독립하고 30여 년이 흐른 1950년대, 아일랜드 정 부는 식민지 잔재를 청산하기 위해 조지언 양식의 건물을 파괴하기 시작했다. 그 결과 1960년대까지 수십 개의 조지언 하우스가 사라졌지만, 역사학자들과 건축가, 아일랜 드 관광 위원회의 반대로 메리언 스퀘어를 포함한 일부 조지언 하우스가 지금까지 남 아있다.

과거 식민 모국의 건축 양식을 보존하자는 주장은 아이러니하기도 하다. 하지만 물감 을 엎어놓은 듯한 형형색색의 문은 '더블린 문'이란 이름으로 유명 관광지가 되었고, 아 일랜드 관광청은 메리언 스퀘어에 살던 유명인사의 집에 별도의 표시를 하며 매력을 더 했다.

메리언 스퀘어에서 만난 오스카 와일드

메리언 스퀘어가 시작되는 모퉁이 1번 집은 아일랜드계 소설가인 오스카 와일드Oscar Wilde, 1854~1900가 어린 시절에 살던 집이다. 초록색 문 옆으로 그의 탄생일과 사망일, 그의 직업과 이 집에서 살던 시기가 적힌 둥근 문패가 걸려있다.

150여 년 전, 와일드는 귀족적인 분위기에서 유복한 어린 시절을 보냈다. 유명한 외과 의사였던 그의 아버지는 가난하고 병든 빈민을 위해 무료 진료소를 운영했을 만큼 박애 정신이 강한 사람이었고, 어머니는 여류 시인이었다. 와일드는 어머니의 감성을 많이 닮은 것으로 전해진다.

트리니티 대학 재학 시절에는 성적 장학금을 줄곧 받았을 만큼 지적 능력과 성취력도 뛰어났다.

부유한 가정에서 자라 바른 생활의 표본이었을 것 같은 그는 언제부터 심미주의*에 빠져들게 되었을까? 계기는 유년기에 어머니를 통해 접했던 그리스·로마 고전에 대한 열정에서 시작되었다. 트리니티 재학 시절에 고대 역사 교수인 존 펜틀랜드 마하피 경Sir John Pentland Mahaffy, 1839~1919과 로버트 옐베르톤 티렐Robert Yelverton Tyrrell, 1844~1914 교수를 만나고부터 더욱 깊이 고전을 탐구하게 되었고, 그 후 영국 옥스퍼드 대학에서 존 러스킨John Ruskin, 1819~1900 교수를 만나면서 큰 영향을 받는다.

존 러스킨에서 윌리엄 모리스William Morris, 1834~1896로 이어지는 심미주의는 월터 페이터Walter Pater, 1839~1894에 이르러 완성된다. 페이터는 순간의 진리, 순간의 환희와 쾌락, 매 순간순간의 내적인 힘을 강조하는 '예술을 위한 예술'을 주장했다. 이러한 정신을 이어받은 와일드는 심미주의를 자신의 삶과 작품에 실현하는 작가가 되었다.

오스카 와일드의 생가 맞은편, 메리언 스퀘어 공원에는 그의 동상이 있는데, 삶을 바라보는 그의 태도가 엿보인다. 그의 입가엔 비소非笑를 머금은 표정이 담겨있고, 붉은 칼라가 달린 초록색 자켓은 그의 자유로운 성격을 대변해준다. 눕듯이 기대어 앉은 자세 또한 매우 거만하다. 움직이지 않는 조각상이지만 자세와 표정, 옷을 통해 100년 전 와일드의 성격을 유추해볼 수 있다.

---

* 19세기 중반, 합리주의나 기계주의에 대한 반동(反動)으로, 미학적 기준은 도덕성·실용성·쾌락 등에 얽매이지 않는 자율성을 지녀야 한다고 주장하는 태도 및 세계관.(출처 : 위키백과)

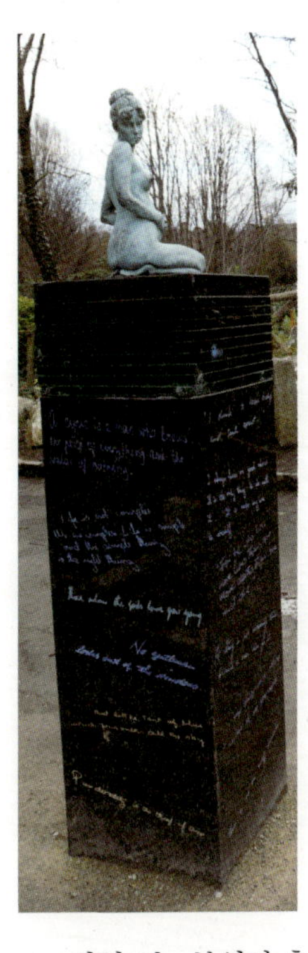

그 앞으로 와일드가 남긴 수많은 명언이 비석에 새겨져 있다.

'성인에게도 과거가 있고, 죄인에게도 미래가 있다.'
'자신을 사랑하는 것이야말로 평생 지속되는 로맨스다.'
'결혼에 성공하려면 서로를 오해해야 한다.'
'여자는 사랑받을 대상이지 이해되어야 할 대상이 아니다.'

어디선가 한 번은 들어봤을 법한 와일드의 명언들. 위트 있는 그의 명언들은 가볍게 웃으며 듣다가도 마음속으로 곱씹게 되고 고개를 끄덕이게 하는 힘이 있다.

와일드는 아일랜드 태생이지만 아일랜드를 배경으로 쓴 작품은 하나도 없다. 그가 자신의 태생을 부끄러워한 것은 아니다. 그와 함께한 동료들의 기록을 보면, 그가 평소 '우리 아일랜드 사람들'이라는 어구를 종종 사용했고 아일랜드 국민의 자유를 원했다는 것을 알 수 있다.

와일드는 분열된 충성심을 지닐 수밖에 없는 영국계 아일랜드인의 대표적인 예이기도 하다. 식민주의자이면서 피지배 민족이라는 정체성은 그가 주체이면서 객체가 되게 했고, 일치감과 소외됨을 함께 경험하게 했다. 메리언 스퀘어가 영국과 아일랜드의 공존으로 남았듯, 오스카 와일드의 삶과 그의 문학은 영국과 아일랜드 사이에서 자신의 예술을 창조하고 승화시켜야 하는 불완전한 영혼의 투영으로 기억되고 있다.

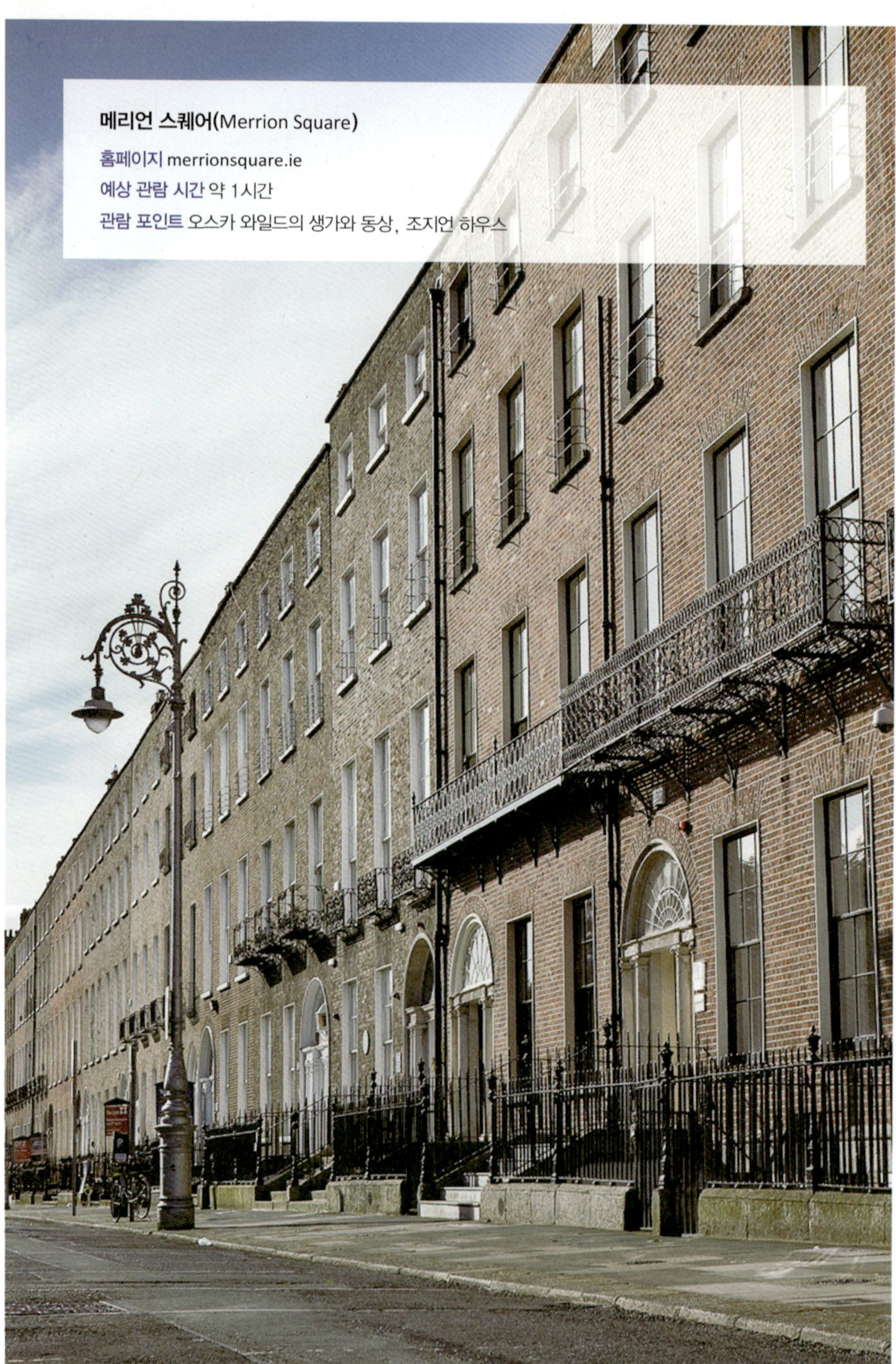

메리언 스퀘어(Merrion Square)
홈페이지 merrionsquare.ie
예상 관람 시간 약 1시간
관람 포인트 오스카 와일드의 생가와 동상, 조지언 하우스

공짜로 즐기는 미술관 · 박물관

"예술은 우리의 껍질을 벗겨내고, 우리를 둘러싼 모든 것을 버릇없이, 습관적으로 경시하는 태도를 바로잡아준다. 우리는 감수성을 회복하고, 옛것을 새로운 방식으로 본다. 예술은 색다르고 화려한 것만이 유일한 해답이라고 가정하는 오류를 막아준다."
– 알랭 드 보통의 《영혼의 미술관》 중에서

예술 작품 감상을 특정 계층의 고상한 취미로만 여기던 시대는 지나갔다. 예술은 개인의 삶을 풍요롭게 해줄 뿐 아니라 작품을 통해 그 시대의 아름다움을 배우도록 도와준다. 일상에서 지나치기 쉬운 풍경이나 장면을 놓치지 않고 표현한 작품은 우리의 평범한 일상도 새로운 시각으로 보게끔 하기도 한다.

하지만 일상에서 예술 작품을 즐기기엔 시간과 비용의 대가가 큰 편이다. 더욱이 여행 중이라면, 먹고 자고 이동하는 것 다음으로 밀리기 일쑤고, 예산이 빠듯한 나머지, 건물 앞에서 사진을 찍는 것으로 아쉬움을 달래기도 한다. 그럴 땐 무료로 입장할 수 있는 곳을 찾아보자.

더블린에선 일단 내셔널National이 붙은 박물관들은 대부분 무료이다. 하지만 오랜 식민지를 거치고 독립한 지 얼마 안 되기 때문에 규모가 그다지 크지는 않다. 영국의 내셔널 갤러리나 자연사 박물관 규모를 생각한다면 일찌감치 마음을 비우고 입장할 것.

[아일랜드 국립 박물관]

아일랜드 국립 박물관(National Museum of Ireland)은 전시물에 따라 4개의 분관으로 나뉘어있는데, 그중 3개가 더블린 곳곳에 흩어져있다.

홈페이지 www.museum.ie
주소 고고학 박물관 : Kildare St, Dublin 2
　　　장식 예술과 역사박물관 : Benburb St, Dublin 7
　　　자연사 박물관 : Merrion St, Dublin 2
운영 시간 10:00～17:00(화~토), 14:00～17:00(일), 월요일과 크리스마스, 부활절 전 금요일은 휴관

고고학 박물관(Archaeology Branch of National Museum of Ireland**)**

박물관 건물이 로마의 판테온을 연상시킨다. 아일랜드의 선사시대부터 바이킹 시대와 중세 시대의 유물이 전시되어있고, 켈트족과 초기 기독교 시대의 유물도 볼 수 있다. 초기 기독교 보물인 아다 성배(Ardagh Chalice)와 영국 빅토리아 여왕이 탐냈던 타라 브로치(Tara Brooch), 선사시대의 금화 등을 눈여겨볼 만하다.

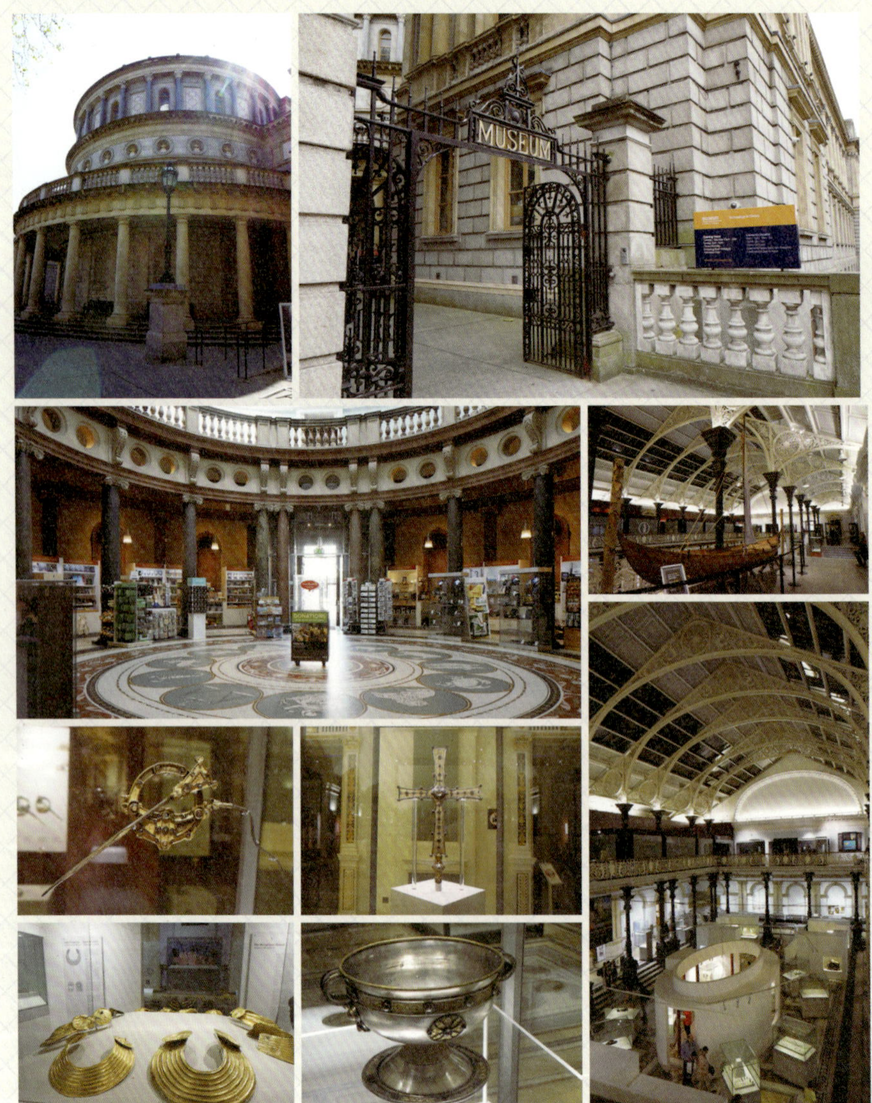

장식 예술과 역사박물관(Decorative Arts & History Branch of National Museum of Ireland)

전시관 한쪽은 20세기 이후 아일랜드 독립의 과정을 다룬 역사박물관이며, 다른 한쪽은 장식 예술의 변천사를 전시하고 있다. 은공예 작품들을 비롯해 17세기부터 진화해온 가구 디자인, 의상 디자인 변천사를 한눈에 볼 수 있다. 주목할 만한 곳은 3층으로, 20세기 초반 왕성하게 활동했던 디자이너 겸 건축가 에일린 그레이(Eileen Gray, 1878~1976)의 영구 전시실이 있다. 아일랜드 출신의 그레이는 아르 데코(Art Déco) 양식의 선구자이자 모더니즘 가구와 건축 분야에서 독보적인 위치로 인정받는 작가이다. 그녀의 탄생부터 유년기, 대학 시절과 디자이너와 건축가로 활동하던 시기까지 일대기를 만날 수 있고, 그녀가 직접 디자인한 가구들도 전시되어있다.

자연사 박물관(Natural History Branch of National Museum of Ireland)

1857년에 개관한 박물관으로 총 3층 건물에 1만 점 이상의 전시물이 빼곡히 전시돼있다. 1층은 아이리시룸(Irish Room)으로, 아일랜드에서 주로 서식했던 동물의 표본을 보여준다. 2층은 전 세계에서 수집된 동물 표본이 있다. 3층 전시관은 2016년 현재 공사 중으로, 온라인으로만 관람할 수 있다.

[아일랜드 내셔널 갤러리]

홈페이지 www.nationalgallery.ie
주소 Merrion Square W, Dublin 2
운영 시간 09:30~17:30(월~토, 목요일 제외), 09:30~20:30(목)
　　　　　　 12:00~17:30(일), 10:00~17:30(공휴일)

아일랜드 내셔널 갤러리(National Gallery of Ireland)에서는 아일랜드 예술가뿐 아니라 이탈리아 바로크 예술가들과 네덜란드 거장들의 그림도 볼 수 있다. 1962년 화랑의 규모를 확장하면서 베이트 윙(Beit Wing)이라 불리는 전시관을 개관했고, 2002년에 한 번 더 증축하여 밀레니엄 윙(Millennium Wing)을 열었다. 유화, 드로잉(소묘), 판화, 가구 및 기타 예술품을 포함해 약 14,000점에 이르는 예술품을 소장하고 있다.

[아일랜드 현대 미술관]

홈페이지 www.imma.ie　　　　　**주소** Royal Hospital, Military Rd, Kilmainham, Dublin 8
운영 시간 11:30~17:30(화~금), 10:00~17:30(토), 12:00~17:30(일, 공휴일), 월요일은 휴관

아일랜드 현대 미술관(Irish Museum of Modern Art)은 다채로운 소장품을 보유하여 획기적인 기획전을 주로 진행한다. 17세기 영국의 퇴역 군인들을 위해 세웠던 킬마이넘 왕립 병원(Royal Hospital Kilmainham) 건물을 재건축해 1991년부터 현대 미술관으로 사용하고 있다. 특히 건물 뒤편에 넓은 정원이 있어 미술 감상뿐 아니라 지역 주민들의 휴식 장소로도 발길이 잦다.

홈페이지 www.hughlane.ie
주소 Charelmont House, Parnell Square N, Dublin 1
운영 시간 09:45~18:00(화~금, 금요일은 17:00까지)
　　　　　　10:00~17:00(토), 11:00~17:00(일), 월요일은 휴관

시립 휴래인 미술관(Dublin City Gallery The Hugh Lane)은 20세기 초의 유명 아트 컬렉터 휴 래인(Hugh Lane)의 미술 소장품을 토대로 설립된 세계 최초의 공립 현대 미술관이다. 휴 래인의 소장품 중 마네, 모네, 르누아르, 드가 등 후기 인상파 작품과 아일랜드 화가들의 작품을 만날 수 있다. 특히 20세기 표현주의 대가인 프란시스 베이컨의 스튜디오와 일부 작품들이 2001년부터 영구 전시되고 있어 꼭 들러볼 만하다.

[체스터 비티 라이브러리]

홈페이지 www.cbl.ie　　**주소** Dublin Castle, Dublin 2
운영 시간 10:00~17:00(월~금, 11~2월은 월요일 휴관), 11:00~17:00(토), 13:00~17:00(일)
　　　　　　1월 1일, 부활절 전 금요일, 12월 24~26일, 공휴일로 지정된 월요일은 휴관

체스터 비티 라이브러리(Chester Beatty Library)는 미국의 광산 기술자였던 알프레드 체스터 비티 경(Sir Alfred Chester Beatty, 1875~1968)의 수집품을 모아놓은 갤러리로 더블린 성 정원에 있다. 동양 미술품, 이슬람 경전과 성경 필사본, 세밀화, 그림, 출판물, 희귀본, 장식 미술품 등 체스터 비티가 여행하며 수집한 방대한 수집품을 '종교적 전통'과 '예술적 전통'이라는 두 가지 주제로 나누어 전시하고 있다.

역사의 도시, 더블린

©Rob Durston

❋ 아일랜드의 역사가 숨 쉬는 곳, 오코넬 거리

각 나라의 수도에는 그 나라를 대표하는 거리가 있다. 서울에는 조선 왕조의 역사가 숨 쉬는 세종대로가 있고, 뉴욕 맨하튼에는 전 세계 금융의 중심지인 월스트리트Wall St.가, 파리에는 개선문을 중심으로 열두 개의 도로가 방사형으로 뻗어있는 샹젤리제 Champs-Élysées가 있다. 성격은 제각기 다르지만 그 도시를 대표하는 거리인 것은 모두 같다.

물론 더블린에도 그런 곳이 있다. 하루에 한 번은 지나칠 수밖에 없는 더블린의 대표 거리, 오코넬 거리O'Connell St.가 바로 그것이다. 서울로 치면 광화문 사거리에서 경복 궁까지의 세종대로와 비슷한 느낌이다.

18세기에 형성된 오코넬 거리는 더블린의 남북을 가로지르는 리피Liffey 강 북쪽에 있 다. 원래 드로게다Drogheda 거리로 불리다가 18세기 후반에 오코넬 다리와 연결되면서 현재의 이름이 붙여졌다. 20세기 초에는 아일랜드 독립운동의 중심지였으며 1920년 이 후 재정비되어 오늘날 더블린을 대표하는 거리가 되었다. 차도보다 인도의 폭을 더 넓 게 만들어놓은 것만 봐도 얼마나 많은 사람이 오가는 거리인지 가늠할 수 있다.

아일랜드의 역사가 한눈에 들어오는 동상들

오코넬 거리는 아일랜드의 역사를 상징하는 중요한 곳이기도 하다. 아일랜드의 독립과 발전에 크게 이바지했던 인물들을 동상으로 만날 수 있기 때문이다.

오코넬 거리의 입구에는 거리 이름의 주인공이자 아일랜드 민족주의자들의 리더였던 다니엘 오코넬Daniel O'Connell, 1775~1847, 사진①의 동상이 우뚝 서있다. 아일랜드 남부 케리 지역Co. Kerry의 작은 마을 출신인 그는 19세기 가톨릭 해방을 이루어냈고, 아일랜드 자치에 크게 기여했다. 2002년 유로화를 사용하기 전까지 통용됐던 아이리시 20파운드 화폐에도 그가 등장하고, 그의 이름을 딴 상점, 식당도 아일랜드에서 쉽게 찾아볼 수 있다.

오코넬 거리의 북쪽 끝에는 독립운동의 아버지로 불리는 찰스 스튜어트 파넬Charles Stewart Parnell, 1846~1891, 사진②이 한 손을 들어 올린 채 서있다. 파넬은 영국 캠브리지 대학교를 졸업한 후 영국 하원 의원으로 재직하며 아일랜드의 권리 옹호에 힘썼고, 아일랜드 토지를 영국 지주들의 손에서 되찾아내는 운동을 전개했다.

이밖에도 더블린에 최초로 수도를 공급한 존 그레이 경Sir John Gray, 1815~1875, 사진③, 아일랜드 노동 운동을 이끈 제임스 라킨James Larkin, 1876~1947, 사진④, 아일랜드 민족의원의 지도자였던 윌리엄 스미스 오브라이언William Smith O'Brien, 1803~1864, 사진⑤ 등 아일랜드 지도자들의 동상이 500m의 잘 닦여진 도로 중앙에 줄지어있다.

우뚝 솟아오른 첨탑처럼 고속 성장한 아일랜드

동상들 사이로 얼핏 보기에 커다란 바늘을 뒤집어놓은 듯한 뾰족한 첨탑이 우뚝 서있다. '빛의 기둥Monument of Light'이라고도 불리는 스파이어The Spire 첨탑은 2003년에 120m 높이로 세워졌다. 영국의 국민 소득을 추월할 정도로 고속 성장한 것을 기념하며 만들어진 것이라고 전해진다.

원래 그 자리에는 영국의 국민 영웅인 호라티오 넬슨Horatio Nelson, 1758~1805 제독의 동상이 있었는데 이 동상을 두고 말이 많았다. 상인들은 교통 체증을 불러일으킨다고 불평했고, 애국자들은 영국 식민지를 상기시킨다고 비판했다. 아일랜드 대표 시인인 예이츠는 동상이 전혀 아름답지 못하다며 시인답지 않은 주관적인 평가로 그 동상을 비난하기도 했다. 결국 넬슨 동상은 1966년 전직 IRA* 멤버들의 부활절 봉기 50주년 기념 테러로 손상되었고, 며칠 후 철거되었다.

한동안 그곳에는 아무것도 세워지지 않았다. 1990년부터 더블린 정부가 오코넬 거리를 대대적으로 정비하면서 파리의 에펠탑처럼 나라의 랜드마크가 되는 탑을 건설하기로 결정했다. 국제 공모를 통해 2002년, 영국 회사인 이안 리치 건축Ian Ritchie Architect의 스파이어 첨탑이 채택되었다. 재미있는 사실은 넬슨 동상을 폭파한 단체와 회사의 약자가 'IRA'로 같다는 것, 그리고 영국 식민지를 상징했던 동상 자리에 다시 영국 건축가의 아이디어가 채택되었다는 것이다.

---

* Irish Republican Army, 아일랜드 공화국군으로 아일랜드 독립전쟁 당시 영국에 대항해 싸운 무장단체.

　　120m의 높이를 자랑하는 첨탑은 '우아하고 역동적인 간결함을 미술과 기술의 결합으로 승화하는 것'이 콘셉트이며 500년을 버틸 수 있도록 설계되었다. 하부의 지름은 3m지만 위로 올라갈수록 좁아져서 맨 꼭대기는 지름이 15cm밖에 되지 않는다. 꼭대기는 좌우로 1.5m가량 흔들리게 되어있다. 최첨단 공법을 사용하여 강풍에도 견딜 수 있게 설계되었는데, 더블린의 바람이 얼마나 센지 아는 사람이라면 이 첨탑이 그저 높게만 지어놓은 게 아님을 알 것이다.

　　아쉽게도 에펠탑처럼 전 세계인들의 주목을 받지는 못했지만, 더블린에선 가장 중요한 첨탑 중 하나이자 만남의 장소 역할을 톡톡히 한다. 2015년 겨울, 영화《스타워즈 7 : 깨어난 포스》가 개봉했을 때 첨탑 아래에서 위로 파란 조명을 쏘아서 광선검을 만들었던 것이 한동안 화제가 되기도 했다.

　　스파이어 첨탑을 세우게 된 배경을 모른 채 그곳을 지나간다면 단순히 뾰족하고 높기만 한 탑에 머무를지도 모른다. 하지만 그곳에는 우리나라와 비교할 수 없을 만큼 긴 세월 동안 식민지로 살아온 나라, 한때는 '하얀 깜둥이White Negro'로 불리며 멸시당했지만 지금은 아픈 역사를 딛고 일어나 당당히 21세기 독립 국가의 길을 걸어가고 있는 아일랜드의 자부심이 숨어있다.

　　오코넬 거리를 걸으며 거리 한복판의 동상들을 보다 보면 유럽연합EU, 경제협력개발기구OECD, 그리고 국제연합UN의 구성원으로서 당당히 목소리를 높이게 된 그들의 성공 스토리가 궁금해지기 시작할 것이다.

오코넬 거리(O'Connell St.)

예상 관람 시간 약 30분

관람 포인트 다니엘 오코넬 동상을 비롯한 거리 중앙의 동상들, 스파이어 첨탑, 아일랜드 중앙 우체국

DUBLIN SIGH
HOP ON
HOP OFF

❈ 세상에서 가장 아름다운 책과 도서관을 만나다, 트리니티 대학

고등학교 1학년 때 서울로 대학 탐방을 갔던 적이 있다. 당시 시골 학교에서는 학생들의 사기를 높여주고자 서울의 유명한 학교를 탐방하는 것이 유행이었다. 우리 학교도 예외는 아니었다. 한창 뜨고 있던 경기도의 한 대학교를 시작으로 서울 유명한 대학교 몇 군데를 방문하는 일일 투어를 진행했다. 학생 식당에서 점심도 먹어보고, 우리 학교 출신 선배들도 만나서 학교의 좋은 점에 대해 듣기도 했는데, 내가 가장 인상 깊었던 것은 학생 식당의 밥도, 선배의 조언도 아니었다. 바로 대학 캠퍼스에서 느껴지는 젊음의 분위기였다. 지금이야 대학에 입학하면서부터 취업 준비를 해야 한다지만, 당시만

해도 입시 지옥을 벗어난 대학생들의 모습에서 여유와 낭만을 찾을 수 있었다. 그래서 잠깐이나마 캠퍼스의 자유를 느껴보며 '대학에 가야겠다, 이왕이면 내가 원하는 대학을 가고 싶다'는 의지를 마음속에 다졌다.

아일랜드 지성의 상징, 트리니티 대학

트리니티 대학Trinity College에 갈 때마다 느끼는 감정도 이와 비슷하다. 이 학교가 아일랜드 제1의 학교이고 수많은 노벨상 수상자를 배출한 '대단한' 학교라는 사실은 그리 중요하지 않다. 대학 캠퍼스에 가면 뭐든지 다시 시작할 수 있는 무한한 가능성의 공간에 들어간 느낌이 들면서, 그 공간에 있는 것 자체만으로도 마음이 벅차오른다.

트리니티 대학은 아일랜드 최초이자 최고最古의 대학으로 1592년 엘리자베스 1세 Elizabeth I, 1533~1603에 의해 건립되었다. 설립 당시 영국의 옥스포드 대학과 캠브리지

대학을 모델로 했는데, 19세기 중반에는 트리니티 대학의 규모가 옥스포드 대학보다 더 커졌다고 한다. 원래 도시 외곽에 있었지만 수백 년 동안 도심이 넓어지면서 지금은 더블린 중심에 자리하고 있다.

그런데 엘리자베스 여왕은 왜 식민지에 대학을 지은 것일까? 아일랜드 국교였던 가톨릭교를 막고 영국 신교를 전파하기 위해서였다고 한다. 설립 당시 유럽에서 처음으로 여성의 입학을 허용한 것으로 유명한데, 영국 신교 제자 양성을 위한 학교였기 때문에 가톨릭교도의 입학은 엄격히 금지되었다. 1873년부터 제한적으로 입학이 허용되었고(장학금 제한), 1970년이 되어서야 이런 차별도 없어졌다. 아일랜드에서 가장 오랜 역사를 가진 대학이지만 정작 아일랜드 사람들은 다닐 수 없었던 아이러니한 역사를 지니고 있다.

트리니티 대학의 정문을 지나면 십자형 모양의 의회 광장Parliament Square이 펼쳐지고 중앙에는 종탑Campanile이 보인다. 트리니티 대학의 상징이자 매년 선거철이나 대학 광고의 포스터에 빠지지 않고 등장하는 이 종탑은 1853년에 건축가 찰스 레니온Charles Lanyon, 1813~1889에 의해 설계되었다. 종탑의 높이는 30.5m, 종탑을 둘러싸고 있는 네 개의 코린트식 기둥은 각기 신성과 과학, 의학, 법률을 나타낸다고 한다.

대학의 상징물인 만큼 재미있는 이야기들이 숨어있는데, 그중 하나는 종탑의 종이 울릴 때 그 아래로 지나가는 학생은 시험에서 낙제한다는 것이다. 믿거나 말거나 한 이야기인데도 시험 기간에 탑 아래로 지나가는 학생을 거의 찾아볼 수 없단다. 혹시나 지나가는 사람이 있다면 아마도 관광객일 것이라고.

이름이 'College'인 것에서 알 수 있듯이 트리니티 대학은 단과 대학으로 시작했다가 규모가 커지면서 중앙 캠퍼스 밖에도 건물이 생겨났다. 역사가 깊은 학교인 만큼 중앙 캠퍼스의 전경은 우아하고 클래식해서, 캠퍼스의 울퉁불퉁한 자갈길을 걷고 있노라면 마치 중세 시대로 들어온 느낌이다. 길옆 잔디밭에는 너나 할 것 없이 잔디밭에 앉거나 누워서 책을 읽고, 점심을 먹고, 친구들과 이야기를 나누고 있다. 잔디밭이 망가질까 봐 함부로 들어가지 못하는 우리나라 학생들과는 다른 모습이다. 그들에게는 일상이지만 여행자에게는 그런 풍경마저 아름답고 부러움의 대상이 되는 건 당연한 법.

트리니티 대학의 꽃, 《켈즈 복음서》

트리니티 대학이 관광객에게 유명한 이유는 학교 안에 전시된 《켈즈 복음서The Book of Kells》와 구 도서관Old Library 때문이다. 트리니티 대학의 꽃이자 현존하는 가장 아름다운 책으로 불리는 《켈즈 복음서》는 9세기 초, 스코틀랜드 아이오나Iona 지방의 수도승들이 복음 전달을 목적으로 만든 성서 필사본이다. 신약 성경의 복음서 4편마태, 마가, 누가, 요한복음이 라틴어로 번역되어있고 켈트족만의 독특한 예술 정신이 담긴 삽화가 화려하고 아름답게 그려져있다. 페이지마다 다른 디자인과 다양한 색채를 사용했고, 삽화

의 장식이 너무 세밀한 나머지 확대경을 써야 잘 볼 수 있을 정도다. 게다가 물감도 없던 시절에 광물이나 동·식물에서 추출한 천연 재료로 그림을 그린 것 아닌가. 신앙심을 예술로 승화시킨 수도승들의 고귀한 작업을 실제로 보면 종교가 없어도, 미술에 일가견이 없어도 절로 고개가 숙여진다.

혹자는 《켈즈 복음서》를 빗대어 '모나리자 신드롬'이란 말을 하기도 한다. 프랑스 루브르 박물관에 전시된 《모나리자Mona Lisa》는 세상에서 가장 유명한 작품 중의 하나지만 막상 실제로 보면 기대했던 것만큼 아름답지 않다나. 《켈즈 복음서》 역시 아일랜드에서만 볼 수 있는 예술품이지만 이런 작품에 관심이 없는 사람들은 특별히 감동을 느끼지 않을지도 모른다. 무료 관람도 아니고 10유로라는 거금을 투자했으니 더 많은 것을 느껴야 한다는 심적 부담도 있으리라.

하지만 중세 기독교 문화 연구에 중요한 《켈즈 복음서》를 볼 수 있고, 그 이전에 제작된 책들부터 고대 수도사들의 기록 문화까지 소개하는 전시관이니 꼭 한 번 찾아가 볼 만하다. 전 세계에 하나밖에 없는 전시품을 보는 것만으로도 충분히 가치가 있는 곳이다.

압도적인 웅장함이 느껴지는 곳, 롱 룸

《켈즈 복음서》 전시관 끝에 2층으로 올라가는 길이 있다. 직선으로 된 단조로운 계단을 올라가면 예상 못 한 엄청난 광경이 눈앞에 펼쳐진다. 바로 구 도서관의 롱 룸The Long Room을 만나는 순간이다. 롱 룸은 1712년부터 1732년까지 20년에 걸쳐서 지은 중앙 서가로, 65m의 어마어마한 길이를 자랑한다. 1850년 무렵, 책을 더 보관하기 위해 천장을 높이면서 더욱 웅장해진 롱 룸은 트리니티 대학에서 가장 유명한 장소 중 하나가 되었고, 2013년 CNN이 선정한 '세계에서 가장 아름다운 도서관' 2위로 선정되었을 만큼 아름답다. 20만여 권의 가죽으로 된 장서가 짙은 갈색빛이 도는 도서관 안에 빼곡히 꽂혀있다고 상상해보라. 그 장관을 어찌 한마디로 일축할 수 있으랴. 그 많은 책들 중 내가 아는 책이 단 한 권도 없을지언정 이곳에 왔다는 사실만으로 영광 아닐까.

영화 《스타워즈 2 : 클론의 공격》에 나오는 제다이 아카이브Jedi Archives의 모티브로
도 사용된 이곳은 도서관이라기보다는 규모가 어마어마한 고딕 성당 같기도 하다. 누구
의 음악인지는 알 수 없지만, 바로크 시대의 쳄발로Cembalo, 피아노의 전신인 건반 악기 연주
가 잔잔히 흘러나오는 그곳에서는 누구라도 마음이 평온해진다. 도서관 유리창 사이로
스며들어오는 햇볕은 따스하고 과거의 어느 순간에 와있는 착각이 들 만큼 황홀하다.

전시관을 나와 도서관으로 향하면 구릿빛의 둥근 조형물을 발견할 수 있다. 얼핏 보기에 지구를 형상화한 듯한 이 조형물은 여행을 자주 다니는 사람이라면 낯설지 않을 것이다. 이탈리아 조각가, 아르날로 포모도로Arnaldo Pomodoro, 1926~의 《지구 안의 지구Sphere Within Sphere》 시리즈로 로마 바티칸 박물관을 비롯해 미국 유엔 본부 등 전 세계 열세 개의 장소에 설치된 작품이다.

작가의 말에 따르면 안에 있는 구는 지구를 상징하고, 밖에 있는 구는 종교적인 의미를 가진다. 안쪽의 복잡한 레이어들은 지구 상에 존재하는 모든 복잡한 것들을 반영하고 있다. 그것들은 때때로 변하고 부패하여 사람들을 고통스럽게 하고, 부식되면서 그들의 실체를 드러낸다고 작가는 말한다. 완벽하게 파괴된 내부는 새로운 매력을 발산하게 되는데, 작가는 이런 신비로우면서도 생동감이 넘치는 순간을 남기기 위해 이 시리즈를 창조하게 되었다고 한다. 포모도로는 그런 갈등의 순간을 광택이 나는 소재를 사용하여 부조화 속의 조화를 추구하고 있는 듯하다.

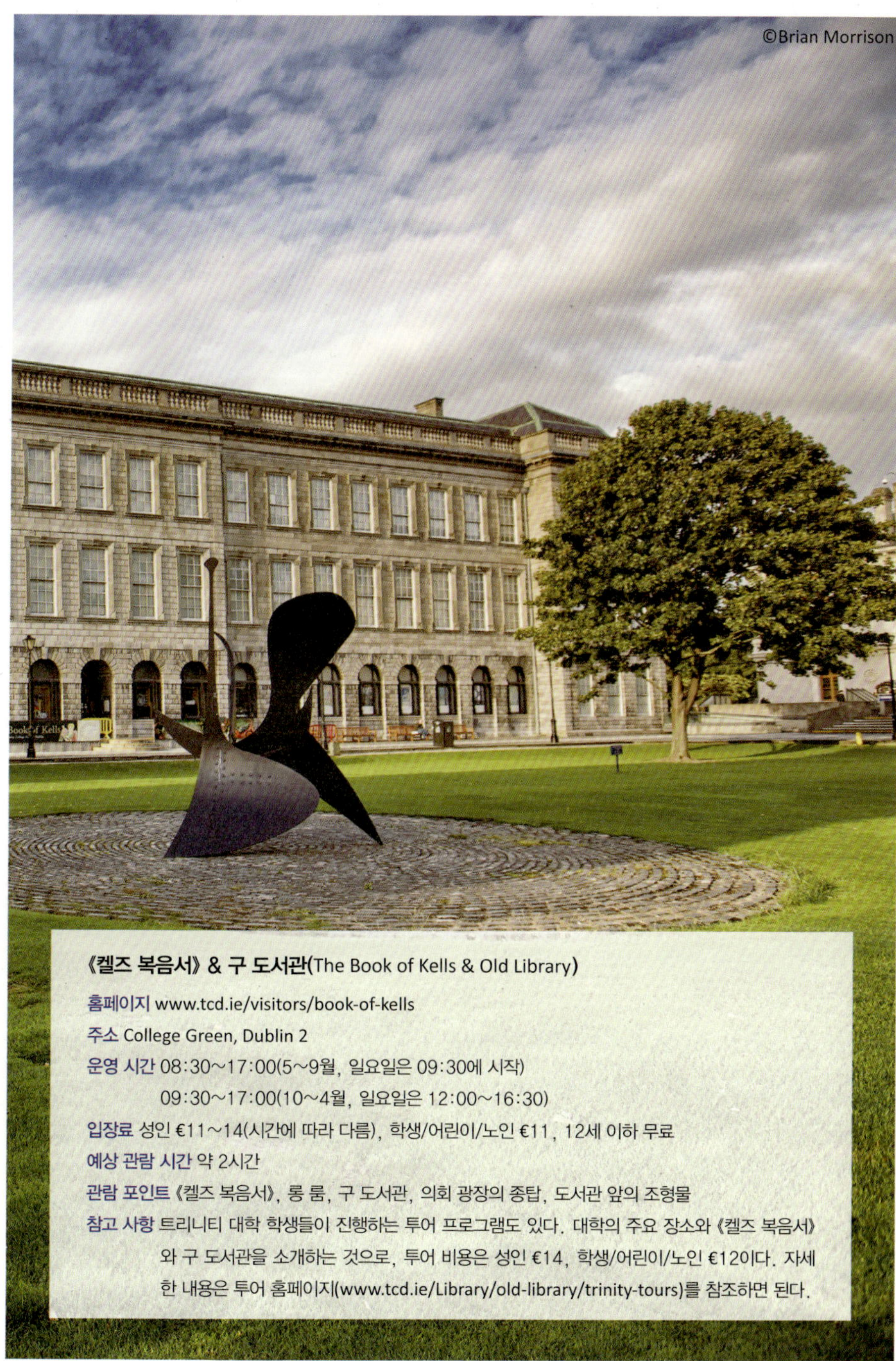

《켈즈 복음서》 & 구 도서관(The Book of Kells & Old Library)

홈페이지 www.tcd.ie/visitors/book-of-kells

주소 College Green, Dublin 2

운영 시간 08:30~17:00(5~9월, 일요일은 09:30에 시작)
　　　　　09:30~17:00(10~4월, 일요일은 12:00~16:30)

입장료 성인 €11~14(시간에 따라 다름), 학생/어린이/노인 €11, 12세 이하 무료

예상 관람 시간 약 2시간

관람 포인트 《켈즈 복음서》, 롱 룸, 구 도서관, 의회 광장의 종탑, 도서관 앞의 조형물

참고 사항 트리니티 대학 학생들이 진행하는 투어 프로그램도 있다. 대학의 주요 장소와 《켈즈 복음서》
　　　　　와 구 도서관을 소개하는 것으로, 투어 비용은 성인 €14, 학생/어린이/노인 €12이다. 자세
　　　　　한 내용은 투어 홈페이지(www.tcd.ie/Library/old-library/trinity-tours)를 참조하면 된다.

❋ 아일랜드의 서대문 형무소, 킬마이넘 감옥

감옥은 법을 어긴 사람이 마땅히 감당해야 할 숙명의 장소이다. 자유가 없는 좁은 공간에서 생활하는 그들을 보며, 우리는 당연히 죗값을 치르는 것이라고 생각한다. 하지만 때때로 감옥은 죄 없는 사람들이 억울한 누명을 쓰거나 정치적인 이유로 갇히는 슬픈 역사의 장소가 되기도 한다. 일제 강점기의 독립투사들과 군사독재 시절 민주화 운동에 가담했던 사람들이 서대문 형무소에 수감된 것처럼 말이다. 그들의 죄라 하면 사회 부조리에 굴복하지 않고 신념을 펼친 잘못뿐이었다.

오랫동안 영국의 식민지였던 아일랜드에도 우리나라의 서대문 형무소와 비슷한 감옥이 있다. 더블린 서쪽, 리피 강 하류에 있는 킬마이넘 감옥Kilmainham Gaol으로 1796년부터 1924년까지 감옥으로 사용되었다. 처음에는 주로 일반 범죄자가 수용됐는데 19세기부터 20세기 초까지 아일랜드 독립을 위해 권력에 대항한 유명 인사들이 투옥되거나 처형된 곳이라고 한다. 감옥 폐쇄 후 수십 년이 흐른 1960년부터 관광 명소로 개발하기 위한 복원 사업이 시작되어 현재와 같은 박물관의 모습으로 일반인들에게 공개되었다.

감옥은 2층으로 된 낮은 건물이다. 정문에서 곧장 보이는 2층 발코니는 한때 교수형을 집행했던 곳이란다. 그런데 감옥이라는 것을 의식해서일까, 더블린 어디에서나 볼 수 있는 흔한 회색 빛깔의 건물이 왠지 더 어둡고 침침해 보인다. 아마도 심리적인 문제이리라. 아일랜드의 슬픈 역사가 아로새겨진 장소로 무거워진 발을 옮긴다.

매표소에서 표를 구입하면 영수증에 투어 시간을 적어준다. 낡고 협소한 감옥의 안전 문제 때문인지 15분 간격으로 진행되는 가이드 투어로만 돌아볼 수 있다. 투어가 시작할 때까지 감옥의 역사가 전시된 전시실을 자유롭게 관람할 수 있다.

감옥에서 진행된 슬픈 결혼식

투어는 감옥 안의 작은 성당에서 시작된다. 가이드는 슬라이드 자료로 감옥의 역사에 대해 간략하게 설명해준 다음 조셉 플렁킷Joshep Plunkett, 1887~1916과 그레이스 기퍼드Grace Gifford, 1888~1955의 슬픈 러브스토리를 들려준다. 시인 플렁킷은 아일랜드 독립운동 중 가장 큰 사건인 1916년 4월 부활절 봉기The Easter Rising의 일곱 명 리더 중 한 사람이었다. 봉기 후 그는 감옥에 투옥되어 사형을 선고받는다. 그 사실을 알게 된 약혼녀 기퍼드는 사형 전날인 5월 3일 밤에 결혼반지를 사서 감옥으로 찾아온다. 둘은 이 성당에서 영국 군인들이 지켜보는 가운데 결혼식을 올렸고, 7시간 뒤 플렁킷은 총살당한다.

그가 떠난 후 기퍼드 역시 남편의 뜻을 이어 아일랜드 독립을 위해 헌신하다가 1923년 시민전쟁 당시 아일랜드 공화국군에 협조했다는 혐의로 수감된다. 화가였던 그녀는 자신이 투옥된 방에 성모 마리아가 아기 예수를 안고 있는 그림을 그렸고, 그림은 여전히 벽에 남아있다. 그녀가 어떤 마음으로 감옥 벽에 성모 모자상을 그렸던 걸까? 이유는 모르겠지만, 그녀의 작품은 유명한 미술관에서 보았던 그 어떤 모자상보다 더 절실하고 애틋하게 다가온다.

아일랜드 독립 역사의 산 증인을 만나는 순간

성당에 이어서 가장 초기에 지어진 감옥, 웨스트 윙 West Wing으로 이동한다. 2층으로 된 감옥은 순찰을 도는 간수가 위아래 층을 함께 감시할 수 있도록 복도 천장을 구멍 뚫린 철제 구조물로 해놓았다. 철제 구조마다 소복이 쌓여있는 먼지와 움푹 파인 돌계단이 세월의 흔적을 말해준다. 페인트가 다 뜯기고 갈라진 벽은 험상궂은 노파의 얼굴처럼 흉측해 보인다.

두꺼운 패딩 점퍼를 입고 목도리로 칭칭 둘러싸고 있는데도 3월의 아일랜드 날씨는 잔인할 정도로 매섭고 춥다. 당시 감옥의 창문은 유리도 없었고, 난방시설도 없었단다. 벽돌 사이사이로 바깥의 찬 공기와 시린 바람이 그대로 감방 안으로 들어왔을 것이다. 2주에 하나씩 배당되는 양초가 죄수들에게 유일한 희망의 빛이자 몸을 녹일 수 있는 온기였다. 두 평도 채 안 돼 보이는 작은 방에 남녀노소 가리지 않고 마구잡이로 넣었는데 많게는 열 명이 넘었다고 한다. 죄수들의 시간은 온통 춥고 절망적이었으리라.

아일랜드 민족 지도자였던 찰스 스튜어트 파넬Charles Stewart Parnell, 1846~1891, 패트릭 피어스Patrick Pearse, 1879~1916, 에이몬 데 벨레라Éamon de Valera, 1882~1975 등이 투옥돼있던 방도 보인다. 방문 위에는 누가 있던 방인지 표시하는 명패가 붙어있다. 감방 내부는 한 평 남짓하고, 비좁고 높은 벽 위로 난 작은 창문 하나만이 바깥과의 유일한 통로이다. 그들은 좁고 어둡고 추운 공간에서 어떤 생각을 했을까?

　오밀조밀하게 모여있는 방과 폭이 50cm 정도 되어 보이는 좁은 통로를 지나면 공장이나 감옥에 많이 사용되던 파놉티콘Panopticon 건축 양식이 나타난다. 킬마이넘 감옥에서 가장 유명한 이스트 윙East Wing 구역이다. 빅토리안 윙Victorian Wing이라고도 불리는데, 지금은 영화나 드라마, 뮤직비디오의 촬영장으로 사용될 만큼 유명한 공간이 되었다. 파놉티콘으로 이루어진 원형 감옥은 원주를 따라서 바깥쪽으로 죄수들을 가두는 방을 두고, 중앙에는 죄수를 감시하기 위한 큰 원형 공간이 있다. 죄수의 방은 항상 밝고, 중앙의 감시 공간은 항상 어둡다. 간수는 죄수들의 일거수일투족을 모두 포착할 수 있지만, 죄수는 자신이 감시당하고 있는 사실을 알 수 없는 구조이다. 중앙의 사다리는 좌우의 감방으로 가는 길을 연결하기 위한 것이다.

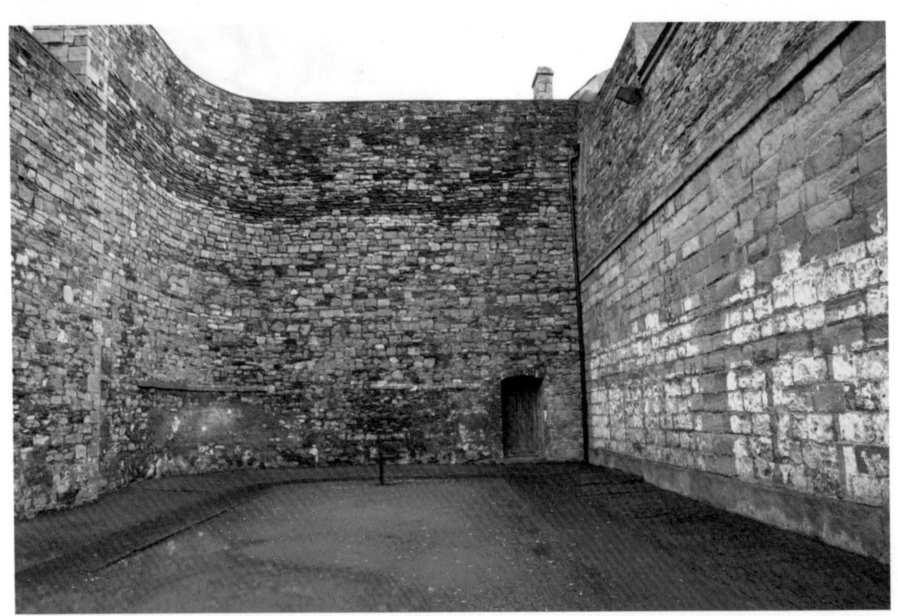

　이스트 윙에서 문을 열고 나오면 죄수들이 노역을 하던 광장으로 연결된다. 운동장 한가운데에 세워진 십자가는 이곳이 한때 처형 장소였음을 말한다. 1916년 4월 24일 부활절 봉기*에 가담했던 열네 명의 민족 지도자들이 이곳에서 처형되었다. 바로 옆에는 바깥세상으로 연결되는 큰 문이 있다. 자유와 억압이 공존했던 슬픈 공간이기도 하다.

---

* 1900년대 초, 당시 아일랜드는 영국으로부터 자치권을 따내자는 사람들과 완전한 독립을 하자는 사람들로 의견이 나뉘어있었다. 자치권을 주겠다는 영국 정부를 신뢰할 수 없던 시민군 리더 패트릭 피어스와 제임스 코놀리는 부활절에 맞춰 봉기를 계획했다. 그들은 무장도 하지 않은 채 더블린 중앙 우체국 앞에서 지나가는 사람들을 향해 아일랜드는 공화국이며 임시정부를 수립할 것이라는 독립선언문을 낭독했다. 일주일도 되지 않아 봉기는 실패로 끝나고 열네 명이 처형되었다. 피어스는 항복한 지 3일 만에, 코놀리는 발목 부상으로 의자에 묶인 채 9일 만에 총살당한 것이다. 이처럼 가혹한 처벌로 인해 아일랜드 내에서 동정 여론이 퍼지면서 독립에 대한 새로운 시각이 형성되었다. 그들의 희생은 결과적으로 더 많은 사람들에게 자유를 보장해주는 독립의 초석이 되었다. 2012년부터 시작된 시리아 내전으로 난민이 수백만에 이르렀던 2015년, 터키 휴양지 바닷가로 죽어서 떠내려온 세 살배기 어린아이가 유럽 나라들의 난민에 대한 입장을 바꿔놓았던 것처럼 희생은 변화의 시발점이 되기도 한다.

관람이 끝나고 밖으로 나오니, 건너편의 동상이 눈에 띈다. 눈을 가린 동상들이 부활절 봉기에 쓰였던 독립선언문을 둘러싸고 있다. 부활절 봉기로 처형당한 이들을 기리는 추모비로, 추모비 하나하나에 그들의 이름과 처형 당시 총상을 입은 부분이 기록되어있다.

우리에게 '대한민국'이라는 자치 영토가 생기기까지 이름도 없이 죽어간 사람들이 있었듯이 아일랜드 역사에도 식민지를 청산하기 위해 노력한 수많은 희생자가 있었다. 킬마이넘 감옥은 아일랜드 독립 역사의 현장이자, 독립을 위해 희생한 이들의 영혼이 깃든 숭고하고 귀중한 장소로 기억되고 있다.

킬마이넘 감옥(Kilmainham Gaol)

홈페이지 kilmainhamgaolmuseum.ie
주소 Inchicore Rd, Kilmainham, Dublin 8
운영 시간 09:30~17:30(10~3월), 09:00~18:00(4~5, 9월), 09:00~19:00(6~8월)
입장료 성인 €9, 노인 €6, 12~17세 학생 €5 (온라인 예매 시 €1할인)
예상 관람 시간 약 2시간, 가이드 투어로만 진행하며 투어는 약 45분 소요
관람 포인트 이스트 윙, 감옥 운동장(Stone Breaker's yard), 감방(Prison Cells)
참고 사항 마지막 입장은 폐관 시간 1시간 15분 전이다.

❋ 화려함이 슬픔으로 다가오는 역설, 더블린 성

어떤 나라든 그 나라를 대표하는 기념비적인 건축물이 있기 마련이다. 왕이 거주하는 성이거나 중세 시대라면 성당이리라. 오늘날은 대통령의 관저가 그 나라의 대표 건축물 중 하나일 것이다. 더블린을 대표하는 건축물을 꼽으라면 더블린 성Dublin Castle을 빼놓을 수 없다. 더블린 중심에 자리 잡고 있는 더블린 성은 한 나라를 대표하는 성이자 아일랜드가 얼마나 많은 시련을 겪어왔는지를 고스란히 보여주는 장소이다.

원래 더블린 성 자리에는 9세기부터 더블린을 장악한 바이킹 족이 도시를 보호하기 위해 세운 요새와 옹벽이 있었다. 당시 요새 주위로 블랙 풀Black Pool이라고 부르는 검은 연못이 있었는데, '블랙 풀'을 아일랜드어로 하면 'Dubh Linn'이다. 오늘날 더블린Dublin의 기원을 여기에서 찾을 수 있다.

레코드 타워

더블린 성은 1204년 영국의 왕인 존John, 1166~1216의 지시로 짓기 시작하여 1230년에 완공되었다. 각 모서리에 원형 타워를 세우고 높은 방어벽이 사면을 에워싸는 구조인데, 1684년 화재로 대부분 유실되고 현재는 레코드 타워Record Tower만 볼 수 있다. 레코드 타워는 아일랜드에 유일하게 남아있는 13세기 중세 양식의 타워이기도 하다.

아일랜드가 독립하는 1921년까지 영국 통치의 본거지로 영국 총독의 관저나 화약 창고, 감옥, 재판정 등으로 쓰였던 더블린 성은 현재 아일랜드 대통령의 취임식이나 국제 세미나를 개최하는 장소로 사용되고 있다. 아일랜드의 굴곡진 역사를 대변하듯이 기나긴 세월을 버티고 지금에 이르렀다.

성안으로 들어가면 광장 오른쪽에 아일랜드 정부의 주요 행사를 진행하는 캐슬 홀 Castle Hall이 보인다. 가운데로 더블린 성을 상징하는 베드포드 타워Bedford Tower가 솟아있고, 양옆으로 정의와 용기를 상징하는 동상이 있다.

[스테이트 아파트먼트] 성의 남쪽에 위치한 스테이트 아파트먼트The State Apartment는 더블린 성의 내부를 본격적으로 관람할 수 있는 공간이다. 문을 열고 들어서면 캔틸레버Cantilever식 구조*로 연결된 계단이 보인다. 빨간 융단이 깔린 계단을 오르면 2층 정면으로 아일랜드의 공식 국장인 금색 하프 문양이 새겨진 문이 있다. 문을 여니 아치형으로 된 복도State Corridor가 나타나고, 화려하지만 절제된 금장 문양의 천장이 눈에 띈다. 이 복도를 중심으로 줄지은 방들은 과거에 영국 총독의 관저나 사무 공간으로 쓰였다고 한다.

[세인트 패트릭스 홀] 성에서 가장 유명한 공간은 세인트 패트릭스 홀St. Patrick's Hall 이다. 오늘날 대통령 취임식이나 국제회의와 같은 국가 행사를 치르는 곳이라고 한다.

진한 파란색 카펫과 파란색 벽, 금장으로 마감된 기둥과 천장, 천장에 달린 세인트 패트릭 기사단의 문양에서 차분하고 위엄 있는 분위기가 느껴진다. 화려한 샹들리에 조명 위, 세 개의 패널로 이루어진 천장에는 조지 3세George III, 1738~1820, 세인트 패트릭 신부St. Patrick, 386~493, 헨리 2세Henry II, 1133~1189의 대관식이 그려져 있다. 영국으로부터 독립한 지 100년이 다 되어가는 지금까지 영국 왕의 그림이, 그것도 아일랜드를 대표하는 성안에 아무렇지도 않게 걸려있는 모습은 이방인에게 신기할 따름이다.

---

* 한쪽 끝은 고정되고 다른 끝은 받쳐지지 않은 형태로 연결된 계단.

[**왕의 알현실과 다이닝 룸, 드로잉 룸**] 영국의 색채가 강하게 남아있는 또 다른 방은 바로 왕의 알현실Throne Room이다. 조지 4세George IV, 1762~1830의 방문을 기념해 만든 방이라는데, 부담스러울 정도로 큰 의자가 방 한 면을 차지하고 있다. 조지 4세의 체구에 맞춰 제작된 것이라서 빅토리아 여왕Victoria, 1819~1901 재임 시절에는 의자 다리를 자르고 발 받침을 두었다고 한다. 왕이 지냈던 방인 만큼 전체적으로 정제된 분위기다. 흰 벽면에 기둥과 문틀, 장식들이 온통 금장으로 마감되어 클래식하고, 나뭇잎이 뻗어나가는 모양을 형상화한 샹들리에가 기품 있다.

알현실

드로잉 룸

다이닝 룸

픽처 갤러리The Picture Gallery라고도 불리는 다이닝 룸The State Dining Room은 연회나 왕을 알현하기 전 대기하던 장소였는데, 오늘날에는 주로 국가 만찬이 열린다고 한다. 응접실 역할을 하던 드로잉 룸The State Drawing Room은 현재 국빈을 접대하는 장소로 더블린 성에서 가장 화려하다. 세인트 패트릭스 홀이 절제된 아름다움을 보여준다면 드로잉 룸은 화려함의 정수, 그 자체이다. 붉은색의 벽 위에 수많은 초상화가 걸려있고 반대편에는 긴 창문과 긴 거울이 번갈아 설치되어있다. 거울 덕분에 공간은 더 넓어 보이고, 클래식한 가구와 금장 마감, 샹들리에 조명이 호화로움을 더하고 있다.

세인트 패트릭스 홀

아일랜드의 역사만큼이나 복잡한 역사가 담겨있는 더블린 성

더블린 성은 모든 공간을 금장으로 마감하여 단정함과 화려함을 동시에 느낄 수 있다. 또, 방마다 샹들리에, 천창, 문고리 등 실내 조형물의 디자인을 다르게 하여 조형 디자인에 신경을 쓴 모습이 역력하다.

한 나라를 대표하는 성Castle다운 기품이 느껴졌음에도 불구하고 관람 내내 나는 이곳이 아일랜드를 위한 곳인지, 영국을 위한 곳인지 혼란스러웠다. 아일랜드는 스스로 문화를 꽃피우기도 전에 영국의 식민지가 되었기에, 과거의 모든 역사와 문화가 영국에 포함되어있다. 영국 왕이 아일랜드에 온 것을 기념해 만든 알현실이 여전히 주요한 위치에 있고, 대표적인 천장화에는 영국 왕들이 등장하며, 초상화도 대부분 영국 인사를 담은 것이다. 800년 이상 영국의 지배를 받던 그들에게서 식민지 유산을 제외한다면 뭐가 남을까. 그리 많은 것이 남지 않으리라. 마치 오늘날 '메이드 인 차이나' 제품 없이는 생활하기 어렵듯이 아일랜드 역사와 문화에서도 영국을 제외하고 설명하기가 불가능한 것이다.

한 나라를 대표하는 성을 관람하고 이렇게 씁쓸한 마음이 들기도 처음이었다. 영국의 색채가 너무 많이 남아있어서, 성의 표면적인 화려함이 오히려 역설적으로 슬퍼 보이고 안타깝게 다가왔다.

지금 아일랜드 사람들은 영국의 식민지 유산들을 어떻게 생각할까, 또 우리나라가 아일랜드처럼 오랜 시간 식민 지배를 받다가 독립한 민족이었다면 우리는 역사를 어떻게 해석하고 수용했을까? 새삼 궁금해진다.

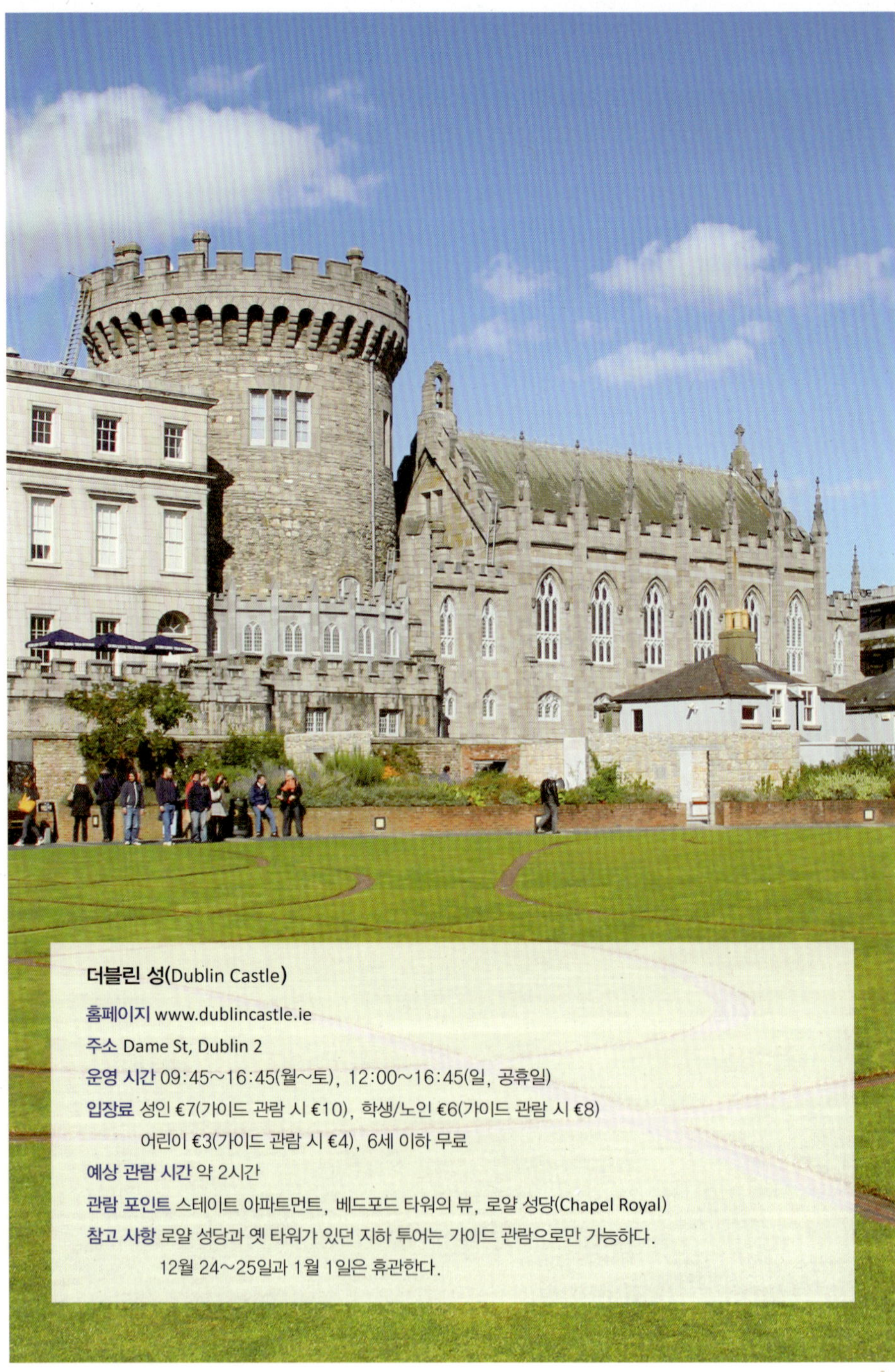

더블린 성(Dublin Castle)

홈페이지 www.dublincastle.ie
주소 Dame St, Dublin 2
운영 시간 09:45~16:45(월~토), 12:00~16:45(일, 공휴일)
입장료 성인 €7(가이드 관람 시 €10), 학생/노인 €6(가이드 관람 시 €8)
　　　　어린이 €3(가이드 관람 시 €4), 6세 이하 무료
예상 관람 시간 약 2시간
관람 포인트 스테이트 아파트먼트, 베드포드 타워의 뷰, 로얄 성당(Chapel Royal)
참고 사항 로얄 성당과 옛 타워가 있던 지하 투어는 가이드 관람으로만 가능하다.
　　　　12월 24~25일과 1월 1일은 휴관한다.

❄ 감자 대기근 역사의 현장, 지니 존스턴 기근선

　우리에게 잘 알려진 아일랜드의 역사는 크게 두 가지다. 800년 동안 영국의 식민지였다는 것, 그리고 19세기 초 감자 대기근으로 100만 명이 넘는 사람들이 죽었다는 것. 식민지 독립 투쟁의 역사를 더블린 성과 킬마이넘 감옥에서 찾아볼 수 있다면, 리피 강 하류에 세워진 기근 조각상들과 지니 존스턴 기근선Jeanie Johnston Tall Ship에서 대기근의 아픈 상처를 느낄 수 있다.

　오코넬 다리에서 더블린 항구 방향으로 약 650m를 가다 보면 아일랜드 조각가 로완 길레스피Rowan Gillespie, 1953~가 1997년에 완성한 《기근Famine》 청동 조각상들이 있다. 스위스 조각가인 알베르토 자코메티Alberto Giacometti, 1901~1966의 유명한 조각상 《걷는 사람Walking Man》과 비슷한 느낌인데, 얼핏 보기에도 뼈밖에 남지 않은 아일랜드 사람들의 행렬인 듯하다. 살아있지만 죽은 것과 다름없다는 말을 이럴 때 써야 할까? 청동으로 표현된 작품이지만, 사람들의 표정과 몰골은 그때의 처참했던 실상을 여지없이 드러낸다. 그들은 꿈도 희망도 없는 길을 힘없이 걸어가고 있다. 마지막에 뒤따라가는 아버지의 어깨 위로 죽은 아들의 시신이 얹혀있다. 동상을 보자마자 나는 너무나도 쉽게 '절망'이라는 단어를 떠올리게 되었다.

조각상은 19세기 중반, 1845년에서 1852년 사이에 일어난 아일랜드 대기근을 주제로 하고 있다. 1845년 당시 약 800만 명이었던 아일랜드 인구는 '감자 마름병Potato Blight'이라는 감자 역병으로 대기근이 시작되어 100만여 명의 사람들이 죽고 100만여 명이 아일랜드를 떠났다. 전체 인구의 약 4분의 1이 감소한 것이다. 대기근 이후에도 해외 이주는 계속되어 1900년대 중반에는 800만 인구의 절반만 남게 되었다. 당시 아일랜드의 실상을 취재한 영국의 한 언론인은 다음과 같이 표현했다.

"이 세상에 다른 나라의 통치를 받고 있는 나라는 수도 없이 많다. 거지들이 득실거리는 나라 또한 많다. 그러나 한 명도 빠짐없이 전 국민이 거지인 나라는 아일랜드밖에 없을 것이다. (중략) 그들의 모습은 인간의 살이 어떻게 뼈와 분리될 수 있는지를 적나라하게 보여준다. 사람들은 밤마다 공포에 떨었다. 쥐떼가 그들의 살을 파먹었고 다음 날 아침이면 많은 이들이 살점이 떨어져 나간 채로 죽어있었다. (중략) 이곳은 지옥과 같았다."

그 시절 아일랜드 사람들은 살아있으나 죽은 것과 다름없었다. 인구의 3분의 1 이상이 감자 농사로 생계를 이어가는 기형적인 나라, 그곳에 덮친 감자 마름병은 외딴 섬에 사는 그들에게서 유일한 식량을 앗아가 버렸다. 인도주의적인 영국 지식인과 의사 몇몇이 영국에 식량 원조를 요청했지만, 시기는 너무 늦었고 양 또한 매우 부족했다. 이 나라를 떠나는 것만이 그들에게 유일한 희망이었는지도 모른다.

절망에서 희망을 찾아 떠난 여행

수많은 사람들이 북아메리카로 떠나는 이민선에 몸을 실었다. 한 달이 넘는 기간을 비좁은 배에서 살아야 하는 고생스러운 여행일지라도, 절망에서 희망을 찾아 떠나는 길이었다. 하지만 그렇게 떠난 이들 중 60%가 배 안의 열악한 환경과 형편없는 음식 때문에 항해 도중에 죽었다고 한다. 한때 이민선을 관선Coffin Ship, 즉 '시체를 담는 배'라고 불렀다는 말이 그냥 나온 것이 아니다.

《기근》조각상 근처의 지니 존스턴Jeanie Johnston 배도 그런 이민선 중 하나였다. 지니 존스턴의 예전 모습을 그대로 재현해놓고 대기근 역사를 소개하는 박물관으로 사용하고 있다. 입장은 정해진 시간에 가이드를 통해서만 가능하다. 매표소에서 표를 끊고 기다리면 가이드가 인도한다. 객실로 들어가는 입구에 'This Way for Passage to North America, 1848'이라고 쓰여진 종이가 유난히 눈에 띈다. 객실 안은 매우 어두컴컴하다.

양쪽으로 놓인 2층 침대는 대략 가로세로 2m. 이곳에서 어른은 네 명, 어린이는 여덟 명까지 잤다고 한다. 배 안에서 아기를 출산한 엄마와 아이의 밀랍인형도 볼 수 있고 아픈 승객을 치료하는 의사의 모습도 보인다. 배 복도에서 바이올린을 연주하며 노래를 부르는 밀랍인형도 실제와 같이 매우 생생하다.

수많은 이민선 중 지니 존스턴이 특별한 이유는 1847년부터 1855년까지 뉴욕, 시카고, 뉴저지 등 16개의 북아메리카 도시로 약 2,500명의 승객을 운송하는 동안 단 한 명의 사망자도 나오지 않았기 때문이다. 이민선 중 유일하게 사망자가 나오지 않은 데는 선장 제임스 아트리지James Attridge와 선내船內 의사인 리처드 블에너하셋Richard Blennerhassett의 역할이 컸다. 20년 이상 미국 노선을 운항하던 베테랑 선장은 박애 정신이 투철했고, 의사 역시 사명감을 가지고 배에 탄 사람들의 건강을 지켰다. 또, 다른 배와는 달리 지니 존스턴에서는 음주가 철저히 금지되었다. 도박이나 싸움을 방지하기 위해서였는데 술 마시는 것이 일상이던 당시의 아일랜드 사람들에게 한 달 넘는 금주는 엄청난 일이었다고 한다.

당시 미국으로 떠나는 뱃삯은 약 5달러. 현재는 맥도널드 빅맥 세트도 사지 못하는 돈이지만, 그 시절엔 일반 노동자의 6개월 치 월급이었단다. 그래서 가족이 모두 함께 미국으로 가는 것은 매우 힘든 일이었다. 가족 중 가장 건강한 사람이 먼저 미국에 가서 돈을 벌고 그 돈을 아일랜드로 부치면 다음 가족이 미국으로 오는 식이었다고 한다.

가진 것 없는 아일랜드 사람이 미국에서 터전을 마련하기도 쉽지는 않았다. 19세기 미국은 'No Irish, No Blacks, No Dogs' 팻말이 상점에 붙어있을 정도로 인종차별이 만연했다. 1961년 아일랜드계 이민 4세인 존 F. 케네디John F. Kennedy, 1917~1963가 대통령으로 당선된 일은 현재 오바마가 최초의 흑인 대통령이 된 것만큼이나 역사적으로 의미 있는 일이었을 것이다.

슬픔이라는 감정은 주관적이라 어느 쪽이 더 슬프고, 덜 슬프다고 단정 지을 수는 없다. 하지만 과거의 아픔을 이제 끝내고 세계에서 주목받는 나라가 된 아일랜드가 길고 긴 시간 슬픈 역사를 가지고 살아왔다는 것은 분명하다. 지니 존스턴 가이드로부터 듣게 된 아일랜드의 역사는 아일랜드에 발을 내디딘 사람들이라면 꼭 알아야 할 이야기이다. 감자 대기근의 역사를 알고 《기근》 조각상을 다시 보라. 절로 고개가 숙여지고 슬프게 죽어간 과거의 사람들을 추모하게 될 것이다.

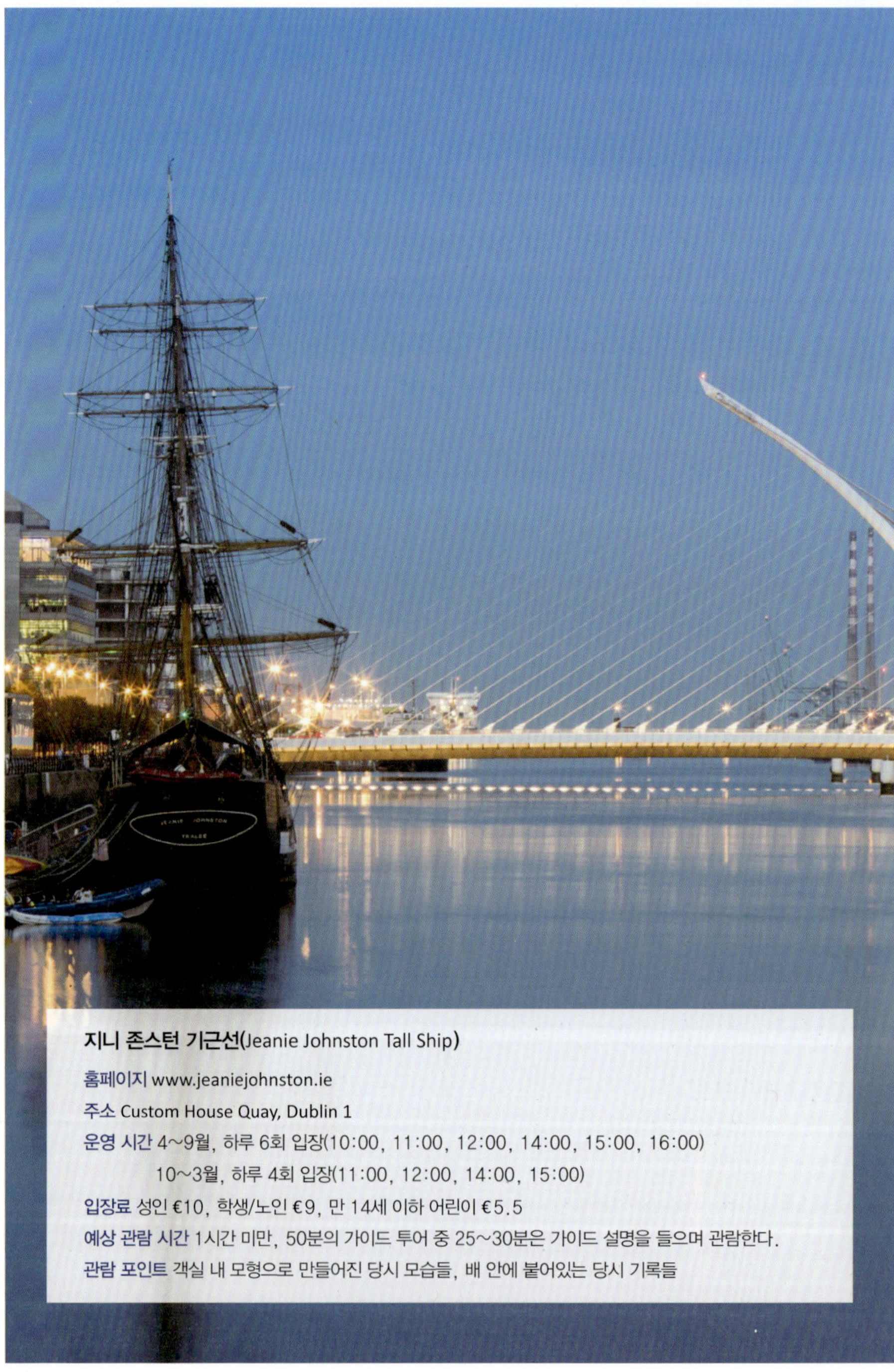

지니 존스턴 기근선(Jeanie Johnston Tall Ship)

홈페이지 www.jeaniejohnston.ie
주소 Custom House Quay, Dublin 1
운영 시간 4~9월, 하루 6회 입장(10:00, 11:00, 12:00, 14:00, 15:00, 16:00)
　　　　　10~3월, 하루 4회 입장(11:00, 12:00, 14:00, 15:00)
입장료 성인 €10, 학생/노인 €9, 만 14세 이하 어린이 €5.5
예상 관람 시간 1시간 미만, 50분의 가이드 투어 중 25~30분은 가이드 설명을 들으며 관람한다.
관람 포인트 객실 내 모형으로 만들어진 당시 모습들, 배 안에 붙어있는 당시 기록들

✱ 민중의 교회 vs 지배자의 교회,
　세인트 패트릭 대성당 & 크라이스트 처치 대성당

유럽 여행의 코스 중에서 도시마다 빠지지 않는 곳은 바로 성당이다. 종교에 관심이 없는 사람들도 유럽의 성당은 의무적으로 들를 것이다. 단순히 종교적인 의미를 넘어 그 시대, 그 나라를 대표하는 건축 양식을 가장 잘 볼 수 있는 상징적인 건물이 성당이기 때문이다. 또한 종교가 절대적인 역할을 했던 중세 시대의 성당에서는 왕궁과는 또 다른 권력의 힘, 그리고 이상향을 향한 인간의 욕망도 엿볼 수 있다.

우리나라의 유명한 사찰들은 주로 도심에서 멀리 떨어져 있어서 한번 가보려면 현지인인 우리도 하루를 온전히 투자해야 하지만, 유럽의 성당들은 대부분 도시의 중심에 떡 하니 자리 잡고 랜드마크 역할을 톡톡히 하고 있다.

가톨릭 국가인 아일랜드에도 크고 작은 성당들이 많다. 정기 미사에 참석하는 젊은 세대는 점점 더 줄어들고, 2015년 동성 결혼을 합법화하면서 국교의 권위가 떨어졌다고 개탄하기도 하지만, 여전히 아일랜드 사람들은 유아 세례를 하고, 고해 성사를 하러 성당에 간다.

더블린에서 유명한 성당이라 하면, 이름에서부터 위엄이 느껴지는 세인트 패트릭 대성당St. Patrick Cathedral과 더블린에서 가장 오래된 성당인 크라이스트 처치 대성당Christ Church Cathedral이 손꼽힌다.

세인트 패트릭 대성당

세인트 패트릭St. Patrick, 386~493 신부는 아일랜드 복음화를 위해 노력한 아일랜드의 수호성인이다. 패트릭 신부가 사망하자 그의 이름을 딴 성당이 60개가 넘게 지어졌는

데, 가장 큰 성당이 더블린에 있는 세인트 패트릭 대성당
이다. 성당의 터는 패트릭 신부가 기독교로 개종하는 사
람들에게 세례를 하던 우물 근처라고 한다. 초기엔 목조
건물로 세워졌다가 1191년 노르만인들이 석조 건물로
성당을 개축하였고, 그 후 몇 차례의 중축을 거쳐 현재의
모습으로 자리 잡았다. 1870년부터는 아일랜드 국립 교
회의 기능을 하고 있어서 매년 11월 11일 아일랜드의 현
충일인 리멤버런스 데이Remembrance Day 행사가 열리
고, 대통령의 장례식이 거행되기도 한다.

영국 초기의 고딕 양식으로 지어진 이곳은 외관이 다
른 유명한 성당처럼 화려하지도 장엄하지도 않다. 하지
만 성전으로 들어가면 이야기는 달라진다. 화려한 스테
인드글라스 창문과 다채로운 켈트 문양이 새겨진 바닥,
성당의 역사와 함께한 인물들의 부조와 조각상 등은 그
자체로 교회의 역사를 대변하고 있다.

성전 앞쪽에는 아일랜드에서 가장 큰 오르간이 있다. 성가대석과 설교대는 런던의 웨스트민스터 사원Westminster Abbey 못지않게 문양 하나하나에 심혈을 기울인 듯 정교하게 조각되어 있다. 성가대석 위로 세인트 패트릭 기사단의 표장이 새겨진 낡은 깃발들이 걸려있는데 얼핏 보기에도 세월의 흔적이 역력하다. 오랜 세월이 흐르는 동안 자리를 지키며 낡을 대로 낡고 퇴색됐지만, 빛바랜 그 모습으로도 가치와 위엄을 느끼기에 충분하다.

성전 한쪽의 켈틱 십자가Celtic Cross가 그려진 석판은 19세기경 교회 옆 우물 터에서 발굴된 것이라고 한다. 패트릭 신부의 동상도 세 개 있는데 얼굴이 제각기 다르다. 신부의 얼굴에 대한 기록이 전해지지 않아서 어떤 모습이 맞는지 알 수는 없다.

조나단 스위프트와 세인트 패트릭 대성당의 관계

우리에게 《걸리버 여행기The Gulliver's Travels 》로 알려진 조나단 스위프트Jonathan Swift, 1667~1745는 1713년부터 1745년 사망할 때까지 세인트 패트릭 대성당의 주임 사제로 근무했다고 한다. 그는 성당 옆에 빈민 구제소를 세우고, 다양한 익명의 팸플릿을 만들어 아일랜드 권리를 보호하는 데 힘썼다. 정신 장애우를 위한 병원 설립에 전 재산을 기부하기도 했다.《걸리버 여행기》를 집필한 때는 그가 사제로 재직하던 1726년으로 작품을 통해 인간과 사회를 신랄하게 풍자했다. 성당 한쪽에는 조나단 스위프트와 그가 사랑했던 에스터 존슨Esther Johnson의 무덤이 안치되어 있고, 스위프트의 작품과 그가 사용하던 유품도 볼 수 있다.

어떤 건축물보다 아일랜드의 역사적, 영적 유산을 고이 간직하고 있는 세인트 패트릭 대성당. 성당 의자 하나하나마다 매달린 무릎 기도 방석들에서도 세월의 흔적이 느껴지는 곳이다. 아일랜드의 종교와 역사를 한눈에 보고 싶다면 이곳을 기억하자.

크라이스트 처치 대성당

더블린 성에서 남쪽으로 내려가다 보면 한눈에 보기에도 역사가 깊어 보이는 성당을 발견할 수 있다. 더블린에 있는 두 개의 신교 성당 중 하나인 크라이스트 처치 대성당이다. 아일랜드에서 가장 큰 성공회 성당이자 더블린에서 가장 오래된 성당인데, 세인트 패트릭 대성당이 민중의 교회라면 크라이스트 처치 대성당은 지배 계급과 얽혀있는 곳이다. 이곳은 원래 11세기 바이킹 왕인 사이트릭Sitric, 970~1042이 1028년에 로마에서 어떤 영감을 받고 더블린으로 돌아와 지은 목조 교회였는데, 이후 1171년부터 영국의 펨브로크Pembroke, 1130~1176 백작 2세가 노르만 양식의 석조 건물로 개축했다. 초기에는 고딕 양식이었지만 빅토리아 시대에 복원을 거치며 다양한 건축 양식이 섞여서 중세 건축 양식은 많이 희석되었다. 현재는 남아있지 않지만, 중세 시대에는 '말하는 십자가'라는 성물을 보기 위해 순례자들의 발길이 끊이지 않았다고 한다. 그 밖에도 13세기의 바닥 타일과 중세 시대의 지하 무덤은 수 세기를 지나 지금까지 존재한다.

성당 중앙에는 펨브로크 백작의 기념물이 놓여있다. 펨브로크는 스트롱보Strongbow라는 별명으로 잘 알려졌으며 본명은 리처드 드 클레어Richard de Clare이다. 그는 영국인 침략자이지만, 아일랜드의 토착 문화를 존중하면서 본국과는 독자적인 길을 가려고 했다. 하지만 그의 이런 행보에 불안을 느낀 영국의 헨리 2세Henry II, 1133~1189는 막강한 해군 병력을 동원해 이곳을 점령했다. 이후로 성당은 슬프고 기나긴 영국 식민 통치의 시절을 함께했다.

성당 안 지하 무덤으로 내려가면 가장 먼저 영국 왕가의 문장紋章*이 눈에 띈다. 사자는 영국, 유니콘은 스코틀랜드를 상징하며 이 성구들은 현재 보물로 등재되어있다. 지하 무덤은 헨리 8세Henry VIII, 1491~1547의 결혼 이야기를 담은 드라마,《더 튜더스The Tudors》(2007~2010년 방영)의 촬영 무대가 되기도 했다. 펨브로크의 무덤도 이곳에 있었으나 16세기에 천장이 붕괴되면서 무덤이 파괴되었다고 한다. 하지만 그의 기념비와 모형 무덤은 볼 수 있다. 그 밖에도 1689년에 제작된 이동식 예배당, 17세기 제임스 왕이

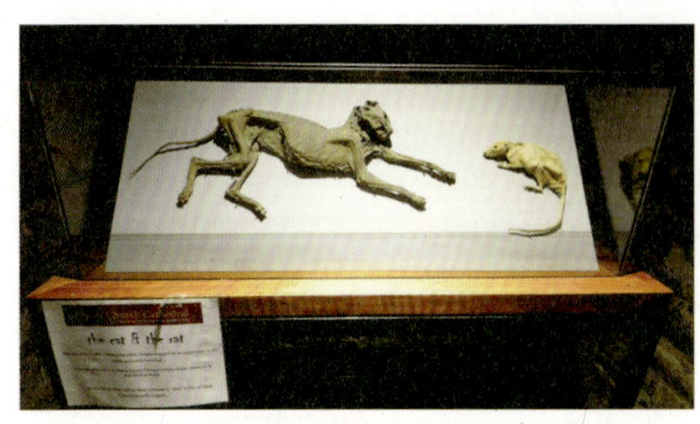

성당을 방문할 때 가져온 촛대, 중세 시대 성경 필사본, 오르간에 연결된 파이프에 들어갔다가 빠져나오지 못한 채 미라가 되었다는 고양이와 쥐의 화석을 볼 수 있다.

또한 제임스 1세James I, 1566~1625가 1611년에 발행한 큼지막한 킹 제임스 성경도 이곳에서 볼 수 있다. 이 성경은 중세 로마 가톨릭이 교회 밖으로 절대 공개하지 못하게 했던 성경을 영어로 번역한 것으로 19세기 말까지 사용되었다고 한다.

---

* 국가나 단체 또는 집안 따위를 나타내기 위하여 사용하는 상징적인 표지.

아일랜드의 바이킹 역사 이야기, 더블리니아

아일랜드 역사를 말할 때 바이킹 이야기를 빼놓을 수 없을 만큼 바이킹 문화는 중요하다. 스칸디나비아 반도에 살다가 아일랜드에 정착한 바이킹은 마냥 침략자로 군림하지 않았다. 그들은 토착 문화에 빠르게 동화되는 한편, 선박 축조나 화폐 주조 기술 등의 선진적인 바이킹 문화를 전파했다.

크라이스트 처치 대성당의 아치형 통로를 따라 계단을 올라가면 바이킹의 생활상을 담아놓은 역사박물관, 더블리니아Dublinia가 나타난다. 더블리니아의 전시 내용은 크게 바이킹의 침략과 중세 시대의 역사, 고고학자들의 유물 발굴 과정으로 나뉘는데, 다양한 시청각 자료와 과거의 모습을 재현한 모형들로 흥미를 더한다. 아일랜드의 바이킹 역사를 알고 싶은 사람이라면 더블리니아를 기억하자.

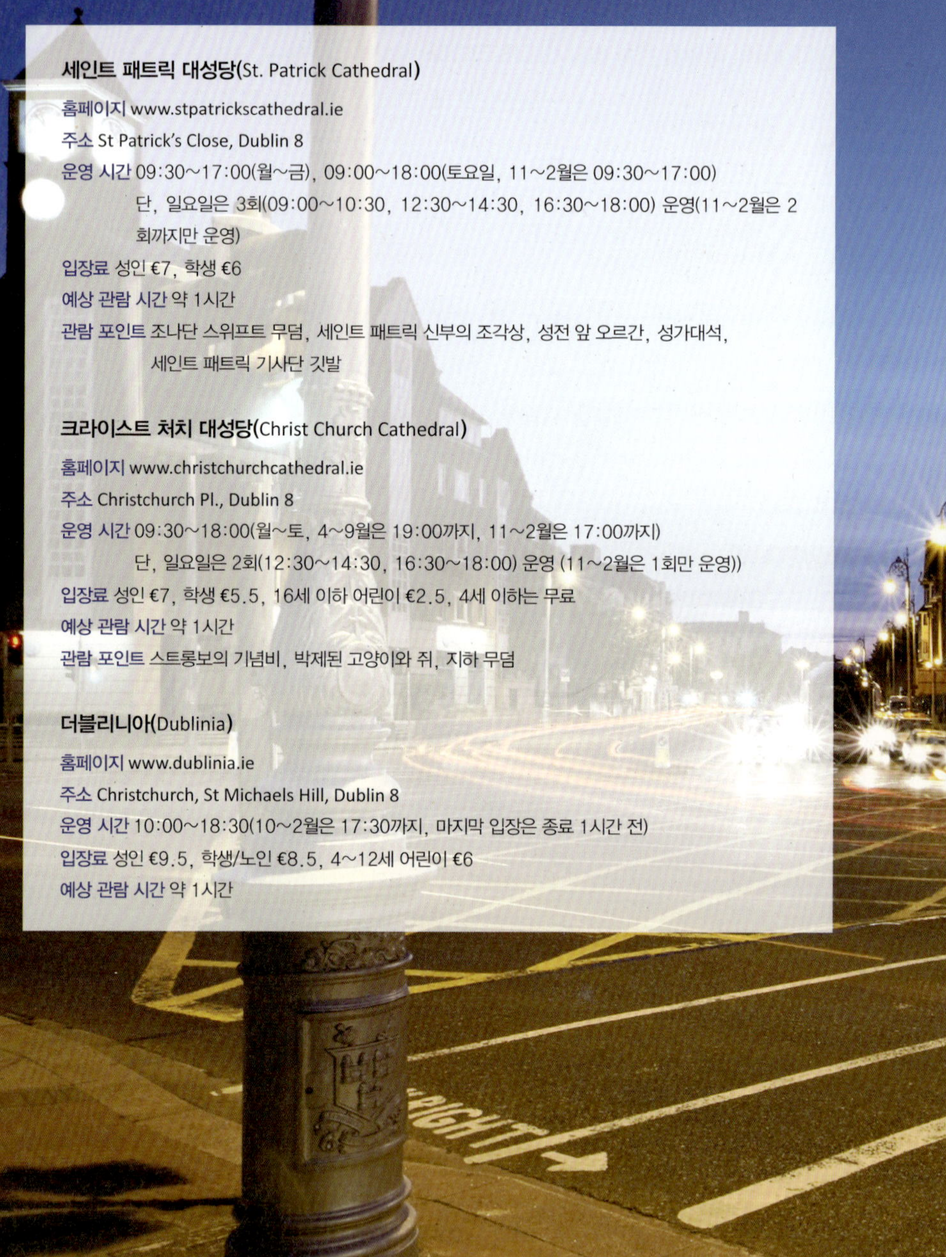

세인트 패트릭 대성당(St. Patrick Cathedral)

홈페이지 www.stpatrickscathedral.ie

주소 St Patrick's Close, Dublin 8

운영 시간 09:30~17:00(월~금), 09:00~18:00(토요일, 11~2월은 09:30~17:00)
　　　　단, 일요일은 3회(09:00~10:30, 12:30~14:30, 16:30~18:00) 운영(11~2월은 2
　　　　회까지만 운영)

입장료 성인 €7, 학생 €6

예상 관람 시간 약 1시간

관람 포인트 조나단 스위프트 무덤, 세인트 패트릭 신부의 조각상, 성전 앞 오르간, 성가대석,
　　　　세인트 패트릭 기사단 깃발

크라이스트 처치 대성당(Christ Church Cathedral)

홈페이지 www.christchurchcathedral.ie

주소 Christchurch Pl., Dublin 8

운영 시간 09:30~18:00(월~토, 4~9월은 19:00까지, 11~2월은 17:00까지)
　　　　단, 일요일은 2회(12:30~14:30, 16:30~18:00) 운영 (11~2월은 1회만 운영))

입장료 성인 €7, 학생 €5.5, 16세 이하 어린이 €2.5, 4세 이하는 무료

예상 관람 시간 약 1시간

관람 포인트 스트롱보의 기념비, 박제된 고양이와 쥐, 지하 무덤

더블리니아(Dublinia)

홈페이지 www.dublinia.ie

주소 Christchurch, St Michaels Hill, Dublin 8

운영 시간 10:00~18:30(10~2월은 17:30까지, 마지막 입장은 종료 1시간 전)

입장료 성인 €9.5, 학생/노인 €8.5, 4~12세 어린이 €6

예상 관람 시간 약 1시간

50
km/h

더블린 근교 기차 여행

더블린은 시내에서 갈매기 울음소리를 자주 들을 수 있을 만큼 바다의 지척에 있다. 차로 약 30분 거리에 확 트인 바다가 있다는 것은 여행자에게도 매우 반가운 소식. 더블린에서 시내버스나 다트Dart, 'Dublin Area Rapid Transit'의 약자로 기차와 같은 교통수단 열차로 여행할 수 있는 근교 바닷가 마을을 소개한다.

[호쓰]

교통편 버스로 갈 때는 탈봇 거리(Talbot St.)에서 31번 버스를 타고 종점에서 내리면 된다. 더블린으로 돌아올 때는 다트 열차를 타고 오면 좋다.
요금 버스 €3.3, 다트 €3.25~4(각각 성인/편도 기준)　　　**소요 시간** 30~40분

아일랜드는 사면이 바다로 둘러싸였는데도 싱싱한 해산물 먹기가 쉽지 않다. 하지만 더블린 동북쪽의 작은 어촌 호쓰(Howth)에 오면 바다를 보면서 싱싱한 해산물을 맛볼 수 있다. 더블린 탈봇 거리에서 31번 버스를 타고 종점까지 가면 호쓰 절벽의 가장 높은 곳에 내려준다. 천천히 바다와 절벽 주변의 야생화를 감상하면서 내려가다 보면 어느새 호쓰 항구에 도착한다. 부둣가에 정박해놓은 요트와 고깃배들, 산 어귀로 옹기종기 자그마한 집들이 한 편의 그림처럼 펼쳐지고, 부두 옆으로 해산물 시장과 레스토랑이 샌프란시스코처럼 늘어서있다. 레스토랑이 많은 편은 아니지만 갓 잡은 싱싱한 해산물이 고픈 여행자들을 달래주기엔 충분하다.

고기잡이배가 들어오는 오후 무렵이면 어김없이 물개를 만날 수 있는데, 호쓰 여행에서 또 하나의 숨은 재미이다. 물개는 평상시에도 수시로 얼굴을 내밀기 때문에 부둣가에 우두커니 서서 바닷속을 내려다보는 사람들을 이상하게 생각하지 말 것!

하이킹으로 절벽을 일주하는 것도 추천한다. 코스를 어떻게 잡는지에 따라 달라지지만 짧은 코스는 1시간 안에도 가능하다. 여행 일정상 더블린과 근교밖에 여행하지 못한다면 이곳에서 아일랜드 자연을 꼭 느껴보길 바란다.

[말라하이드]

교통편 더블린 코널리(Connolly) 역에서 말라하이드(Malahide) 방면 다트를 타고 말라하이드에서 내린다.
요금 €3.25(성인/편도 기준)
소요 시간 약 25분

더블린 북동쪽의 말라하이드(Malahide)는 여유롭고 한적한 바닷가 마을이지만, 여름이면 요트와 해양 리조트를 즐기는 사람들로 붐빈다. 말라하이드 역에서 내려 15분 정도 걸어가면 앙증맞은 크기의 말라하이드 성(Malahide Castle)이 있다. 1174년 헨리 2세(Henry II, 1133~1189)가 그의 기사 리처드 탤벗(Richard Talbot)에게 하사한 성으로 1973년 탤벗 가문의 마지막 후손이 죽을 때까지 800년 가까이 탤벗 가문의 보금자리였다.(단, 올리버 크롬웰이 지배한 1649~1660년 제외) 다양한 건축 양식과 빛바랜 가구, 다닥다닥 걸린 초상화들이 성과 탤벗 가문의 역사를 보여준다.

©Tourism Ireland

[브레이]

교통편 더블린 코널리(Connolly) 역에서 브레이(Bray) 혹은 그레이스톤스(Greystones) 방면 다트를 타고 종점에서
　　　내린다.
요금 €3.8(브레이 행, 성인/편도 기준), €5.9(그레이스톤스 행, 성인/편도 기준)
　　　상세한 정보는 아일랜드 철도청 홈페이지(www.irishrail.ie)에서 검색
소요 시간 브레이까지 약 45분, 그레이스톤스까지 약 55분

©Tourism Ireland

브레이(Bray)는 바닷가 옆으로 기다란 산책로가 있어 한국인 여행자들에게 '아일랜드의 정동진'이라는
별명으로 불리는 곳이다. 브레이 역에서 내려 마을 중심으로 향하면 '예쁘다'는 감탄사가 절로 나온다.
브레이는 언덕 트레킹으로도 인기가 있다. 제대로 하이킹을 하고 싶다면 브레이 다음 정거장인 그레이
스톤스에서 내려서 해안 절벽 산책로로 가보라. 브레이 헤드(Bray Head) 언덕 정상에서 보이는 기찻길
과 바다의 모습이 장관이고, 정상에 있는 콘크리트 십자가도 유명하다. 여행자들에게 더블린 근교 도
시로 가장 많이 알려진 곳이라 여름에는 여행자들로 붐빈다.

교통편 더블린 코널리(Connolly) 역에서 브레이(Bray) 혹은 그레이스톤스(Greystones) 방면 다트를 타고 달키
　　　　(Dalkey)나 킬리니(Killiney) 역에서 내리면 된다.
요금 €3.25~4(성인/편도 기준)
소요 시간 약 30분(킬리니 역에서 킬리니 힐까지는 도보로 약 20~30분 소요)

더블린 코널리 역에서 다트를 타고 남쪽으로 30분 정도 떨어진 곳, 달키(Dalkey) 마을은 더블린 근교의 부촌이다. 마을 중심가에 모여있는 아기자기한 매장 분위기에서 부촌 특유의 여유로움을 느낄 수 있다. 천천히 마을을 걷다 보면 과연 누가 살고 있을지 궁금해지는 호화스러운 저택이 곳곳에 있고, 이름만 들어도 알 만한 고급 자가용들이 도심 곳곳에 주차되어있다. 실제로 U2의 보노(Bono), 엔야(Enya)를 비롯해 유명 연예인들의 별장이 많다고 한다.

달키에 가면 마을 가운데 있는 킬라이니 힐(Killiney Hill)은 빼놓지 말고 가봐야 한다. 영화 《원스》에 나온 후로 더욱 유명해진 언덕인데, 구두를 신고 올라가도 전혀 힘들지 않을 만큼 완만하다. 천천히 언덕 정상에 오르면 한쪽으로는 더블린의 전경을, 다른 한쪽으로는 바다를 만날 수 있는 보물과도 같은 곳이다. 《원스》를 좋아하는 팬이라면 무조건 가봐야 하는 곳.

킬라이니 힐

©Tourism Ireland

04

거친 대서양과 함께

아일랜드 서쪽

✤ 예술가들의 활기가 넘치는 도시, 골웨이

어떤 장소가 아름다운지, 또는 여행할 가치가 있는지 논하기 전에 여행자마다 특별히 가고 싶은 곳이 있기 마련이다. 붐비는 지하철에 부대끼며 도시 생활에 염증을 느낀 사람은 새소리, 바람 소리, 물소리만 들리는 고요한 자연이 그리울 것이고, 또 반대로 저녁 여섯 시면 모든 상점이 문을 닫고 깜깜한 밤하늘에 별들만 가득한 마을이라면 대도시의 고층 건물과 반짝이는 네온사인에 가슴이 뛰리라. 이렇듯 여행은 객관적인 아름다움보다 주관적인 이유에 따라 목적지가 확연히 달라진다.

아일랜드에 온 지 두 달이 채 지나지 않은 4월의 어느 날이었다. 가볍고 밝은 트렌치 코트로 멋을 부리고 봄기운을 느껴보고 싶건만 4월의 아일랜드는 매정하리만큼 추웠다. 평소 흐린 날씨를 좋아했지만 겹겹이 입은 옷 사이로 파고드는 습기 가득한 차가운 바람에 몸과 마음은 한껏 움츠러들었다. 창문을 때리는 세찬 바람 소리는 마치 바닷가 한가운데에 있는 듯한 착각을 불러일으킬 정도였다. 동네를 걷다 보면 좀 전에 보았던 사람을 어디선가 다시 만나고 만다. 평온하고 한산해서 좋았던 동네는 언제부턴가 나른하고 단조로운 동네로 변하고 있었다. 불과 두 달 만에!

도저히 일상을 지속할 수 없을 것 같던 날, 나는 홀연히 버스 티켓을 끊어 골웨이Galway로 향했다. 이유는 단순했다. 내가 사는 동네에서 가장 가까운 도시이고, 적어도 우리 동네보다 북적일 것 같았다.

자유로운 영혼들의 안식처

아일랜드 서쪽에 위치한 골웨이 시티는 여름이면 주민보다 여행자가 더 많아지는 배낭 여행자들의 천국이다. 다양한 연령대가 골웨이를 방문하지만, 그중에서도 젊은 여행자들이 유독 많다. 코네마라, 모허 절벽, 아란 제도, 버른 국립공원 등 아일랜드 여행의 절정이라 할 수 있는 거친 대자연이 지척에 있어서, 낭만과 모험을 즐기는 젊은이들이 몰려오는 건 아닐까.

버스 정류장에서 내려 골웨이 번화가로 들어서면 말로 설명하기 어려운 여유와 낭만이 도시를 감싸고 있다. 이곳의 분위기를 어떻게 설명할 수 있을까? 커다란 공연장에 온 느낌이라고 해야 할 정도로, 거리에 보헤미안 스타일의 사람들과 예술을 즐기는 사람들이 차고 넘쳐난다. 버스커Busker들은 다른 공연을 방해하지 않으려는 듯, 서로 적당한 거리를 두고 연주하고 있다. 일종의 그들만의 예의인 것이다. 더블린에서도 연주하는 사람들을 쉽게 만날 수 있지만, 골웨이는 조금 다르다. 지나치게 화려한 퍼포먼스를 보여주지도 않고, 지나가는 사람들을 의식하지도 않는다. 거리가 자신의 작업실인 양 연주하고 노래 부르며 스스로 음악을 즐긴다. 몸짓과 목소리에 자유로움이 흐른다. 같은 노래라도 누가 부르느냐에 따라 관객이 느끼는 감정이 달라진다. 자유롭고 흥겨운 골웨이 연주가들의 모습은 지나가는 사람들을 자연스럽게 이끌고, 도시의 분위기를 더욱 여유롭고 즐겁게 하고 있다.

　　거리의 버스킹 공연은 물론이고 골웨이 번화가 대부분의 펍에서 매일 연주되는 아이리시 전통음악 또한 골웨이 여행의 꽃이라 할 수 있다. 밤 9시 이후가 되면 조용했던 거리가 다시 시끌벅적해지고 전통음악이 펍마다 울려 퍼지며 거리를 감싼다. 골웨이 여행의 생생한 즐거움을 느끼고 싶다면 골웨이에서 무조건 하루는 묵어야 한다.* 골웨이 펍이 너무나 좋아서 이후 일정에 차질이 생겨도 책임 못 짐!

골웨이에서 둘러볼 만한 장소

　　거리에서, 또 펍에서 울려 퍼지는 음악 소리와 사람들의 왁자지껄한 말소리만으로도 골웨이 여행은 이미 충분하지만, 이곳에도 둘러볼 만한 역사적인 유적지와 기념품 가게가 몇몇 있다.

---

* 펍을 제외한 상점은 대부분 저녁 6시에 문을 닫기 때문에 오후 4시 전후에 골웨이에 도착해 도심을 둘러본 후, 저녁 6시 이후부터는 아이리시 펍 문화를 즐겨보는 것을 추천한다. 특히 아이리시 전통음악 공연은 밤 9시 이후에 시작되므로 하루쯤은 골웨이에서 머무는 것이 좋다.

[세인트 니콜라스 교회] 아일랜드에서 가장 큰 중세 양식의 교회인 세인트 니콜라스 교회St. Nicolas Church는 1320년에 설립된 이후, 16세기에 교회의 남쪽, 북쪽 복도와 종탑 등이 증축되었다. 1477년에 콜럼버스Christopher Columbus, 1451~1506가 기도를 드렸다는 이야기도 전해 내려온다. 콜럼버스는 아일랜드 수사 세인트 브랜던St. Brendan, 484~578의 항해 이야기에 감명을 받고, 대서양 항해를 확신하게 되었다고 한다. 역사가 깊은 교회지만 내부는 소박한 편이다. 설교대와 스테인드글라스가 그나마 화려하지만, 다른 교회에 비하면 과하지 않다. 예배 시간을 제외한 평일에는 무료로 입장이 가능하므로, 조용히 기도할 곳을 찾는다면 이곳에 오면 된다.

[스페인 아치] 골웨이 중심가의 퀘이 거리Quay St.를 따라 코리브Corribe 강 쪽으로 내려오면 스페인 광장을 자연스럽게 만나게 된다. 코리브 강과 바다가 만나는 그곳에는 과거에 스페인과 무역하던 역사를 증명이라도 하듯 1584년에 세워진 스페인 아치Spanish Arch가 남아있다. 스페인 광장에서 시민들과 여행자들이 쉴 수 있고 뒤로는 골웨이 시립 박물관이 있다. 강 옆으로 산책로가 잘 조성되어있어서 파스텔톤의 아름다운 건물을 보면서 걷기 좋다.

[린치스 성] 15~16세기 부자들은 개인 소유의 성을 세우는 일이 많았다. 린치스 성 Lynch's Castle도 린치 가문의 성으로 지어졌는데, 골웨이와 교역을 하던 스페인의 영향이 성의 창문과 린치 가문의 문장, 돌에 새긴 장식에서 드러난다. 린치스 성에 얽힌 비극적인 이야기가 하나 있다. 1493년, 골웨이 시장이던 제임스 린치James Lynch, 1493~1494년 골웨이 시장는 살인범인 자신의 아들을 아무도 처형하려 하지 않자, 자기 아들의 목을 직접 린치스 성의 창문에 매달았다고 한다. 처형한다는 뜻의 린치Lynch가 여기서 유래했다고. 당시 목을 매단 창문틀은 세인트 니콜라스 교회 묘지 근처로 옮겨져 기념비로 남아있고, 린치스 성에는 현재 AIB 은행이 영업 중이다.

[우든 하트] 3층으로 이루어진 장난감 가게인 우든 하트Wooden Heart는 30년 이상의 역사를 가진 곳이다. 전 세계의 60여 개가 넘는 장난감 브랜드를 만나볼 수 있고, 어린이는 물론 어른들을 위한 장난감도 판매하고 있다. 가게 안으로 들어가는 순간 《헨젤과 그레텔》의 과자 집에 들어선 듯 동심의 세계를 경험하게 된다.

골웨이 번화가 안에 자리 잡고 있으니 잠깐 들러서 작은 소품이나 기념품을 사기 좋다.

　[클라다 링] 클라다 링Claddagh Ring은 아일랜드 전통의 약혼반지이다. 반지는 두 손이 왕관을 쓴 하트를 감싸고 있는 디자인인데, 손은 우정을, 왕관은 충성을, 하트는 사랑을 의미한다.

　클라다 링은 어느 손에, 어떻게 끼는지에 따라서 의미가 달라진다. 반지를 오른손에 낄 때, 하트가 손목을 향해 있으면 애인이 있고 손가락 끝을 바라보면 애인이 없다는 뜻이다. 반대로 왼손에 끼었을 때는 하트가 손목을 향하고 있으면 이미 결혼했음을, 손가락 끝을 향한다면 약혼했음을 뜻한다.

　지금은 아일랜드 전역에서 볼 수 있지만, 골웨이 남쪽의 작은 마을인 클라다Claddagh에서 만들기 시작했기 때문에 골웨이에 오랜 역사를 가진 상점이 많다. 가격은 20유로 선으로 골웨이 기념품으로 사기에 안성맞춤이다.

세인트 니콜라스 교회(St. Nicolas Church)

홈페이지 www.stnicholas.ie
주소 Sráid Lombaird, Galway
운영 시간 09:00~19:00(3~12월), 09:00~17:00(1~2월)

우든 하트(Wooden Heart)

홈페이지 www.woodenheart.ie
주소 3 Quay St, Galway
운영 시간 10:00~18:00(월~토), 11:00~17:00(일, 공휴일)

🚌 더블린 ➡ 골웨이(고버스)

이동 방법 리피강 하류, 이민국 오피스(The Immigration Office)와 자파 델리(Jaffa Deli) 사이에 있는 정류장에서 탑승. 현장 구매의 경우, 버스 안에서 기사 아저씨에게 직접 구매할 수 있다.
홈페이지 www.gobus.ie
배차 시간 1시간 간격(00:15, 07:15~22:15)
소요 시간 2시간 30분
요금 성인/편도 €13(왕복은 €23), 학생/편도 €13(왕복은 €21)
온라인 예매 가격이며, 현장 구매 시 €2~3 비싸다.

🚌 더블린 ➡ 골웨이(시티링크)

이동 방법 Aston/Crampton Quay에 노란색의 시티링크 표시가 있는 더블린 시티 센터에서 탄다. 현장 구매의 경우, 버스 안에서 기사 아저씨에게 직접 구매할 수 있다.
홈페이지 www.citylink.ie
배차 시간 1시간 간격(06:45~23:45, 매 45분마다 출발)
소요 시간 2시간 30분
요금 성인/편도 €13(왕복은 €23), 학생/편도 €12(왕복은 €16)
온라인 예매 가격이며, 현장 구매 시 €2~3 더 비싸다.

🚆 더블린 ➡ 골웨이

이동 방법 더블린 도심의 휴스턴(Heuston) 역에서 골웨이행 기차를 탄다.
홈페이지 www.irishrail.ie
배차 시간 1~2시간 간격(07:35~19:35, 평일 기준이며 주말에는 평일보다 운행횟수가 적음)
소요 시간 약 2시간 20분
요금 성인/편도 €18(왕복은 €36), 학생/편도 €11.5(왕복은 €23)
온라인 예매 가격이며, 승차 시간에 따라 요금 변동

Engagement Rings
LAZLO JEWELLERS
DIAMOND SPECIALISTS
JEWELLERS
NEWSAGEN
O'BRIEN
Premoi
Pre

✳ 자연이 남긴 거대한 유산, 모허 절벽

　내가 느낀 아일랜드의 매력은 다듬어지지 않은 자연에 있다. 어떤 날은 비슷한 듯 비슷해 보이지 않았다가, 또 어떤 날은 언젠가 한 번은 와봤을 법한 낯익은 풍경이었다가…, 보물찾기 하듯이 곳곳에 매력이 숨어있어서 그것들을 찾고 또 찾게 된다.

　이곳에서 살아온 햇수가 길어질수록 '인간'이라는 존재의 미약함을 점점 더 깨닫고 있다. 인간이 창조한 건축물이 아무리 웅장하고 아름답다고 한들, 몇천 년 아니 몇억 년 전부터 묵묵히 한곳을 지키고 있는 자연 앞에서 명함이라도 내밀 수 있을까. 그럴 수 없을 것이다. 자연은 신이 인간에게 준 선물이지 비교 대상이 아니다.

　신의 엄청난 선물은 대서양 끝자락에 있는 모허 절벽Cliffs of Moher에서 여실히 느낄 수 있다. 《해리 포터》를 비롯해 수많은 영화, 드라마, 뮤직비디오의 배경이 될 만큼 유명한 절벽이고, 절벽의 길이가 8km 이상이며 200m 이상의 높이를 자랑한다지만 이런 정보는 중요하지 않다. 실제로 그 앞에 서면 그저 대자연의 장엄한 아름다움에 할 말을 잃어버린 채 '우와!'라는 짧은 감탄사로 모든 감정이 일축되어 버리기 때문이다.

　처음 모허 절벽에 갔던 날은 유난히 해가 길던 7월의 어느 여름날이었다. 모허 절벽에 도착했을 때 이미 저녁 8시가 넘었지만, 몸과 눈으로 느끼기엔 오후 서너 시의 햇살을 받는 듯했다. 이곳은 특이하게 주차장 입구에서 입장권을 끊는다.(차 안의 인원수를 말하면 입장권을 끊어주는 식이다.) 대중교통을 이용하기 힘들어 투어 버스나 승용차로 대부분 방문하기 때문이다. 주차를 하고 기념품을 파는 작은 상점들을 지나 비지터 센터Visitor Centre에 도착했다. 이곳에는 모허 절벽의 생성 과정을 비롯해 근처에 서식하는 동식물에 대한 정보가 다양한 시청각 자료와 함께 전시되어있다.

"여보, 여기 나무 조각상 앞에서 사진부터 찍고 시작하자."

　사진 찍는 것을 중요한 의식으로 생각하는 한국 사람답게 비지터 센터 앞에서 사진을 찍고 나서, 절벽을 향해 천천히 걸어가기 시작했다. 아일랜드 관광지의 특징 중 하나는 안전장치가 아주 허술하다는 것이다. 여행자들이 알아서 조심하라는 뜻인지, 사람이 그만큼 오지 않아서 필요성을 못 느끼는 것인지 모르겠지만, 유명한 관광지조차 허술한 안전장치에 놀라 몸을 사린 적이 한두 번이 아니었다. 그런 곳에 비하면 모허 절벽으로 가는 길은 차라리 안전한 느낌마저 들었다. 아일랜드를 처음 여행하는 사람들은 동의하기 어렵겠지만.

　자연주의 시인인 윌리엄 워즈워스William Wordsworth, 1770~1850는 우리의 영혼에 유익한 감정들을 느끼기 위해서는 풍경 속을 돌아다녀보라고 권했다. 모허 절벽이 나에게 그런 곳이었다. 영혼의 유익함을 선물해준 곳. 절벽의 모습을 한마디로 어떻게 설명할 수 있을까? 절벽은 끝이 보이지 않을 만큼 이어져 바다와 하늘을 200m 이상의 높이로 나누고 있다. 절벽의 단층은 무수한 세월을 말해주듯 이동하여 서로 다른 높이, 서로 다른 나이를 보여준다. 지구의 판이 화강암을 찰흙이라도 된 양 주무르고, 바람과 파도가 끊임없이 때리고 단련시켜 만든 절벽은 오직 신만이 만들 수 있는 완벽한 걸작품이다. 신이 아니라면 누가 감히 이런 걸작을 만들 수 있을까!

풍경이 아름다워 카메라 셔터를 눌러대지만, 눈에 보이는 풍경과 느낌을 사진에 담기에는 역부족이었다. 그럼에도 이 토록 아름다운 자연을 지나쳐버리기 싫은 나는 내 카메라 속에 마구마구 담았다. 100분의 1의 감동도 전달되지 않는 사진들을 말이다.

"여보, 저 사람들 좀 봐요. 절벽 밑으로 떨어지겠다!"

몇몇 여행자들이 더 멋진, 더 스릴 있는 절벽의 모습을 보기 위해 표지판의 경고를 무시한 채 안전선을 넘어가는 모습이 보였다. 절벽 끝에 걸터앉아 다리를 앞뒤로 흔들며 즐거워하는 사람들이 있는가 하면 절벽 끝에 바짝 엎드려 아래를 내려다보는 사람들도 있었다. 그들을 보는 것만으로도 내 심장은 '쫄깃'해졌다. 그들은 세상 어디에도 없는 특별한 스릴을 즐기면서 자연이 한없이 베풀어주는 아름다움을 온몸으로 느끼고 있는지도 모르겠다.

늦은 저녁에 찾은 모허 절벽. 몇억 년의 시간을 품은 광활한 대자연 앞에서 나는 한없이 약한 존재, 그저 먼지만 한 존재였다. 하지만 모허 절벽은 나의 부족하고 못난 면을 질책하는 대신 나의 한계를 인정하고 좀 더 자유로운 영혼으로 살아가라고, 부드럽게 다독이며 말하고 있었다. 내 힘으로는 도저히 감당할 수 없는 일들, 나를 힘겹게 만드는 사건들로 마음이 심란해질 때마다 나는 모허 절벽을 떠올리곤 한다. 광대한 공간에서 느꼈던 자연의 숭고함은 힘든 일들을 조금 더 담담하게, 조금 더 의연하게 받아들이게 해주기 때문이다.

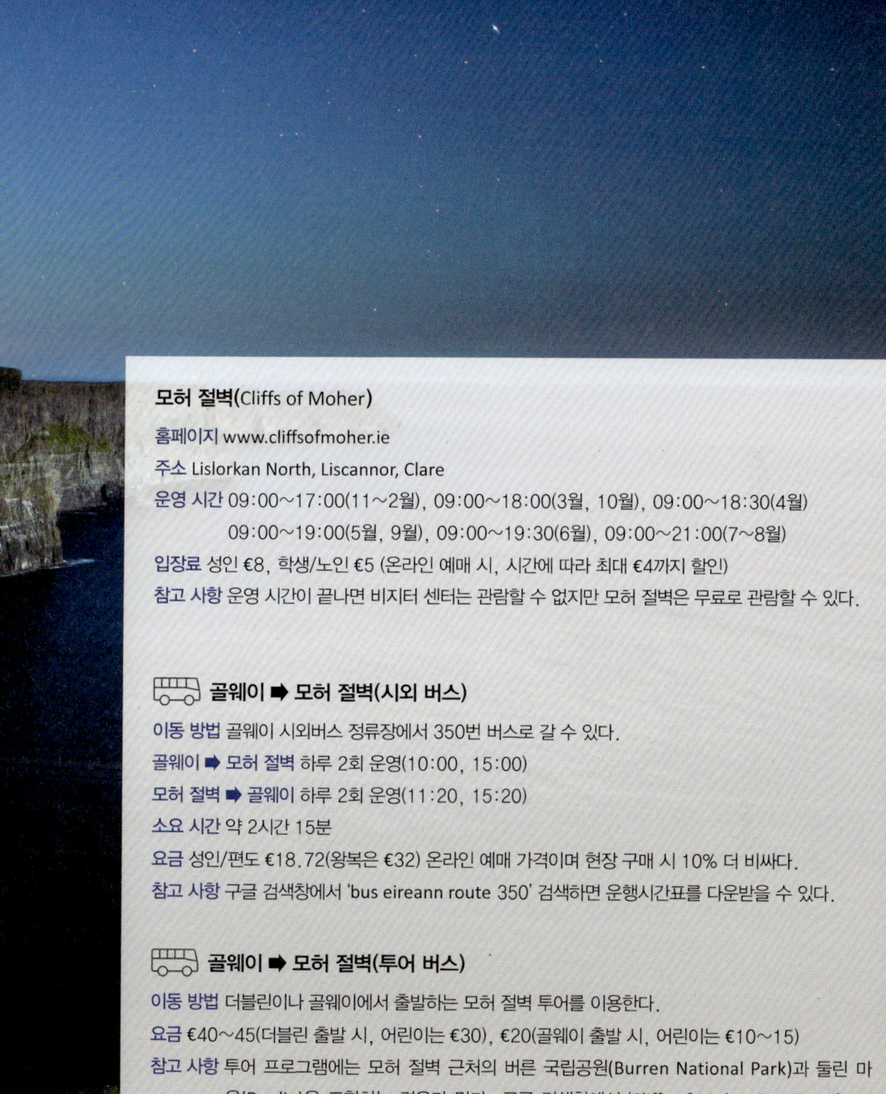

모허 절벽(Cliffs of Moher)

홈페이지 www.cliffsofmoher.ie

주소 Lislorkan North, Liscannor, Clare

운영 시간 09:00~17:00(11~2월), 09:00~18:00(3월, 10월), 09:00~18:30(4월)
09:00~19:00(5월, 9월), 09:00~19:30(6월), 09:00~21:00(7~8월)

입장료 성인 €8, 학생/노인 €5 (온라인 예매 시, 시간에 따라 최대 €4까지 할인)

참고 사항 운영 시간이 끝나면 비지터 센터는 관람할 수 없지만 모허 절벽은 무료로 관람할 수 있다.

골웨이 ➡ 모허 절벽(시외 버스)

이동 방법 골웨이 시외버스 정류장에서 350번 버스로 갈 수 있다.

골웨이 ➡ 모허 절벽 하루 2회 운영(10:00, 15:00)

모허 절벽 ➡ 골웨이 하루 2회 운영(11:20, 15:20)

소요 시간 약 2시간 15분

요금 성인/편도 €18.72(왕복은 €32) 온라인 예매 가격이며 현장 구매 시 10% 더 비싸다.

참고 사항 구글 검색창에서 'bus eireann route 350' 검색하면 운행시간표를 다운받을 수 있다.

골웨이 ➡ 모허 절벽(투어 버스)

이동 방법 더블린이나 골웨이에서 출발하는 모허 절벽 투어를 이용한다.

요금 €40~45(더블린 출발 시, 어린이는 €30), €20(골웨이 출발 시, 어린이는 €10~15)

참고 사항 투어 프로그램에는 모허 절벽 근처의 버른 국립공원(Burren National Park)과 둘린 마을(Doolin)을 포함하는 경우가 많다. 구글 검색창에서 'Cliffs of Moher Day Tour from Dublin(or Galway)'로 검색하면 투어 프로그램을 찾을 수 있다.

✵ 메마른 땅에서 만나는 끈질긴 생명력, 버른 국립공원

모허 절벽행 투어 버스를 탄 여행자들이라면 반드시 가는 곳이 있다. 모허 절벽에서 서북쪽으로 약 30분 더 들어가면 만날 수 있는 버른 국립공원Burren National Park이다. 렌터카로 간다면 구불구불한 일차선을 시속 60~80km 이상 달려야 하는 아찔함에 여행의 기대감과 긴장감이 더욱 고조되는 지역이다.

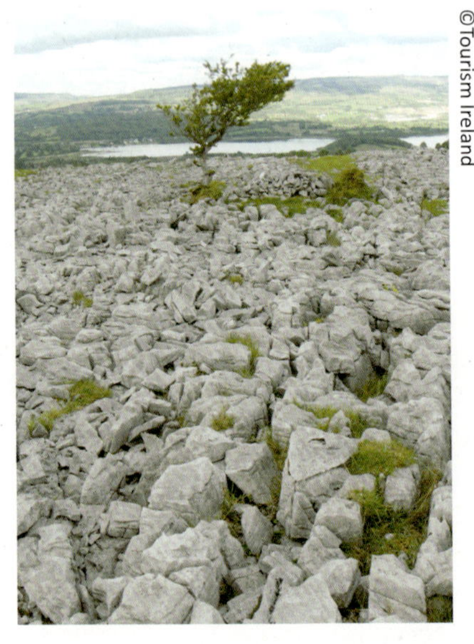

흔히 국립공원이라 하면 무성한 숲과 아름드리나무들, 폭포가 장엄하게 쏟아지는 소리나 어디선가 들려오는 새소리와 같은 이미지를 떠올리기 마련이다. 잘 닦여진 길을 트래킹하는 사람들의 모습도 그려질 것이다. 하지만 버른 국립공원은 여타의 국립공원과는 사뭇 다른 모습이다. 특별한 이정표도 없어 어디서부터가 국립공원인지 알 수 없다. 국립공원이라고 이야기하는 곳에 들어서면 저 멀리 나지막한 산이 보이는데, 채석장이라도 되는 듯 온통 돌로 덮여있다.

끝이 보이지 않는 넓은 평지 위로 쩍쩍 갈라진 석회암 돌덩이들이 몇천 년 전부터 자리를 견고히 지키고 있다. 그 돌덩이 사이사이로 다양한 식물이 삐죽이 얼굴을 내밀고, 빗방울이 오랜 세월 돌덩이에 부딪히면서 만들어놓은 작은 구멍들이 군데군데 보인다. 키가 1m 남짓한 앙상한 나무들만이 나무 행세를 하며 간간이 서있다. 이런 언덕 위에서도 소가 풀을 뜯는 모습을 볼 수 있어 신기하기 그지없다. 이토록 메마르고 황량한 곳에서도 생명을 이어가는 동식물이 있다니, 얼마나 경이로운가!

버른Burren은 아일랜드어 'Boíreann'에서 온 단어로 바위가 많은 지역을 뜻한다고 한다. 수년째 유네스코 세계유산 후보지로 이름을 올리고 있는 이곳은 석회암이 물이나 바람에 의해 침식, 용해되면서 생성된 카르스트Karst 지형이다. 바위 위에서 좁은 수로와 같은 틈Grike을 쉽게 찾을 수 있는 건 바로 그 때문이다.

신석기 시대 유적들이 버른 곳곳에 있는데, 그 중에서 풀나브론Poulnabrone 지역의 고인돌Portal Tomb은 기원전 4200~2900년경에 석회암으로 만들어진 것이다. 무덤의 입구는 북쪽을 향해있고 돌의 높이는 1.8m이다. 1985년에 동쪽의 돌이 깨지면서 복원했는데, 그 과정에서 성인 스무 명 내외와 어린이 여섯 명의 유골이 발굴되었다고 한다. 유골 외에도 돌도끼, 뼈 장식물, 무기, 도기 등도 함께 나왔다.

©Tourism Ireland

버른이 속한 아일랜드의 서부 코노트Connacht는 아일랜드에서 척박한 지역으로 분류된다. 16~17세기 엘리자베스 1세Elizabeth I, 1533~1603와 제임스 1세James I, 1566~1625의 강제 이주 정책에 따라 잉글랜드 사람들은 동쪽 땅을 차지하고 아일랜드 사람들은 서쪽으로 내몰렸다. 17세기 중반, 올리버 크롬웰Oliver Cromwell, 1599~1658은 왕당파의 거점인 아일랜드를 진압해야 한다는 명분을 내세우며 대규모 학살을 감행했는데, 크롬웰 부대의 장교였던 에드먼드 러들로우Edmund Ludlow, 1617~1692가 버른에 도착하여 이렇게 보고했다고 한다.

"물에 빠뜨려 익사시킬 물이 없고, 목매달 수 있는 나무도 없으며, 시체를 파묻을 흙도 없는 곳입니다. 그런데 매우 이상한 것은 소들은 포동포동합니다. 석회암 바위 사이에 있는 흙은 풀이 아주 잘 자랄 정도로 비옥한 것 같습니다."

버른 국립공원은 겉으로 보기에는 생명이 없는 불모의 땅처럼 보이지만 실제로는 '비옥한 바위'라고 불릴 만큼 석회암 사이에 영양이 풍부하여 다양한 종의 허브와 꽃들이 자라고 있다. 아일랜드에서 자생하는 식물종의 70% 이상이 이곳에 있을 정도이다. 이곳을 전 세계 식물학자들이 찾는 이유도 여기에 있다. 이른 봄부터 고산 식물을 비롯해 북극 식물, 지중해 식물들을 만날 수 있고, 야생 백리향Wild Thyme과 제라늄과의 러브풍로초Herb-robert, 용담과의 베르나용담Spring Gentians, 등대풀Milkwort, 큰솔나물Lady's Bedstraw 등이 서식한다. 석회암 위로 덮인 풍부한 잔디와 주변의 크고 작은 강, 하천, 호수는 이 지역의 식물과 가축들에게 훌륭한 영양을 제공해준다.

버른은 아일랜드의 모습을 대변하는 것 같다. 유럽의 작은 섬나라, 800년 가까이 식민지였던 나라, 19세기 감자 대기근으로 인구의 4분의 1이 감소한 나라였지만 20세기 독립 이후 가장 빠른 경제 성장을 이뤄내 '켈틱 타이거Celtic Tiger'라는 별명까지 생긴 아일랜드. 지형적으로나 역사적, 정치적으로 내세울 것이 없던 이 나라를 세계가 주목하고 있는 것처럼, 돌밖에 보이지 않는 척박한 버른 또한 온갖 생명체를 살아 숨 쉬게 하며 지질학적, 생태학적으로 중요한 기능을 하고 있다.

보이는 것이 전부가 아님을 생각하며 버른을 걸어보자. 척박하고 황량하다 못해 쓸쓸함이 감도는 곳이 아니라 절망 속에서도 희망을 잃지 말아야 한다는 강한 메시지를 주는 장소임을 알게 될 것이다.

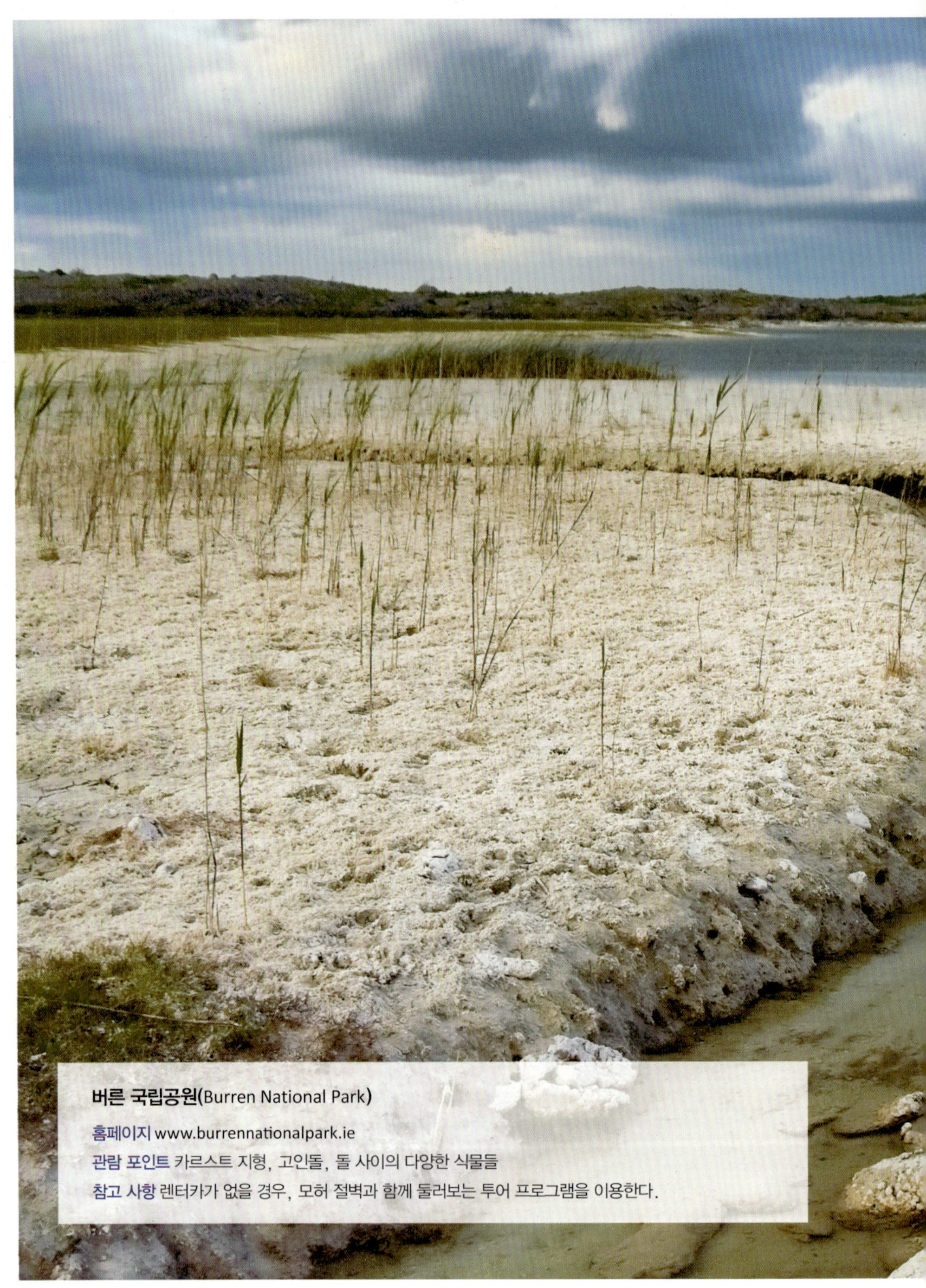

버른 국립공원(Burren National Park)

홈페이지 www.burrennationalpark.ie
관람 포인트 카르스트 지형, 고인돌, 돌 사이의 다양한 식물들
참고 사항 렌터카가 없을 경우, 모허 절벽과 함께 둘러보는 투어 프로그램을 이용한다.

❀ 몽환적인 아름다움에 서린 애달픈 사랑 이야기,
　　코네마라 & 카일모어 수도원

골웨이를 지나 서쪽 끝자락의 코리브 호수Lough Corrib 쪽으로 가면 만날 수 있는 코네마라 국립공원Connemara National Park. 아일랜드에서만 볼 수 있는 독특한 자연 명소를 꼽으라면 누구나 주저하지 않고 이곳을 꼽을 만큼, 아일랜드의 숨겨진 보물과도 같은 곳이다. 코네마라 지역이 어디서부터 시작되는지 명확한 경계는 모르겠지만, 신비로운 분위기에 휩싸인다면 그곳이 바로 코네마라이다. 그곳에서 나는 생각했다.

'아, 몽환적이다. 태초에 천지가 창조될 때가 이런 느낌이었을까?'

한눈에 보기에는 흔하디흔한 하늘, 나지막한 산, 별다를 것 없는 강, 나무와 풀 등이 전부인 곳이다. 장엄한 산이나 거대한 절벽, 바다도 없다. 하지만 같은 재료도 어떻게 요리하느냐에 따라 그저 그런 음식이 되기도 하고, 많은 사람에게 감동을 주기도 하듯이 코네마라 지역도 평범한 풍경들이 잘 조합되어 다른 어느 곳에서도 볼 수 없는 절경을 선사한다. 코네마라로 들어가면 들어갈수록 마치 현실 세계가 아닌, 또 다른 세계로 향하는 듯한 느낌이 든다. 집이라도 눈에 띄면 '혹시 천사가 사는 집은 아닐까?'라는 말도 안 되는 상상을 하게 될 만큼 그곳의 모든 것이 특별해 보였다.

사람의 손길이 닿지 않아 황량한 풍경임에도 알 수 없는 경이로움을 느끼게 하는 이곳은 도대체 어디인가. 태초의 세상도 이런 느낌이었을까? 분명 여기에는 나와는 다른 사람들이 살고 있을 것만 같았다. 구름이 잔뜩 끼어있는 하늘 반대편에서 한 줄기 빛이 쏟아져 나오는 절경을 마주했을 때 창조주에 대한 경외심이 저절로 솟아올랐다.

슬픈 사랑이 서린 카일모어 수도원

코네마라의 절경에 흠뻑 취한 채 굽이진 도로를 30분 이상 달리면 또 한 번 감동적인 곳을 만난다. 카일모어 수도원Kylemore Abbey.

동서고금을 막론하고 여자들은 아름답고 절절한 러브스토리를 좋아한다. 내 현실과는 다른 이야기에서 대리만족을 느끼기도 하고, 로맨스에 빠졌던 젊은 날을 회상하기도 한다. 여기, 여자들을 울릴 만한 가슴 아픈 사랑 이야기가 있다. 100여 년 전 카일모어 성의 소유주였던 미첼 헨리Mitchell Henry, 1826~1910와 그의 아내 마가렛 본Margaret Vaughan, 1829~1874의 러브스토리가 바로 그것이다.

영국 출신의 엄청난 재력가인 헨리는 1852년에 본과 결혼하여 코네마라로 신혼여행을 오게 된다. 본은 코네마라를 본 순간 사랑에 빠진다. 훗날 헨리는 사랑하는 아내를 위해 코네마라에 1,000평이 넘는 대저택을 지어준다. 성을 완공하는 데만 5년, 투입된 노동력만 해도 몇백 명이 되는 이 저택은 33개의 방, 4개의 욕실, 4개의 거실, 무도회장, 도서관, 스터디 룸, 흡연실, 다양한 사무실까지 있는 어마어마한 규모다.

저택 옆에는 6,000여 평 규모의 빅토리안 양식의 정원*이 있는데, 당시 영국의 왕립식물원인 큐 가든Kew Garden과 견주어도 손색없을 만한 규모와 아름다움을 갖춘 정원이었다고 한다. 카일모어 저택은 그 어떤 곳보다 아름다웠고, 필요한 조건이 모두 충족된 곳이었다. 부부는 이렇게 아름다운 곳에서 아홉 명의 자녀를 키우며 평생을 사랑하며

---

* 빅토리안 정원은 카일모어 비지터 센터에서 셔틀버스가 하루에도 수십 번 다니므로 그것을 이용하면 된다.

함께하기를 꿈꾸었을 것이다. 하지만 행복은 여기까지였다. 이집트에서 가족 여행을 하던 도중 본은 고열을 동반한 알 수 없는 전염병에 걸리게 되고, 발병한 지 16일 만에 45세의 나이로 갑작스러운 죽음을 맞이한다.

아내 본은 이미 세상을 떠났지만, 그녀에 대한 영원한 사랑을 기리기 위해 헨리는 카일모어에 성당을 짓는다. 영국의 브리스톨 대성당Bristol Cathedral을 본떠 만든 고딕 양식의 성당은 규모는 비록 작지만 한눈에 보기에도 정성이 대단했음을 알 수 있다. 성당에 새겨진 조각들은 깔끔하면서도 무게감이 있다. 유리창에 스테인드글라스 장식을 하는 일반적인 고딕 성당과 달리 이곳은 아무런 장식도 하지 않았다. 단출한 유리창 너머로 들어오는 빛은 예수의 형상을 부각시키며 이 공간을 더욱 성스럽게 만들고 있다.

이 지역의 정치가였던 헨리는 아내가 죽고 몇 년이 지나지 않아 카일모어 일대의 땅을 소작농들에게 넘겨주고 영국으로 돌아갔다고 한다. 아내와의 아름다운 추억보다 아내를 잃은 슬픔과 그리움이 그에게는 더 컸으리라.

훗날 영국의 베네딕트 수도회에서 이곳을 사들여, 오늘날과 같은 수도원이 되었다.

저택에 얽힌 그들의 러브스토리를 알지 못했을 때 느꼈던 막연한 아름다움은 이야기를 알고 난 후 아름다움, 그 이상의 의미로 다가왔다. 아무리 카일모어 수도원이 아름다울지라도 헨리와 본 부부의 이야기가 없었다면 향기 없는 꽃에 지나지 않을 것이다. 그들의 슬픈 사랑 이야기는 지금도 수많은 여행자의 발길을 재촉하고 있다.

카일모어 수도원(Kylemore Abbey)

홈페이지 www.kylemoreabbeytourism.ie

주소 Kylemore, Connemara, Galway

운영 시간 10:00~16:30(11~3월)

09:00~18:00(4~7월 초)

09:00~19:00(7월 중순~8월)

09:30~17:30(9~10월)

입장료 성인 €13, 학생 €9, 노인 €10,

10세 이하 어린이 무료

(온라인 예약 시, 10% 할인)

참고 사항 날씨에 따라 운영 시간은 주기적으로 변동되므로 방문 전에 홈페이지를 확인해야 한다 .

골웨이 ➡ 코네마라(투어 버스)

이동 방법 카일모어 수도원은 코네마라 국립공원 안에 있어서 대중교통으로 이동하는 것이 힘들고, 골웨이에서 출발하는 투어 버스를 타고 코네마라와 카일모어 수도원을 모두 둘러보는 것이 가장 경제적이다. 투어 프로그램은 구글 검색창에서 'Connemara Tour from Galway'로 검색하면 찾을 수 있는데, 그중 하나를 소개한다.

홈페이지 lallytours.com/travel/connemara

출발 시간 및 장소 오전 10시, 골웨이 시외버스 터미널(Galway Coach Station)

도착 시간 저녁 6시 전후

투어 요금 성인 €25, 학생 €20, 어린이 €15

(카일모어 수도원 입장료는 별도)

✳ 안전장치 없는 공포의 절벽, 던 앵거스

아일랜드 근교를 조금만 여행하다 보면 알게 되는 것이 있다. 이 나라는 안전장치가 놀랍게도 허술하다는 사실을 말이다. 비가 오면 우산을 제대로 쓸 수 없을 만큼 강한 바람이 불어오는데도 절벽이나 산꼭대기 같은 위험한 곳에 안전장치가 없거나, 있다 해도 매우 허술하다. 살다 보니 어쩔 수 없이 익숙해졌지만, 아일랜드에 처음 왔을 때는 당황스럽기 그지없었다.

하지만 안전장치가 없기 때문에 여행자들에게 더욱 사랑받는 곳이 있다. 이니시모어Inishmore 섬의 던 앵거스Dún Aonghasa 절벽이다. 이니시모어는 골웨이 서쪽의 아란 제도Aran Island를 이루는 세 개의 작은 섬, 이니시모어Inishmore, 이니시어Inisherr, 이니시맨Inishmaan 중 가장 큰 섬이다. 모허 절벽처럼 대서양의 장엄한 풍경을 눈앞에 걸리는 것 하나 없이 볼 수 있지만 느낌은 사뭇 다르다. 모허 절벽이 여성스럽고 우아한 자태를 뽐내는 곳이라면, 던 앵거스 절벽은 남성스럽고 거친 기운을 발산한다.

기원전 인류의 터전 '던 앵거스'

던 앵거스는 멋진 풍경뿐 아니라 역사적으로도 중요한 가치를 지닌 곳이다. 아일랜드 고고학 연구를 담당하고 있는 디스커버리 프로그램The Discovery Programme의 일환으로 1992년부터 1995년까지 이곳을 굴착했는데, 놀랍게도 언덕 꼭대기에서 기원전 15세기경부터 약 2500년간BC 15세기~AD 10세기 사람들이 살았다는 증거가 발견되었다. 발견된 일곱 채의 건물 초석 모두가 바닥이 평평하게 포장돼있고 그중 한 채는 돌난로도 갖추었다고 한다. 육류, 어류 및 곡식과 더불어 청동기 말기 시대인들에게 중요한 식량인 조개류의 껍데기도 약 8톤이나 발견되었고, 돌로 만들어진 일상 도구망치, 도끼, 숫돌, 맷돌 등와 뼈로 된 다양한 종류의 바늘로 당시 사람들의 생활상을 짐작해볼 수 있었다고.

언덕 꼭대기를 둘러싼 요새는 기원전 11세기경에 지어진 것으로 기원전 8세기경에 가장 융성했다고 한다. 그 당시에는 오직 신분이 높은 사람들만 요새 안에 살 수 있었을 만큼 정치, 경제, 종교의 중심지 역할을 했다. 하지만 기원전 7세기경부터 쇠락하기 시작하여 약 천 년간 소유자가 없는 상태로 방치되었다. 중세 시대AD 5세기~10세기에 대대적인 구축사업을 시행했지만 결국은 버려진 땅으로 남았다. 또다시 천 년이 흐른 19세기 말이 되어서야 아일랜드 국가 유적으로 지정되어 대규모 보수작업을 거친 후 현재의 모습을 갖추게 되었다.

페리로 한 시간 걸려 도착한 이니시모어 섬은 참으로 평화롭고 포근했다. 자전거*를 빌려 타고 햇살 가득한 돌담길을 달리니 얼굴에 미소가 절로 떠오르고 기분 좋은 함성이 터져 나왔다. 아일랜드 특유의 거칠지만 순수한 초원이 사방에 펼쳐지고, 저 멀리 시원한 대서양의 바다가 섬을 감싸고 있었다. 이름 모를 들꽃이 만발한 길과 소박한 농가의 모습마저 하나같이 카메라에 담고 싶을 만큼 예뻐서 가다 서다를 반복했다. 오르막길에서는 얼굴을 한껏 찡그리고 낑낑대며 오르다가도, 내리막길에선 이내 나의 모든 수고를 보상받는 듯 시원한 바람을 한없이 맞으며 내려갔다.

©Tourism Ireland

---

* 이니시모어 섬은 도보, 미니 버스, 마차, 자전거로 섬을 둘러볼 수 있다. 그중 자전거를 추천한다. 인적도 차도 드문 한적한 돌담길을 달리는 기분이 기대 이상으로 황홀하기 때문이다. 자전거는 선착장 앞에서 빌릴 수 있고, 비용은 하루에 10유로이다.

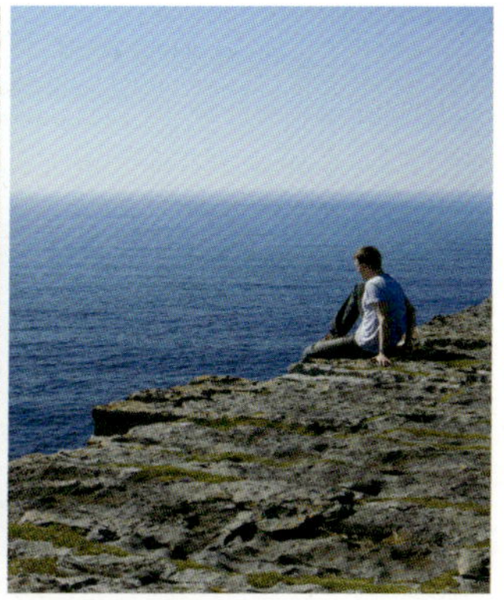

가장 아일랜드다운, 그러나 '가장 위험한 절벽'

모허 절벽은 최소한의 안전장치라도 있지만 이곳은 어떤 안전장치도 없이 그야말로 자연 그대로의 모습을 유지하고 있다. 너무 위험하지만 그렇기에 더 매력적인 곳이라고나 할까.

이곳에 오면 꼭 해보고 싶던 것 중 하나가 엎드려서 절벽 아래를 감상하는 것이었다. 고소공포증이 있는 나에겐 상상도 못 할 일인데, 이곳에서는 도전할 수 있을 것 같았다. 혼자라면 불가능하겠지만, 너도나도 엎드려있는 모습을 보니 용기가 생겼다. 바짝 엎드린 채 조심조심 절벽 끝으로 기어갔다. 깎아지른 듯한 절벽 아래로 무시무시한 파도가 쉼 없이 절벽을 때리고 있었다. 절벽 위의 평온함과는 대조적으로, 거칠고 야성적인 파도의 숨소리에 내 심장은 쪼그라들었다. 무시무시한 괴물이 나를 아래로 끌어내리는 듯했다. 숨이 멎을 것 같은 공포가 밀려오는데, 이상하게도 눈앞의 아름다운 모습에 가슴이 벅차올랐다. 알 수 없는 평온함과 겸손함도 함께 느껴졌다. 그렇게 한참 동안 절벽 아래를 바라보다가, 어느 순간 장엄한 자연의 아름다움에 내 몸과 마음을 담고 있었다.

고요한 평지 아래로 역동적인 파도의 움직임이 펼쳐지는 곳, 구름 한 점 없다가 이내 먹구름이 몰려오는 곳, 전 세계를 깜짝 놀라게 할 만큼 빠르게 성장했지만 소박한 사람들이 가득한 곳. 어울릴 것 같지 않은 요소들이 묘하게 공존하는 곳. 그래서 아일랜드는 알면 알수록 매력적인 나라다.

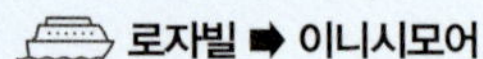 **로자빌 ➡ 이니시모어**

이동 방법 골웨이 지역의 로자빌(Rossaveal)에서 이니시모어 섬까지 가는 페리가 있다.

홈페이지 www.aranislandferries.com

로자빌 ➡ 이니시모어 10~3월, 2회 운행(10:30, 18:00)

4~9월, 3회 운행(10:30, 13:00, 18:30)

이니시모어 ➡ 로자빌 10~3월, 2회 운행(08:15, 17:00)

4~5월, 3회 운행(08:15, 12:00, 17:00)

6월, 4회 운행(08:15, 12:00, 16:00, 17:00)

7~8월, 4회 운행(08:15, 12:00, 17:00, 18:30)

9월, 3회 운행(08:15, 12:00, 17:00)

단, 일요일 첫 배는 09:00에 출발한다.

소요 시간 약 1시간 15분

요금 왕복 페리 기준으로 성인 €25, 학생 €20, 어린이 €13

참고 사항 3월 26~28일은 1회 더 운행한다. 당일치기로 가려면 첫 배를 타야 여유롭게 둘러볼 수 있다. 여행 전 미리 예약하는 것이 좋고, 승선 시간 30분 전까지 도착해야한다.(둘린에서 출발할 때도 마찬가지)

둘린 ➡ 이니시모어

이동 방법 클래어 지역의 둘린(Doolin)에서 이니시모어 섬까지 가는 페리가 있다.

홈페이지 www.doolin2aranferries.com

둘린 ➡ 이니시모어 2회 운행(10:00, 13:00)

이니시모어 ➡ 둘린 2회 운행(11:30, 16:00)

소요 시간 약 1시간 20분

요금 왕복 페리 기준으로 €25, 5세 이하는 무료

참고 사항 3월 초순경부터 10월까지만 운행한다.

❋ 바다 위의 거대한 삼겹살, 다운패트릭 헤드

아일랜드의 서부 코노트Connacht 지역은 자연환경이 척박하기로 유명하다. 과거엔 그런 환경이 그저 짊어져야 할 삶의 무게였지만, 오늘날에 와서는 거칠고 다듬어지지 않은 자연의 모습을 보여주며 새로운 여행 명소가 되고 있다. 아일랜드에서 가장 유명한 관광지로 자리 잡은 모허 절벽이나 아란 제도 말고도 아직 채 개발되지 않은 곳들도 제법 많다. 이곳들은 알려지지 않은 한적한 여행지를 찾거나 새로운 풍경을 담고 싶은 이들을 불러모으고 있다.

매요 지역Co. Mayo에 있는 발리캐슬Ballycastle 마을, 북쪽 해안가에서도 희귀한 절경을 감상할 수 있다. 다운패트릭 헤드DownPatrick Head가 바로 그곳이다. 다운패트릭이란 이름은 패트릭 신부가 이곳에 교회를 설립하면서 붙여진 이름이다. 폐허가 된 교회터를 비롯해서 돌로 만든 십자가와 우물이 아직까지 남아있고, 1912년에 처음 세웠다가 1980년대에 다시 세운 패트릭 신부의 동상도 볼 수 있다. 매년 7월 마지막 일요일이 되면 패트릭 신부의 정신을 기념하는 순례자들이 이곳에서 예배하기도 한단다.

다운패트릭 헤드에 도착하면 바닷물이 훤히 내려다보일 만큼 커다랗게 뚫려있는 구멍이 가장 먼저 눈에 들어온다. 아일랜드어로 '폴너셕트너Poll na Seahtainne'로 불리는 이 구멍이 언제부터 생성되었는지 알려진 기록은 없다. 다만, 30m가 넘도록 층층이 쌓인 지층의 단면을 통해서만 수억 년 세월의 흔적을 느낄 수 있다.

가장 환상적인 곳은 대륙에서 약 200m 떨어진 바다 위의 던 브리스트Dun Briste, 영어로는 'The Broken Fort'이다. 14세기경 거친 폭풍우를 맞아 대륙에서 분리되었는데, 높이는 약 60m에 폭은 약 20m로, 섬이라고 부르기엔 너무나도 작다. 그런데 생긴 게 마치 삼겹살 같기도 하다. 지역 전설에 따르면, 크롬 두브Crom Dubh라는 족장이 기독교로 개종하기를 거부했고 그것에 화가 난 패트릭 신부가 지팡이로 땅을 내려치면서 땅이 갈라졌다는 믿거나 말거나 식의 이야기가 있다.

사실 자연의 경이로움을 느끼는 데 필요한 것은 대자연에 대한 경외심이지, 객관적이거나 역사적인 사실은 아니다. 눈에 보이는 모습만으로도 얼마나 오래된 역사를 지녔는지 누구나 알 수 있다. 죽기 전에 대자연의 놀라운 선물을 볼 수 있다는 것만으로도 얼마나 가슴 벅찬 일인가. 섬이라고 부를 수도 없는 저 작은 땅은 얼마나 오랫동안 차가운 물살을 견디며 살아왔을까.

발걸음을 옮길 때마다 푹신한 매트리스 위를 걷는 것처럼 물컹물컹한 감촉이 신발로 전해졌다. 인적이 드문 곳에서 잔디들은 적당한 비와 바람, 토양의 온기를 받으며 싱싱하게 자라고 있었다.

"엄마, 제발 그쪽으로 가지 마세요."

엄마가 행여라도 절벽 아래로 떨어질까 겁이 난 아들은 조금만 절벽 근처로 다가가려 해도 울부짖으며 말렸다. 그도 그럴 것이 이곳 역시 특별한 안전장치가 없다. 딱딱한 돌바닥도 아니고 물컹한 잔디가 깔린 터라 나 역시도 절벽 끝으로 가는 것이 무서웠다. 행여 바람이라도 불어 미끄러지면 절벽 아래로 떨어질 수도 있는 상황. 바닥에 바짝 엎드려서라도 절벽 아래를 바라보고 싶은 마음을, 필사적으로 엄마를 보호하려는 아들의 울부짖음 뒤로 접어두었다.

렌터카로 아일랜드를 여행한다면 다운패트릭 헤드를 기억해주길 바란다. 인적 드문 곳이라 낯설고 쓸쓸해 하던 첫 마음은 금세 사라져버리고, 수억 년 동안 한자리에 머물며 부서지고 깎인 자연의 모습에 나도 모르게 위로를 받을 것이다.

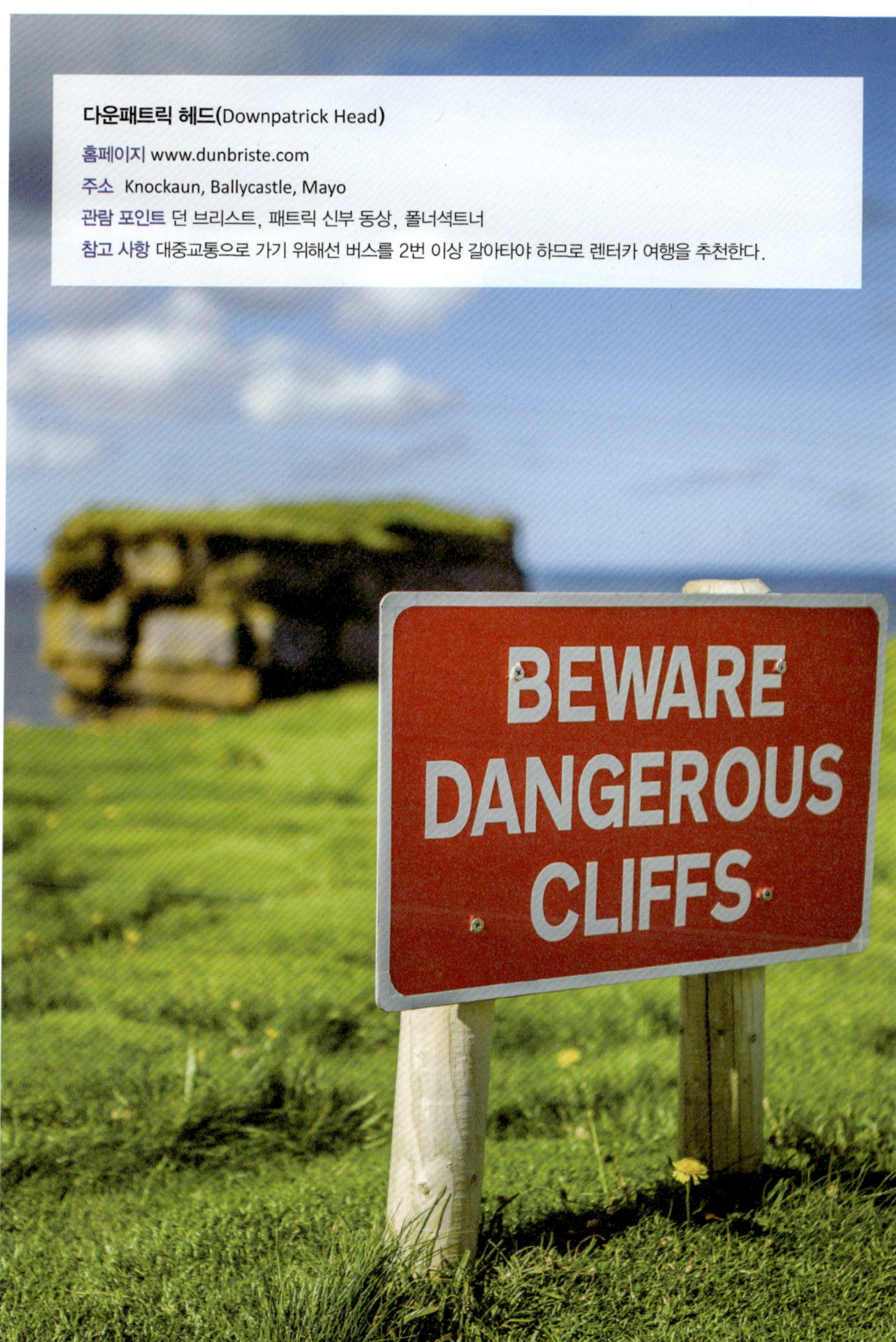

다운패트릭 헤드(Downpatrick Head)

홈페이지 www.dunbriste.com

주소 Knockaun, Ballycastle, Mayo

관람 포인트 던 브리스트, 패트릭 신부 동상, 폴너섹트너

참고 사항 대중교통으로 가기 위해선 버스를 2번 이상 갈아타야 하므로 렌터카 여행을 추천한다.

BEWARE
DANGEROUS
CLIFFS

✳ 예이츠의 고향을 찾아서, 슬라이고

어릴 적 소도시의 외가에서 자랐던 나는, 유난히 간직하고 싶은 추억들이 많다. 나무와 꽃을 사랑하던 외할아버지는 마당 가득히 온갖 꽃나무와 과일나무를 심어놓으셨다. 봄이 되면 앞마당에 수선화와 튤립이 가득했다. 여름이 될 무렵에는 대문에서부터 백합 향이 코를 자극했고, 앵두, 복숭아, 오디가 탐스럽게 열렸다. 매미가 시끄럽게 울어대는 한여름에는 뒷마당 텃밭에서 딴 토마토와 옥수수를 배불리 먹곤 했다. 한겨울, 함박눈이 내리는 날이면 강아지보다 먼저 흰 눈을 밟겠다고 앞마당으로 뛰쳐나갔던 기억도 떠오른다. 계절이 바뀔 때마다 외가의 풍경과 향기는 달라졌다.

그때는 잘 몰랐다. 내가 누리고 있던 그곳이 얼마나 아름답고 대단했는지를. 오래된 양옥집이라 겨울에는 벽으로 찬바람이 그대로 느껴졌고, 재래식 화장실에서 볼일을 치를 때는 불편하기 짝이 없었다. 하지만 세월이 흘러 유년 시절을 추억할 때 아련하게 떠오르는 건 외갓집의 모습이다. 희석된 과거는 힘든 기억보다 좋은 추억으로만 남나 보다. 아마 예이츠도 그랬을 것이다.

더블린에서 태어난 윌리엄 버틀러 예이츠William Butler Yeats, 1865~1939는 유년 시절을 외가가 있는 슬라이고Sligo에서 보냈다. 여류 시인 캐서린 티난Katharine Tynan, 1859~1931에게 쓴 편지에서 '내 생애에서 가장 큰 영향을 준 곳은 슬라이고다.'고 말할 만큼, 예이츠에게 그곳은 아련한 추억의 장소이자 그의 감수성 짙은 시를 완성해준 곳이었다. 그 때문에 슬라이고는 예이츠의 도시라고 해야 할 정도로 도시 곳곳에 그와 관련된 장소가 가득하다. 바르셀로나의 관광 수익은 가우디가 책임지듯이 슬라이고는 예이츠가 책임지고 있는 듯했다.

슬라이고 시내에는 긴 다리가 인상적인 예이츠의 동상과 그의 박물관이 있지만, 그의 발자취를 제대로 따라가기 위해서는 예이츠 10경을 봐야 한다. 예이츠 10경이란 그가 슬라이고에 있을 때 자주 다니던 장소를 모아 하나의 관광 코스로 정해놓은 곳으로, 우리에게 잘 알려진 이니스프리Innisfree 섬도 여기에 포함된다.

헤이즐우드에서 시작된 예이츠 발자취 찾기

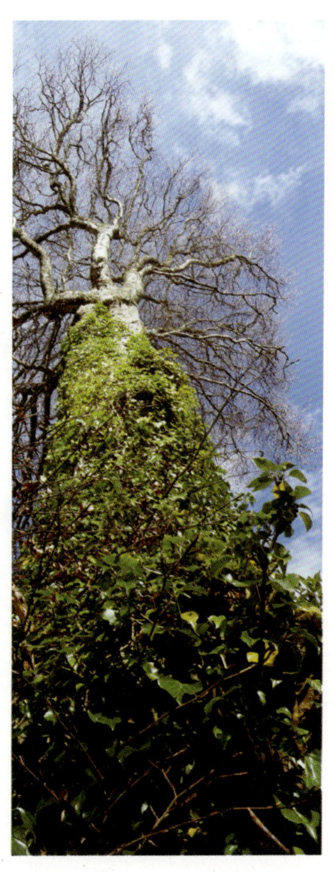

예이츠의 시《이니스프리 섬The Lake Isle of Innisfree》
과 함께 유명해진 이니스프리 섬으로 가는 길목, 헤이즐
우드Hazelwood에서부터 우리의 여행은 시작되었다. 예
이츠 10경에 포함된 헤이즐우드는 슬라이고 시내에서 동
쪽으로 약 4km 떨어진 곳에 위치한다. 헤이즐우드를 그
대로 번역하면 '개암나무가 있는 숲길'로 이곳에서 지어
진 예이츠의《방황하는 앵거스의 노래The Song of Wan-
dering Aengus》는 'I went out to the hazel wood'로 시작
한다.

헤이즐우드에 가던 날은 유난히 날씨가 화창한 주말
오후였다. 숲길로 들어서니 다양한 국적의 작가들이 만
든 조각 작품과 길 호수Lough Gill의 전경이 펼쳐졌다. 특
별할 것 없는 숲 속의 호수이지만 평온하고 고요한 느낌
이 절로 들었다. 나들이 나온 다른 가족들도 저마다 평화
로운 주말을 보내고 있었다. 예이츠의 삶 속에 스며든 헤
이즐우드 역시 그랬을 것이다. 그도 우리처럼 한참을 호
숫가에 앉아있다가 하늘과 호수를 보며 시를 지었을 것
이다.

이니스프리 섬을 찾아서

헤이즐우드를 떠나 이니스프리 섬으로 가는 길은 몇 번이고 차를 세워 슬라이고의 풍경을 담기 바쁠 만큼 여정 그 자체가 즐거웠다. 한참을 가다 서다를 반복하며 달리다 보면 어느새 고도가 높은 곳에 다다르고 눈앞에 슬라이고의 드넓은 풍경이 펼쳐졌다. 바닥의 돌까지 여과 없이 맑고 투명하게 보여주는 깊은 산 속의 계곡 물처럼 청명하고 정돈된 느낌을 주었다. 이곳의 풍경은 남서쪽의 케리 지역Co. Kerry과는 또 다르다. 케리가 아일랜드의 풍경을 쉴 새 없이, 다채롭게 보여준다면 슬라이고는 조용히 하나씩 하나씩 히든카드를 꺼내는 듯했다.

사실 이니스프리 섬을 찾아가기는 쉽지 않았다. 이곳이 정말 유명한 곳인지 의심이 들 만큼 비좁은 시골길이 이어졌고, 그곳으로 가는 여행자들도 눈에 띄지 않았다. 어느 순간부터는 이정표마저 사라지고 막다른 길에 들어서기도 했다. 집 사이로 난 작은 길을 혹시나 하는 마음으로 따라 내려가보니 바로 그곳에 이니스프리 섬이 있었다!

하지만 그렇게 힘겹게 만난 이니스프리 섬은 특별히 아름답거나 대단한 무언가를 기대할 수 없는 모습이었다. 예이츠 10경에 포함되지 않았다면 아무도 관심을 두지 않을

만큼 아무것도 없었다. 허탈한 마음에 눈을 감고 한참을 호숫가에 앉아있었다.

　어렴풋이 무언가 느껴지기 시작했다. 새소리, 물소리, 바람 소리로 가득한 거대한 자연이 그곳에서 고요하고 평온하게 숨 쉬고 있었다. 예이츠가 그의 시를 통해 이야기하려던 것도 마찬가지였을 것이다. 그가 호숫가에 앉아서 본 것은 호수 너머 이니스프리 섬의 겉모습이 아니라 그가 꿈꿔오던 이상향, 고즈넉한 자연이 아니었을까.

드럼클리프에서 만난 예이츠의 흔적들

　예이츠 10경 중에서 가장 유명한 곳은 예이츠의 무덤이 있는 드럼클리프Drumcliff이다. 이곳은 슬라이고 시내에서 북쪽으로 7km 떨어진 작은 마을로, 세인트 콜럼버스 교회St. Columbus Church 묘지에서 예이츠의 무덤을 찾을 수 있다. 교회 주차장에 도착하면 쭈그리고 앉아 사색에 잠겨있는 조각상이 보이고, 바닥에 예이츠의 시《하늘의 융단 He Wishes for the Cloths of Heavens》이 새겨져 있다. 김소월 시인이 영향을 받은 이 시를 나는 그곳에서 처음 만났다.

금빛 은빛 무늬 섞어 짠

하늘의 천이 내게 있다면

밤과 낮을 어스름으로 수놓은

파랗고 희뿌옇고 검은 천이 내게 있다면

그대 발밑에 그 천을 깔아 드리련만

나 가난하여 오직 꿈만을 가졌기에

그대 발밑에 내 꿈을 깔았느니

사뿐히 밟으소서!

그대가 밟는 것 내 꿈이오니.

- 〈하늘의 융단〉, W.B. 예이츠

　꿈밖에 가진 것 없는 시인이 사랑하는 이의 발밑에 자신의 전부인 꿈을 깔아주고 싶다는 고백이다. 영시를 해석하는 능력은 없지만, 절실한 마음이 그대로 묻어나오는 것만은 느낄 수 있다. 시에 등장하는 '그대'는 누구일까?

교회 앞마당에 들어서면 바로 옆으로 묘비들이 보인다. 우리나라와 달리 교회나 성당 마당에 무덤이 많고, 장례식장 역시 시내 중심에 있는 경우가 많다. 삶과 죽음은 별개가 아니다. 인간은 태어나는 순간 죽음을 준비해야 하는 존재인 것이다. 교회 앞마당의 묘비들은 살아있는 자들에게 지금의 삶을 더 즐기고 영위하라고 이야기하는 듯했다. 그리고 우리가 그토록 찾던 예이츠의 무덤. 아일랜드를 대표하는 민족주의 시인의 무덤은 예상외로 평범하고 소박했다. 살아생전에 큰 업적을 이룬 사람일지라도 죽음 앞에서는 누구나 평등하다고 조용히 말하고 있었다.

원래 예이츠가 사망한 곳은 프랑스의 어느 도시였지만 그는 생전에 항상 자신이 죽으면 이곳, 드럼클리프에 묘비를 세워달라고 했단다. 그가 떠난 지 10년이 지난 후에야 예이츠의 무덤은 이곳으로 올 수 있었다.

영국의 대표적인 자연주의 시인인 윌리엄 워즈워스William Wordsworth, 1770~1850는 영국의 시골 마을인 레이크디스트릭트Lake District를 최고의 여행지로 바꿔놓았다. 별다를 것 없는 도시지만, 그곳을 찾는 사람들은 워즈워스와 같은 곳을 보며 시인의 눈과 마음이 되고 시인의 소리를 듣는다.

슬라이고 시내에 있는 예이츠 동상

슬라이고도 그런 도시다. 풍경으로만 놓고 보자면 슬라이고는 아일랜드에서 흔히 볼 수 있는 풍경의 도시일 뿐이다. 그럼에도 불구하고 슬라이고를 여행하면서도, 여행에서 돌아와 슬라이고를 기록하는 순간에도 알 수 없는 여운이 가득했다. 그 도시는 특별했다.

한 시간이면 다 돌아볼 수 있는 시내만 보지 말길 바란다. 예이츠의 흔적이 있는 곳을 한 곳이라도 걸으며 150년 전 그의 마음을 읽어보는 것이 슬라이고를 제대로 여행하는 방법이다.

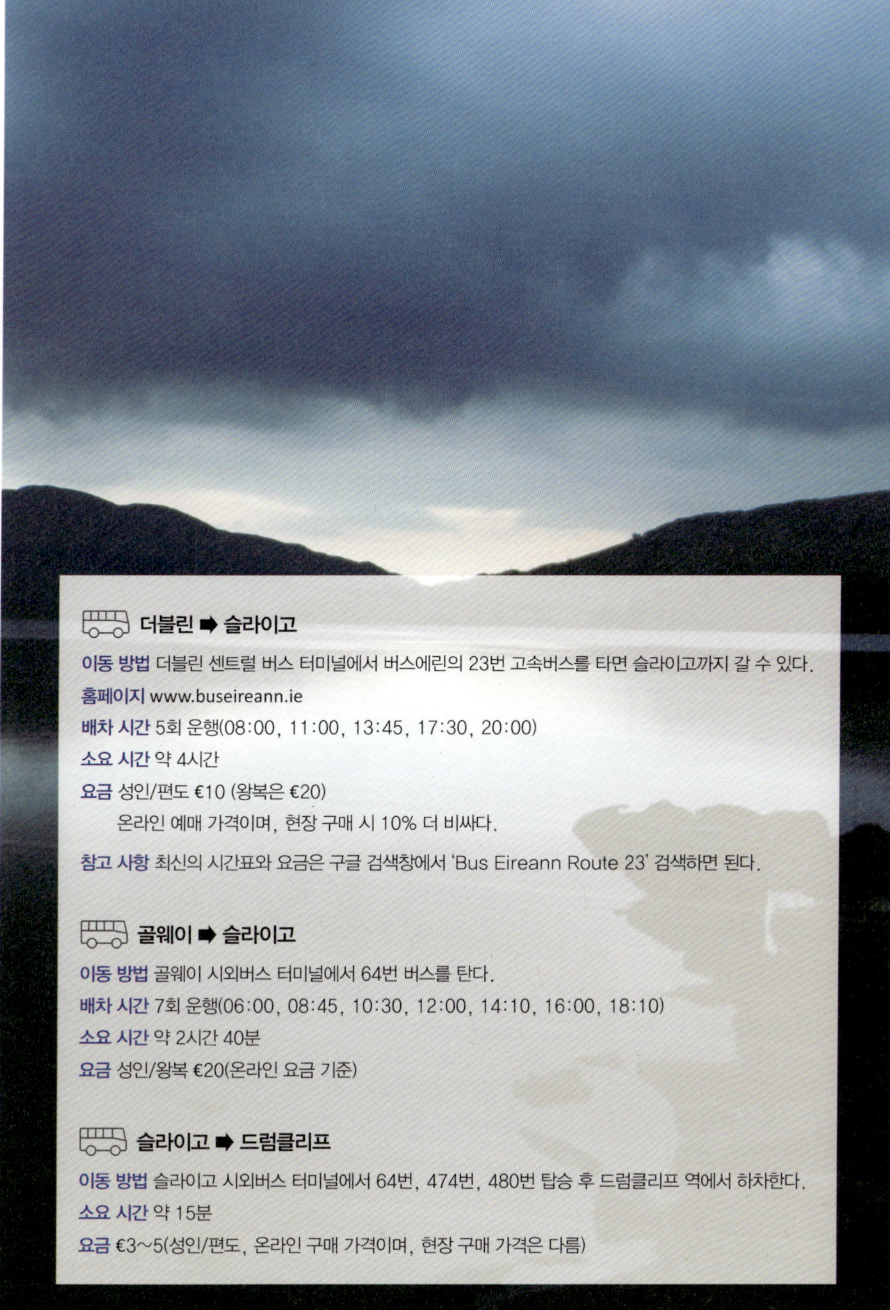

이동 방법 더블린 센트럴 버스 터미널에서 버스에린의 23번 고속버스를 타면 슬라이고까지 갈 수 있다.

홈페이지 www.buseireann.ie

배차 시간 5회 운행(08:00, 11:00, 13:45, 17:30, 20:00)

소요 시간 약 4시간

요금 성인/편도 €10 (왕복은 €20)
온라인 예매 가격이며, 현장 구매 시 10% 더 비싸다.

참고 사항 최신의 시간표와 요금은 구글 검색창에서 'Bus Eireann Route 23' 검색하면 된다.

이동 방법 골웨이 시외버스 터미널에서 64번 버스를 탄다.

배차 시간 7회 운행(06:00, 08:45, 10:30, 12:00, 14:10, 16:00, 18:10)

소요 시간 약 2시간 40분

요금 성인/왕복 €20(온라인 요금 기준)

이동 방법 슬라이고 시외버스 터미널에서 64번, 474번, 480번 탑승 후 드럼클리프 역에서 하차한다.

소요 시간 약 15분

요금 €3~5(성인/편도, 온라인 구매 가격이며, 현장 구매 가격은 다름)

✳ 순례자의 산에 오르다, 크로패트릭 산

세인트 패트릭St. Patrick, 386~493 신부는 아일랜드 사람들의 삶의 전반에 깊숙이 들어와 있다. 그를 기념하는 대규모 축제가 열리는 건 물론이고 그가 복음을 전했던 장소에는 어김없이 그의 동상이 있다. 한때 아일랜드 사람들이 선호하는 이름 중 하나도 '패트릭'이었고 오래된 펍이나 상점의 이름이 '패트릭'이나 '파디Paddy'인 곳도 쉽게 찾을 수 있다.

4세기경 부유한 로마계 영국인으로 태어난 패트릭 신부는 16세에 해적에게 납치되어 아일랜드로 끌려와 노예로 지냈다고 한다. 그의 고백록Confession에 따르면 그는 신의 부름을 받아 해안에서 배를 타고 탈출할 수 있었다. 영국으로 돌아간 그는 사제가 되었고, 432년에 기독교를 전파하기 위해 다시 아일랜드로 향했다. 세인트 패트릭 신부는 30년 이상을 복음화에 헌신했고, 죽은 후 그는 아일랜드에서(특히 가톨릭 교단에서) 가장 존경받는 인물이 되었다.

당시 켈트 다신교*를 믿고 있던 아일랜드인들은 어떻게 기독교를 받아들였을까? 전해 내려오는 이야기에 따르면 삼위일체를 설명하기 위해 잎이 세 개인 토끼풀Shamrock을 사용했는데, 그것이 아일랜드인들에게 잘 통했다고 한다. 그래서일까? 토끼풀은 오늘날 아일랜드의 국화가 되었다.

---

* 고대 켈트족의 종교로 드루이드교(Druidism)라고도 한다. 만물에 정령이 깃들어있다고 여기며, 영국과 아일랜드를 비롯, 다뉴브 강 연안 지역이나 소아시아의 갈라시아 지방 등 켈트인이 사는 지역에 퍼져있었다. 이 지역들이 로마 제국의 속주가 된 후, 켈트 다신교 역시 로마 신화의 영향을 받았다. 기원후 54년 로마 황제 클라우디우스(Claudius, BC 10 ~ AD 54)가 켈트 다신교를 불법으로 규정했지만, 이러한 금지에도 영국과 아일랜드에서는 오랫동안 켈트 다신교가 신봉되었다. 175년경 영국에 기독교가 상륙하면서 켈트 다신교의 영향력은 쇠퇴하기 시작했다.

아일랜드 서북쪽 매요 지역Co. Mayo에는 패트릭 신부의 이름을 딴 산이 있다. 바로 크로패트릭 산Croagh Patrick, Croagh는 아일랜드어로 '산'이라는 뜻으로 일명 순례자의 산이라고도 불린다. 관악산보다 좀 더 높은 765m 정도에 불과하지만 1,000m 넘는 산이 거의 없는 아일랜드에서는 꽤 높은 산에 속한다. 441년에 패트릭 신부가 이 산 정상에서 40일 동안 금식 기도를 했다고 하여, 전 세계의 순례자들이 그를 기념하기 위해 이 산에 찾아온다. 특히 매년 7월 마지막 일요일에는 맨발로 정상에 오르는 행사도 있다.

어느 날 갑자기 시작된 여행

우리의 여행은 여느 때와 같이 어느 날 갑자기 시작되었다. 언제부턴가 남편은 패트릭 산 정상에 올라가고 싶다는 말을 반복했다. 복잡했던 마음을 정리하고 정상에서만 느낄 수 있는 성취감을 맛보고 싶다나. 산을 타는 데 별다른 재미를 느끼지 못했던 나는 다섯 살 아이 핑계를 대며 산 정상에 오르는 것은 힘들 것이라 말했다. 하지만 남편의 마음은 생각보다 확고했다. 결국, 올라갈 수 있을 만큼만 가보자고 약속하고 크로패트릭 산을 향해 길을 떠났다.

　12시가 조금 넘어서 패트릭 산의 비지터 센터Visitor Centre에 도착했다. 산에 오르기 좋은 여름과 가을도 지나고 서머타임3월 27일~10월 30일도 끝난 11월 초 주말이었다. 다행히 비가 오지 않았지만, 오후 4시만 지나도 어두워지는 시기라 서둘러 산을 타기 시작했다. 홈페이지에는 올라가는 데 2시간, 내려가는 데 1시간 30분이면 가능하다고 했지만, 그건 신체 건강한 성인의 경우이다. 다섯 살짜리 아들과 함께 오른다면 과연 얼마나 걸릴지 알 수 없는 노릇이었다.

　비지터 센터에서 출발해 30분쯤 걸었을까? 패트릭 신부의 동상이 보이기 시작했다. 특별할 것 없는 동상이지만 너나 할 것 없이 사진을 찍는 모습에 우리도 인증샷을 남겼다. 여기가 산의 중반이면 좋겠지만 여기서부터가 시작이다. 평소엔 조금만 힘들어도 안아달라고 보채던 아들이 웬일로 혼자서 잘도 걸었다. 마냥 어리다고만 생각했는데 많이 컸구나.

　11월의 아일랜드는 겨울과 다를 바 없다. 겨울에도 영하로 떨어지지 않는 날씨와 적당히 오는 비 덕분에 사계절 내내 잔디를 볼 수 있지만, 겨울로 접어들 즈음의 잔디는 갈색과 노란색이 섞여 그리 예쁘지만은 않다. 좀처럼 큰 나무가 없는 아일랜드의 산. 얼룩덜룩한 잔디와 울퉁불퉁한 돌길만이 이곳에서 만나는 유일한 자연이었다. 사람이 나이를 먹으면 흰머리가 나고 주름이 생기듯이 겨울을 향해가는 산의 모습도 비슷했다. 이따금씩 보이는 양들은 어떻게 여기까지 올라왔는지 신기할 정도로 아슬아슬한 경사 위에서 풀을 뜯고 있었다. 패트릭 산을 오르며 그동안 내가 보지 못했던 아일랜드의 자연을 만나는 느낌마저 들었다.

산 아래에서부터 흐릿했던 날씨는 정상에 다가갈수록 자욱한 안개를 드리우며 점점 더 흐려졌다. 3시간 반 정도 올라갔을 때, 그제야 평평한 곳에 도착했다. 드디어 정상에 도착한 것인가 하는 기대도 잠시, 운무 때문에 앞이 전혀 보이지 않았다. 설상가상으로 갑자기 먹구름이 몰려오더니 세찬 바람을 동반한 비가 내리기 시작했다. 하루에도 몇 번씩 변하는 아일랜드 날씨가 이곳에서도 예외는 아니었다. 고도가 높아서인지 땅에서 보다 날씨 변화가 심하게 느껴졌다.

"아빠, 너무 무서워요. 빨리 내려가요."

갑작스러운 날씨 변화에 두려워진 아들이 울면서 말했다. 한 치 앞도 보이지 않는 운무를 뚫고 가는 것은 불가능해 보였다. 시계는 어느덧 오후 4시를 향해갔다. 곧 해가 지는 때라 남편 역시 더는 등반을 강행하지 않았다. 조금만 더 가면 정상의 교회에 다다를 것 같아 아쉬웠지만 우리는 내려오기로 했다. 나중에 알고 보니 우리가 도착했던 그곳은 겨우 산의 중턱이었다. 계속 산행을 감행했다면 굉장히 위험한 상황을 만났을지 모른다는 생각에 아찔했다.

올라가기는 힘들지만 내려가기는 너무나 쉬웠다. 좀 전까지만 해도 생명을 위협하던 세찬 비바람은 사라진 지 오래. 평지로 내려갈수록 날씨가 밝아져서 산 아래의 풍경이 눈앞에 펼쳐졌다. 비록 정상에는 못 다다랐지만, 산을 오르내리면서 잊고 있던 것들을 조금씩 깨닫게 되었다. 마냥 어리다고만 느꼈던 아들은 어느새 훌쩍 커서 씩씩하게 자신의 길을 가고 있고 이렇게 척박한 환경에 놓인 양들은 어떻게든 버텨내며 살아가고 있었다. 인간이 아무리 잘나고 위대하다고 해도 자연의 작은 변화 속에선 한낱 보잘것없는 존재가 되어버린다는 것도 새삼 깨달았다.

1500년 전 패트릭 신부는 어떤 마음으로 이 척박하고 황폐한 산을 올랐을까? 신앙을 전하기 위해 이 나라에 첫발을 내디딜 때의 마음은 이 산만큼이나 척박하고 힘겨웠을까? 아니면 산을 오르면서 더 단련되었을까? 크로패트릭 산을 오르며 잠시나마 순례자의 마음을 헤아려볼 수 있었던 시간. 흔하게만 들리던 '패트릭'이란 이름이 처음으로 위대하게 느껴지는 순간이었다.

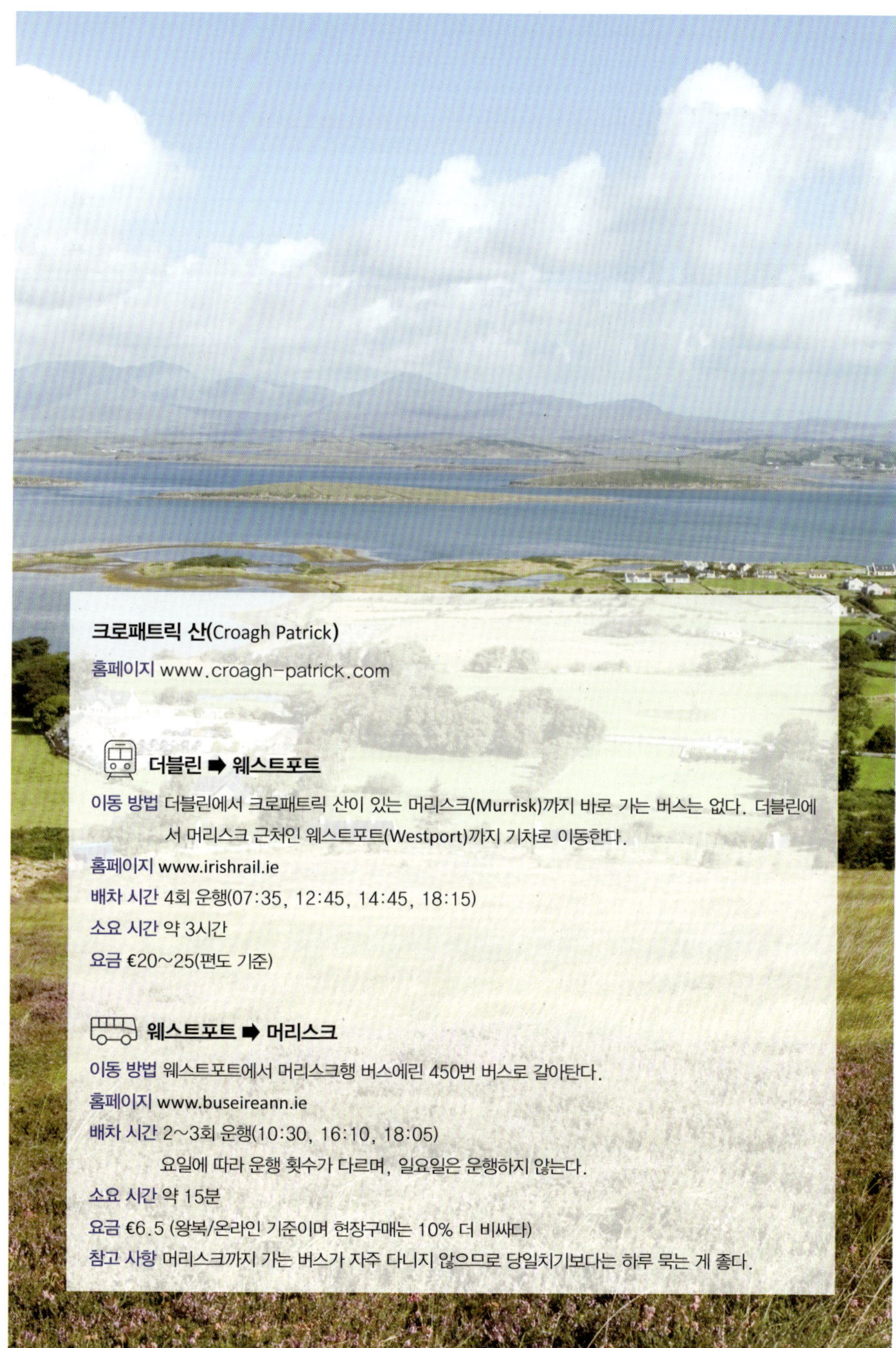

크로패트릭 산(Croagh Patrick)

홈페이지 www.croagh-patrick.com

더블린 ➡ 웨스트포트

이동 방법 더블린에서 크로패트릭 산이 있는 머리스크(Murrisk)까지 바로 가는 버스는 없다. 더블린에서 머리스크 근처인 웨스트포트(Westport)까지 기차로 이동한다.

홈페이지 www.irishrail.ie

배차 시간 4회 운행(07:35, 12:45, 14:45, 18:15)

소요 시간 약 3시간

요금 €20~25(편도 기준)

웨스트포트 ➡ 머리스크

이동 방법 웨스트포트에서 머리스크행 버스에린 450번 버스로 갈아탄다.

홈페이지 www.buseireann.ie

배차 시간 2~3회 운행(10:30, 16:10, 18:05)
요일에 따라 운행 횟수가 다르며, 일요일은 운행하지 않는다.

소요 시간 약 15분

요금 €6.5 (왕복/온라인 기준이며 현장구매는 10% 더 비싸다)

참고 사항 머리스크까지 가는 버스가 자주 다니지 않으므로 당일치기보다는 하루 묵는 게 좋다.

이것만은 꼭 먹어보자!

한국에 '길거리 음식'이 있다면 아일랜드에는 '펍 음식'이 있다. 아일랜드 대부분의 펍에선 술만 파는 게 아니라 음식도 함께 판다. 아이리시 전통음악이 흐르는 펍에서 아이리시 전통 음식을 먹으며 기네스 한 잔을 곁들여보자!

[비프 앤 기네스 파이] 고기와 채소를 넣고 장시간 끓여서 만드는 아이리시 스튜(Irish Stew)는 대표적인 아일랜드 음식이다. 그 중 비프 앤 기네스 파이(Beef & Guinness Pie)는 비프 스튜와 페이스트리를 함께 곁들여 먹는 것으로, 기네스 맥주를 육수로 사용하여 스튜의 풍미를 더한다. 스튜 위에 올리는 빵은 페이스트리처럼 사르르 부서지는 것이나 파이처럼 꾸덕꾸덕한 것을 올리는 등 다양하다. 따뜻하고 짭짤한 쇠고기 스튜와 고소한 빵의 만남, 추운 몸을 녹여주는 음식으로 안성맞춤이다.

[더블린 코들] 김치찌개를 끓이는 방법이 다양하듯이 아일랜드도 집집마다 다양한 재료로 스튜를 끓인다. 일반적인 아이리시 스튜는 양고기나 쇠고기, 돼지고기를 주재료로 하고, 양파, 감자, 당근, 파슬리 등을 넣어 만들지만, 더블린 코들(Dublin Coddle)은 더블린 사람들이 스튜에 고기 대신 소시지를 넣어 먹으면서 생겨났다. 더블린 코들은 다른 스튜보다 후추나 파슬리와 같은 향신료를 듬뿍 넣는 것도 특징이다. 메뉴판에서 더블린 코들을 본다면 소시지가 들어간 스튜임을 기억하시길.

[박스티] 예부터 감자가 주식인 아일랜드이니만큼 감자를 이용한 음식이 많다. 박스티(Boxty)는 으깬 감자로 만든 팬 케이크인데, 우리나라 감자전과 비슷하다. 일반적으로 으깬 감자와 밀가루, 베이킹 소다, 버터, 우유, 소금으로 만든다. 팬 케이크처럼 두껍게 만들어 여러 겹 쌓아서 먹기도 하고 얇게 만들어 케밥이나 오므라이스처럼 다양한 음식을 싸서 먹기도 한다.

[소다 브레드] 이스트 대신 베이킹 소다로 부풀려 만든 빵을 소다 브레드(Soda Bread)라고 한다. 발효하지 않고 만드는 빵이라 통밀과 견과류 등을 넣어 가정에서 직접 만들어 먹기도 한다. 전통적인 소다 브레드는 둥근 모양으로, 빵 한가운데 '축복'을 의미하는 십자 모양을 내는 것이 일반적이다. 갓 구운 소다 브레드를 손님에게 대접하는 것은 집주인의 호의를 뜻한다고 한다.

[피시 앤 칩스] 싸고 간편하게 먹을 수 있는 피시 앤 칩스(Fish & Chips)는 아일랜드의 대표적인 서민 음식이다. 대구(Cod)나 해덕(Haddock), 헤이크(Hake) 같은 흰 살 생선을 튀김옷을 입혀 튀겨내고, 두툼한 감자튀김을 함께 놓는다. 재미있는 건 아이리시들은 감자튀김에 식초를 뿌려 먹는다는 것. 피시 앤 칩스를 주문하면 감자에 소금과 식초를 뿌릴 건지 물어보는 곳이 많다. 무슨 맛이 있을까 싶은데, 짭짤한 소금과 식초가 만나 입맛을 돋워주는 역할을 한다. 마트에서 파는 감자칩에도 'Salt & Vinegar' 종류가 많다.

[아이리시 커피] 커피 안에 위스키를 넣은 것이 아이리시 커피(Irish Coffee)다. 제2차 세계대전이 끝난 후 셰리단(Joe Sheridan)이라는 바텐더가 추위와 피로에 지친 사람들을 달래주기 위해 만들어 유명해졌다. 길쭉한 유리컵 안에 설탕과 블랙커피를 넣은 후 그 위에 위스키 한 잔을 붓고 휘핑크림과 계핏가루를 뿌리면 아이리시 커피가 완성된다. 아이리시 커피에 넣는 휘핑크림은 다른 커피에 넣는 것보다 훨씬 진하고 부드러운 것이 특징이다. 처음 마셨을 때 달콤한 크림으로 입 안이 즐겁다가 이내 독한 위스키의 향이 코를 타고 올라오면서 극과 극의 맛을 경험할 수 있다. 아이리시 펍과 카페에서 만날 수 있다.

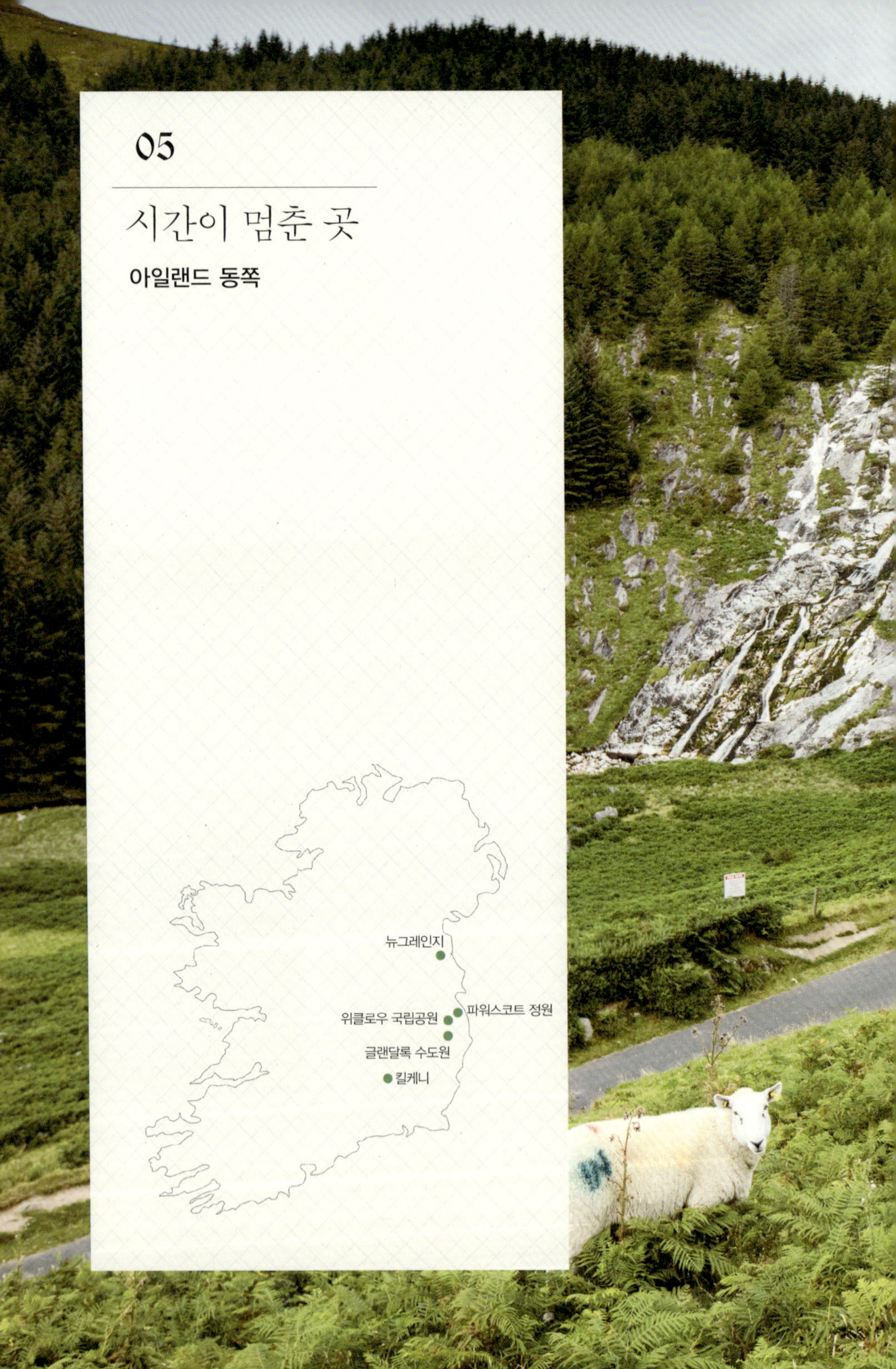

05

시간이 멈춘 곳

아일랜드 동쪽

뉴그레인지
위클로우 국립공원
파워스코트 정원
글랜달록 수도원
킬케니

©Brian Morrison

✳ 세상에서 가장 오래된 무덤, 뉴그레인지 무덤

아일랜드에는 세 개의 유네스코 세계 문화유산이 있다. 하나는 북아일랜드 끝자락에 있는 자이언츠 코즈웨이Giant's Causeway, 다른 하나는 영화 《스타워즈 7 : 깨어난 포스》 의 마지막 장면에 나왔던 아일랜드 남서쪽의 작은 섬 스켈리그마이클Skellig Michael, 마 지막은 더블린에서 북쪽으로 약 50km 떨어져 있는 뉴그레인지Newgrange 무덤이다.

뉴그레인지 무덤이 만들어진 시기는 기원전 3200년 경으로 이집트 피라미드보다 400 년 이상 앞선다. 아일랜드 토착 세력인 켈트족보다 앞서 거주하던 사람들이 무덤을 만 들었을 것이라는 설 외에 무덤에 대해선 알려진 것이 거의 없다. 현재까지 알려진 이야 기도 어디까지가 사실이고 어디까지가 추측인지 알 수 없을 만큼 뉴그레인지에 관한 문 헌은 찾아보기 힘들다.

"뉴그레인지 투어 하실 거죠? 5분 후에 셔틀버스가 출발하니 서두르세요."

1월의 매서운 바람을 뚫고 비지터 센터로 들어가자 안내 데스크에 앉아 있던 직원이 우리에게 다짜고짜 셔틀 버스 탑승을 권했다. 비지터 센터 안 에 있는 박물관을 관람하는 데 3유로, 뉴그레인지 투어까지 포함하면 6유로. 여기까지 와서 무덤을 안 보고 가는 사람이 있을까 싶은데 굳이 관람료를 이렇게 나눠놓은 이유를 모르겠다.

원래는 박물관을 느긋이 둘러보며 뭐라도 알아보고 갈 계획이었으나 해 가 보일 듯 말 듯한 날씨는 당장 셔틀

버스를 타야 할 것 같은 상황으로 우리를 내몰았다. 부랴부랴 입장권을 끊고 비지터 센터를 나섰다. 빠른 걸음으로 2~3분을 걸어서 셔틀버스 타는 곳에 도착하니 이미 모든 관광객이 자동차 박물관에서 튀어나온 듯이 오래된 파란 버스에 타고 버스가 출발하기만을 기다리고 있었다. 버스 기사는 마지막으로 우리를 태우고 능숙한 솜씨로 뉴그레인지로 향했다. 이 아저씨는 마을버스보다 더 짧은 루트를 하루에 몇 번이나 운전하는 걸까? 어떤 이에게 낯설고 새로운 여행길이 누군가에게는 익숙하다 못해 권태롭고 지루한 길일 수도 있으리라.

출발한 지 5분 남짓, 저 멀리로 경주 수학여행에서 본 것 같은 커다란 무덤 하나가 눈에 들어왔다. 버스에서 내려 허름한 휴게소에서 추위에 몸을 웅크린 채 일면식도 없는 여행 동지들과 함께 가이드를 기다렸다. 무덤까지 갈 때도 셔틀버스를 타야 하고 무덤 안으로 들어가는 길도 무조건 가이드를 동반해야 한다. 잠시 후, 가이드 아저씨가 모자 달린 후드 위에 갈색 롱코트를 겹쳐 입고 한 손에는 지팡이를 들고 등장했다. 유행 따윈 전혀 신경 쓰지 않을 것 같은 아저씨의 포스만으로도 벌써 고대古代 체험을 시작한 기분이었다.

가이드 아저씨는 관광객을 인솔하고 무덤에 들어가기 전, 무덤의 역사에 대한 이야기를 한참 동안 늘어놓았다.

'무덤 지름은 85m 이상이고 높이는 13.5m 정도이다. 무덤 둘레에 서른 개 이상의 선돌이 둥글게 배치되어있고 돌에는 나선형과 지그재그, 삼각형 등 다양한 문양이 새겨져 있다. 하지만 이런 문양이 무엇을 의미하는지는 아무도 모른다. 남쪽 면 입구로부터 길이 19m에 걸쳐 육중한 석판들 사이에 좁은 통로가 있고 이 통로는 무덤 한가운데 작은 방으로 이어진다. 동지 무렵에 태양이 땅에 가장 가까운 위치로 내려오면 아침 햇빛이 통로를 따라서 안쪽의 방까지 들어올 수 있다. 그러나 이 역시도 의미하는 바가 알려지지 않았다…'

녹음테이프를 돌리는 것처럼 가이드는 자신이 기억하고 있는 정보를 한 치의 실수도, 누락도 없이 여행자들에게 능숙하게 이야기했다. 세찬 바람과 빗방울도 아랑곳하지 않고 이야기보따리를 다 풀어놓은 후에야 비로소 우리는 입장할 수 있었다.

가이드가 무덤 입구의 자물쇠를 열고 앞장서서 무덤 안으로 들어갔다. 무덤 입구에서 중앙까지 거리는 약 12m. 무덤 복도의 높이는 1m 50cm가 채 되지 않고, 폭이 기껏해야 50cm도 안 되는 곳을 걸어 들어가는 기분이 묘하다. 비좁은 길을 따라 천천히 들어가자 무덤 중앙이 나타났다. 영화의 한 장면이라면 이처럼 좁고 구불구불한 길을 지나면 으레 깜짝 놀랄만한 공간이 펼쳐지겠지만, 실제 내가 도착한 곳은 매우 좁고 단순하고 거친 곳이었다.

세 평 남짓한 둥근 홀에는 한 평도 채 안 돼 보이는 좁은 방 세 개가 연결되어있었다. 높이가 약 6m로 추정되는 천장은 크고 작은 돌들이 피라미드 모양처럼 점점 좁게 쌓여있는데, 공사가 덜 끝난 듯한 거친 표면이 눈에 띄었다. 무덤 안팎에 새겨진 문양들은 오래전 국사책에서 본 빗살무늬토기의 문양 같기도 하고 태양을 상징하는 듯하기도 하지만, 이 역시 정확한 의미는 아무도 모른단다.

현대의 건축물과 뉴그레인지를 비교해보면 실망할 수밖에 없다. 굳이 의미를 부여하자면, 피라미드보다 400년이나 앞선 시대에 이런 무덤을 만들어냈고, 그 무덤이 지금까지 남아있다는 사실이 놀라울 뿐이다. 나에게 오히려 흥미롭던 건, 무덤이 발견된 17세기 이후 이 무덤에 들어왔던 사람들이 새겨놓은 낙서였다. 사람 이름과 그들이 다녀간 연도로 추정되는 낙서들이 무덤 벽 곳곳에 보이는데, 예나 지금이나 사람들은 자신의 흔적을 남기기를 좋아한다는 생각이 들었다.

뉴그레인지에 대해 어떤 정확한 문헌도 남아있지 않고 모든 것이 불분명함에도 불구하고 유네스코 세계 유산이 될 수밖에 없는 특별한 이유가 있다. 바로 '동지' 무렵 태양이 뜰 때 햇빛이 무덤 입구로 정확히 들어와서 긴 복도를 지나 무덤 내부에 있는 세 개의 방까지 들어오기 때문이다. 무거운 돌을 운반해서 무덤을 만들었다는 것보다 태양과 빛의 움직임을 관찰해서 정확히 그 빛을 무덤 안으로 끌어들였다는 것, 그런 기술이 감탄할 만하다.

이렇게 신기한 일출을 보는 경험은 아무에게나 허락되지 않는다. 매년 9월 말까지 뉴그레인지 웹사이트에서 신청자를 받아서, 12월 21일경부터 하루 10명씩, 총 50~60명에게만 행운이 돌아가는 특별한 이벤트라고 한다.

뉴그레인지에서도 알 수 있듯이 사후세계에 대한 인간의 관심은 태초부터 시작되었다. 아주 오래전 지구에 살던 사람들에게 삶은 어떤 의미였을까? 그들이 매일 만나던 낮과 밤은 오늘날 우리가 느끼는 것보다 훨씬 신성하고 진지했을 것이다. 점점 더 편리해지는 세상 속의 우리보다 그들의 삶은 여러모로 불편했겠지만, 어쩌면 주어진 것에 순응하고 자연을 귀하게 여기던 고대인들의 삶이 더 행복했을지 모르겠다.

뉴그레인지 무덤(Newgrange)

홈페이지 www.newgrange.com
주소 Newgrange, Donore, Meath
운영 시간 09:30~17:30(2~4월), 09:00~18:30(5월)
　　　　　　09:00~19:00(6~9월, 단 9월 중순 이후 30분 단축)
　　　　　　09:30~17:30(10월), 09:00~17:00(11~1월)
입장료 성인 €7, 노인 €6, 학생/어린이 €4, 6세 미만은 무료(뉴그레인지 무덤 투어 포함)
　　　　성인 €4, 학생/노인/어린이 €3, 6세 미만은 무료(비지터 센터만 방문)
예상 관람 시간 1~2시간
관람 포인트 비지터 센터 박물관, 무덤 내부에 새겨진 문양들

🚌 더블린 ➡ 뉴그레인지 무덤(투어 버스)

이동 방법 대중교통으로는 가기 힘든 곳이라 차를 렌트하거나 투어 버스를 이용하는 게 좋다. 더블린에서 출발하는 투어 프로그램 중 하나를 소개한다.
홈페이지 newgrangetours.com
출발 시간 오전 9시 30분(월~금), 오전 7시 40분(토~일)
도착 시간 오후 4시 30분(월~금), 오후 3시 15분(토~일)
투어 요금 성인 €40, 어린이 €35(비지터 센터 입장료 포함)
참고 사항 구글 검색창에서 검색어 'Newgrange Tour from Dublin'으로 검색하면 투어 버스를 찾을 수 있다 .

✺ 중세시대 수도원 속으로, 글렌달록 수도원과 두 개의 호수

아일랜드에 기독교가 전파된 것은 중세 시대 초기5세기~10세기이다. 432년 세인트 패트릭St. Patrick 신부 외에도 여러 선교사들이 아일랜드에 들어와서 기독교를 전파한 후, 아일랜드 곳곳에 수도원이 생기기 시작했다. 그 시기에 지은 수도원 중 위클로우 국립공원Wicklow National Park 하류에 있는 글렌달록 수도원Glendalough Monastic Site과 오팔리 지역Co. Offaly에 위치한 클론맥노이즈 수도원Clonmacnoise Monastic Site이 현재까지 남아있다.

'글렌달록'이라는 이름은 '계곡'의 글렌Glen, '둘'을 뜻하는 달Dal, '호수'의 록Lough이 합쳐진 것으로, '두 개의 호수가 있는 계곡'을 의미한다. 여기서 두 개의 호수는 국립공원에 있는 로우어 호수Lough Lower와 어퍼 호수Lough Upper를 가리킨다.

글렌달록 수도원의 역사를 설명해놓은 비지터 센터를 지나 수도원으로 들어가는 아치형 석문 입구에 매우 진지한 표정으로 묵묵히 백파이프Bagpipe를 연주하는 아주머니가 눈에 띈다. 백파이프는 스코틀랜드의 민속 악기라고 생각하기 쉽지만, 아일랜드에서도 오래전부터 백파이프를 연주해왔다. 기원전 500년경에 켈트족이 아일랜드로 이주해 오면서 들어왔다는 설도 있다.

글렌달록 수도원은 6세기에 세인트 케빈St. Kevin, 498~618 신부가 세운 수도원이다. 수도원을 중심으로 마을이 형성되던 중세 시대, 글렌달록은 12세기까지 초기 공동체의 모습을 유지하며 크게 번창했다. 그러다가 14세기 말, 영국군의 침략 이후 공동체가 약해지고 글렌달록의 교회들이 파괴되었다고 한다. 과거 글렌달록 수도원의 모습을 그려놓은 것과 비교해보면 현재 수도원 터에 남아있는 건물은 그리 많지 않다. 30m가 넘는 원형탑Round Tower과 세인트 케빈St. Kevin 교회만이 과거 번성했던 시절을 말해주고 있다.

원형 탑의 원래 용도는 종탑이지만 유사시 중요한 성물을 보관했다고 한다. 총 6층으로 된 탑은 현재, 내부의 층이 모두 사라진 상태다. 꼭대기 층에는 사방으로 창이 있지만, 나머지 층에는 층마다 한 개씩만 창이 있다. 그런데 탑의 입구가 신기하게도 3.6m 높이에 있다. 왜일까? 사다리를 타고 탑 안으로 들어간 후 사다리를 없애서 적들의 침입을 막기 위해서였다고 한다.

현재는 수도원 자리에 무덤과 아일랜드 켈틱 십자
가가 남아있다. 켈틱 십자가는 세인트 패트릭 신부가
처음 기독교를 전파하면서 사용하던 것으로 일반적인
십자가와 달리 십자가 중심에 원이 있다. 태양신을 믿
고 있던 켈트족의 특성을 고려해 만든 아일랜드만의
특별한 십자가인 셈이다. 기존 문화를 인정하면서 기
독교를 전파하려고 했던 그의 노력이 오늘날까지 전해
지고 있는 듯하다.

눈부시게 아름다운 두 개의 호수

글렌달록 수도원은 위클로우 국립공원 근처에 있어서 물길을 따라 걷다 보면 자연스
레 위클로우 국립공원 안으로 들어가게 된다. 국립공원 등산로를 따라 천천히 위로 올
라가면 넓은 잔디밭이 펼쳐지고 저 멀리 사람들이 삼삼오오 모여있는 곳으로 가면 믿을
수 없을 만큼 고요하고 아름다운 어퍼 호수가 보인다. 영화《프로포즈 데이Leap Year》에
서 남녀 주인공이 친구의 결혼식 후 새벽 미명에 호수 앞에 서있던 장면이 있다. 깜깜한

새벽, 호수에 비친 달빛 아래 두 주인공이 서로의 마음을 확인하려다 이내 포기하던 그 장면이 바로 이곳, 어퍼 호수에서 촬영된 것이다.

어퍼 호수는 빙하가 침식되면서 만들어진 호수라서 U자 모양의 골짜기가 뚜렷하게 발달돼있다. 아주 깊은 산 속에서만 볼 법한 호수의 모습이지만 뒤로는 넓은 평원이 있다는 것도 이곳의 특징이다. 하지만 지형학에 대한 지식은 필요하지 않다. 호수 앞에 서면 이내 고요해지는 자신을 발견할 수 있기 때문이다.

잔디밭에서는 가족, 친구, 연인들이 모여 햇살 좋은 오후를 즐기고 호숫가에서는 꼬마들이 속옷만 입은 채 신 나게 물놀이한다. 저마다 계절엔 아랑곳 없이 가장 자연스러운 모습으로 자연이 주는 평온하고 따뜻한 선물을 즐기고 있다.

글렌달록 수도원(Glendalough Monastic Site)

홈페이지 www.glendalough.ie

주소 Derrybawn, Glendalough, Wicklow

운영 시간 09:30~18:00(단, 10월 중순부터 3월 중순까지 1시간 단축)

입장료 성인 €5, 노인 €4, 학생/어린이 €3

관람 포인트 원형 탑, 세인트 케빈 교회, 어퍼 호수

참고 사항 운영 시간과 입장료는 비지터 센터에 해당한다. 수도원 터가 있는 곳은 언제나 무료로 갈 수 있다.

🚌 더블린 ➡ 글렌달록(투어 버스)

이동 방법 더블린에서 글렌달록까지 하루 2번 운행하는 세인트 케빈 버스를 이용한다.

홈페이지 www.glendaloughbus.com

배차 시간 2회 운행(11:30, 18:00. 단, 3월부터 9월까지 토/일/공휴일 오후에는 19:00에 운행)

소요 시간 약 1시간 30분

요금 왕복 €20, 편도 €13

✤ 위클로우 웨이를 걸으며, 위클로우 국립공원

영화 《P.S. 아이 러브 유P.S. I Love You》는 2008년에 국내 개봉된 영화로 죽은 연인에게서 한 통의 편지를 받고 난 후 그들이 사랑을 시작했던 장소에 찾아가는 로맨틱 영화이다. 이 영화에서 가장 중요한 장소는 바로 아일랜드 위클로우 지역Co. Wicklow. 주인공 게리Gerry와 여주인공 홀리Holly는 위클로우 국립공원Wicklow National Park의 길 한가운데서 처음 만난다. 홀리는 국립공원 안에 이미 들어온 줄도 모르고 길을 잃었다며 국립공원이 어디냐고 묻고, 게리는 그런 그녀의 질문에 웃음을 참지 못한다. 그들이 만나는 순간에 펼쳐진 풍경은 위클로우 국립공원의 가장 아름다운 순간을 여과 없이 보여준다. 고요하고도 매서운 바람에 낯선 여행지가 두렵기도 한 그녀지만, 칼바람에도 아랑곳없이 지천으로 피어있는 보라색 꽃에서 눈을 떼지 못한 채 싱글벙글이다. 알록달록한 옷을 입은 뉴욕 아가씨, 홀리는 게리가 그동안 만났던 여성들과는 다른 느낌으로 다가오고, 평범한 장소였던 위클로우가 그녀를 만나면서 특별한 곳이 된다. 아름다운 풍경은 이성보다는 감성을 더 자극한다. 감성과 보호 본능이 함께 만나는 장소에서 젊은 남녀가 어찌 사랑에 빠지지 않을 수 있을까.

'아일랜드의 정원'이라고 불리는 위클로우 국립공원은 더블린에서 남쪽으로 약 1시간 떨어진 곳에 있다. 더블린에서 가까울 뿐 아니라 다양한 권곡圈谷*과 빙하호를 볼 수 있어서 매년 수많은 여행자들이 즐겨 찾는다. 자기 몸체만큼 큰 배낭을 짊어지고 한 손에는 지팡이를 들고 꼬불꼬불한 위클로우 웨이Wicklow Way를 오르는 젊은 등산객들의 모습은 이곳에서 흔하게 볼 수 있는 풍경이다. 위클로우 웨이는 위클로우 산을 넘어 칼로우Calow까지 이어지는 129km의 하이킹 코스. 800km를 걸어야 하는 스페인 산티아고 순례길과는 비교할 수 없이 짧은 거리지만 주변의 풍경만큼은 뒤지지 않는다. 이미 유명해질 대로 유명해진 산티아고 순례길보다 아름다움과 고독이 공존하는 이 길을 걷는 것이 진짜 순례자의 모습이 아닐까 하는 생각도 든다.

---

* 빙하의 침식 작용으로 반달 모양으로 우묵하게 된 지형

외딴 오두막이 주는 배려

위클로우 웨이는 짧게는 몇 시간, 길게는 일주일 이상 걸을 수 있는 루트로 되어있다. 그 시작은 더블린 남쪽의 말레이 공원Marlay Park이다. 하이킹의 시작점부터 곳곳에 길을 안내해주는 옐로우맨 표지판이 있고, 여행자들이 쉴 수 있는 오두막Hut이 마련되어있다. 나무로 된 오두막집은 짙은 녹색으로 주변의 풍경과 자연스럽게 동화된다. 여행자들은 각이 진 헬멧처럼 생긴 오두막 지붕 아래에서 휴식을 취하거나 오두막 근처에 텐트를 치고 밤을 보낸다. 오두막 안에는 비를 피해 들어온 여행자들이 옷을 말릴 수 있도록 빨랫줄을 설치해놓았고, 벽에 걸린 안내문에는 다음 오두막까지 걸리는 거리와 이곳에서 지켜야 하는 규칙이 적혀 있다. 한쪽 작은 나무 상자에 여행자가 후에 오는 여행자들을 위해 식료품이나 메시지를 남겨놓기도 한다.

혼자 이 외로운 길을 걷는 듯하지만, 나보다 앞서 이 길을 걸었던 사람들의 흔적을 만나고, 후에 오게 될 사람들에게도 닿게 된다. 평생 얼굴도 모른 채 살아갈 인연이지만 이 길을 함께 걸었다는 사실에 묘한 동지애가 생기고, 다음 여정을 다짐하게 된다. 쉼터 뒤쪽에는 불을 피울 수 있는 나무 장작과 세숫물을 모으는 빗물 저장고가 있다. 소박해 보이는 외딴 오두막이 주는 배려는 생각보다 크다.

기네스 호수를 만나러 가는 길

위클로우 국립공원에서 빼놓을 수 없는 장소는 테이 호수Lough Tay가 한눈에 보이는 샐리 갭Sally Gap이다. 샐리 갭은 국립공원을 동쪽에서 서쪽으로 가로지르는 R759 도로

를 일컫는다. 도로가 매우 좁고 구불구불하지만 도로 너머 눈부시게 펼쳐진 보랏빛 헤더Heather 꽃이 여행자를 환영해준다. 국립공원 정상 부근, 인적이 드문 도로 옆으로 크고 작은 자동차들이 삼삼오오 모여있다. '저곳에 유명한 곳이 있겠구나.' 생각하며 사람들이 모여있는 언덕을 오르자 눈앞에 테이 호수가 펼쳐진다.

테이 호수는 주변의 토탄 지형 때문에 호숫물이 흑맥주 빛을 띠고 있다. 이 때문에 흔히 기네스 호수Lough Guinness라고도 불린다. 호숫가의 모래사장이 맥주 거품처럼 보여서 영락없이 파인트 잔에 담긴 기네스 맥주 모습이다. 실제로 기네스 사에서 거품 효과를 내기 위해 의도적으로 모래를 부어놓았다는 사실이 재미있다.

호수 앞 정원에 얼핏 보기에도 으리으리한 저택이 있다. 18세기 말에 지어진 러갈라 주택Luggala Lodge으로, 한때 기네스 가문의 별장이었으나 현재는 내셔널 트러스트National Trust, 자연 및 문화유산을 지키려는 단체가 소유하고 있다. 유명한 가수, 배우, 화가, 시인 등 저명인사들이 이 주택을 다녀갔고 세계 각국의 예술가와 음악가들이 교류하는 장소였다고 한다. 2006년에는 마이클 잭슨이 그의 자녀들과 함께 11주간 러갈라 주택에서 휴가를 보내기도 했단다.

옐로우맨을 친구 삼아 걷는 이 길에서 나는 삶을 유연하게 대하는 법을 배웠다. 변덕스러우리만큼 시시각각 변하는 날씨에 짜증 날 때도 있었고 이곳에 온 것을 후회하기도 했다. 하지만 빨리 이곳을 떠나야겠다고 다짐하는 순간 짙은 먹구름이 걷히고 해가 뜨기 시작했다. 무지개라도 뜨면 뜻밖의 멋진 선물을 받은 것 같았다. 웅덩이지고 질퍽한 길에서 운동화가 젖는 불편함을 감수해야 할 때도 있었지만, 혼자 보기 아까울 만큼 장엄한 풍경을 만나기도 했다. 돌밖에 보이지 않을 때도 있지만, 삼나무가 빼곡히 둘러싸인 황홀한 길을 걷기도 했다. 혼자 걷는 길이지만 자연은 이렇듯 다양한 모습으로 나의 여정을 응원하고 있었다. 자연의 변화에 조금씩 익숙해지면서 작은 불편은 아무렇지 않게 넘기게 되었다.

인생도 이와 같지 않을까? 크고 작은 시련이 나를 넘어뜨리고 힘들게 하더라도 다시 일어날 수 있다는 것을 우리는 알고 있다. 절망에도 내성이 생겨서 작은 일들은 유쾌하게 넘길 수 있는 경지에 이르게 되는 것이다. 앞이 보이지 않는 절망 속에서도 희망의 끈을 놓지 말아야 하는 이유는 이 비가 반드시 그칠 것임을 알기 때문이다.

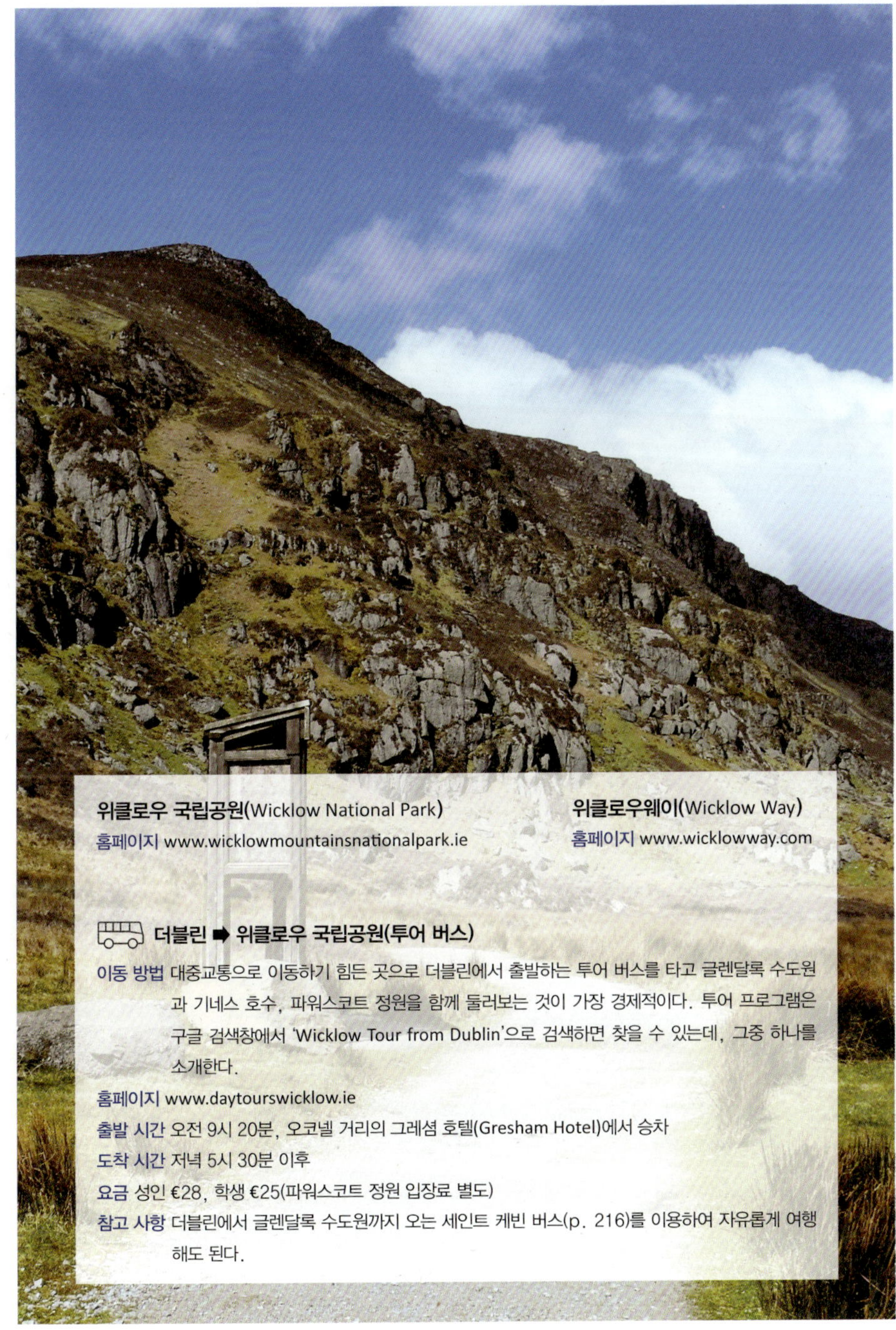

위클로우 국립공원(Wicklow National Park)
홈페이지 www.wicklowmountainsnationalpark.ie

위클로우웨이(Wicklow Way)
홈페이지 www.wicklowway.com

더블린 ➡ 위클로우 국립공원(투어 버스)

이동 방법 대중교통으로 이동하기 힘든 곳으로 더블린에서 출발하는 투어 버스를 타고 글렌달록 수도원과 기네스 호수, 파워스코트 정원을 함께 둘러보는 것이 가장 경제적이다. 투어 프로그램은 구글 검색창에서 'Wicklow Tour from Dublin'으로 검색하면 찾을 수 있는데, 그중 하나를 소개한다.

홈페이지 www.daytourswicklow.ie

출발 시간 오전 9시 20분, 오코넬 거리의 그레셤 호텔(Gresham Hotel)에서 승차

도착 시간 저녁 5시 30분 이후

요금 성인 €28, 학생 €25(파워스코트 정원 입장료 별도)

참고 사항 더블린에서 글렌달록 수도원까지 오는 세인트 케빈 버스(p. 216)를 이용하여 자유롭게 여행해도 된다.

✳ 아일랜드에서 만난 이탈리아 정원, 파워스코트 정원

아일랜드의 가장 큰 매력은 인간의 손이 닿지 않은 자연의 민낯을 볼 수 있다는 것. 좋게 말하면 그렇지만, 반대로 생각하면 오랜 식민지 역사와 척박한 자연환경으로 인해 그들만의 고유문화를 꽃피우지 못한 것 같아 안타깝기도 하다. 그래서인가, 잘 가꿔진 성이나 정원을 만나면 매우 감격스럽다. 킬케니Kilkenny 성이 그러했고 위클로우의 파워스코트Powerscourt 정원도 그러했다. 론리 플래닛에서 뽑은 세계 10대 정원 중 하나이며, 내셔널 지오그래픽에서 선정한 세계 10대 정원 중에서 3위를 기록하기도 한 파워스코트 정원은 총 19헥타르, 약 6만 평에 가까운 규모로 아일랜드에서 가장 크고 아름다운 정원으로 손꼽힌다.

이곳의 정식 명칭은 파워스코트 하우스 앤 가든Powerscourt House & Garden으로 13세기에는 파워Power 가문 소유였는데 1609년 파워스코트 자작 1세인 리차드 윙필드Richard Wingfield, 1550~1636에게 넘어갔다. 1731년 독일 건축가인 리차드 캐슬Richard Cassels, 1690~1751이 지금과 같은 정원의 토대를 만들었고 그 후에도 파워스코트 가문은 이곳을 가꾸는 데 노력을 기울였다. 약 350년간 파워스코트 가문이 소유하던 이곳은 1961년 슬레진저Slazenger 가문으로 주인이 바뀌었다. 1974년 관광객을 맞이할 준비를 마친 파워스코트 하우스는 안타깝게도 화재로 인해 지붕과 방 대부분이 소실되었고, 그로부터 20여 년이 흐른 1996년에 대중에 공개되었다.

파워스코트를 대표하는 정원, 이탈리아 정원

파워스코트 레스토랑과 각종 쇼핑 매장이 있는 건물을 지나면 멀리 위클로우 산과 한눈에도 잘 정돈된 정원의 모습이 보인다. 아일랜드가 아닌 다른 나라에 온 것 같은 착각이 들기도 하는데, 정원 이름이 다름 아닌 '이탈리아 정원'이다. 이 정원의 테라스는 1840년대에 건축가 다니엘 로버트슨Daniel Robertson이 100명이 넘는 사람들과 함께 12년에 걸쳐 만들었다고 한다.

정원은 전형적인 르네상스 스타일을 고수하고 있다. 자연의 경관을 조망할 수 있도록 전망 좋은 구릉지에 정원을 배치한 것과, 건물 주축을 따라서 자리 잡은 테라스 위에 그리스·로마 신화의 인물 조각상을 올려놓은 것은 이탈리아식 정원에서 쉽게 볼 수 있는 구도이다.

중앙 계단 양옆의 잔디밭으로, 보기 좋게 다듬어놓은 토피어리Topiary 나무를 데칼코마니처럼 똑같이 배치하여 균형과 대칭을 강조하고 있다. 작은 분수대부터 크고 작은 호수까지 곳곳에 물이 있고, 호수 중앙에는 조각상을 세워 이탈리아식 정원에 들어가는 모든 요소를 빠짐없이 가지고 있다. 가장 큰 호수인 트리톤 호수Triton Lake 중앙에 세워진 조각상은 로마 바베리니Barberini 광장에 있는 트리토네Tritone 분수를 모델로 만들었다고 한다.

이탈리아 정원은 아일랜드 안에 작은 이탈리아를 옮겨놓은 듯 아일랜드에서 본 그 어떤 정원보다 화려하면서도 단정한 모습이다.

또 하나의 부의 상징, 일본식 정원

파워스코트 정원 한쪽에는 아일랜드에서 쉽게 볼 수 없는 일본식 정원도 조성되어있다. 19세기 말부터 서양에 전해진 일본식 정원은 신진 문화를 알고 있다는 자부심이자 부의 상징이기도 했다. 이탈리아식 정원이 균형과 대칭을 강조한다면 일본식 정원은 자연스러움을 추구한다. 이탈리아식 정원에 있는 큰 호수는 작은 연못이나 개울로 바뀌고,

대칭된 테라스와 계단은 디딤돌 형식의 섬과 작은 다리로 표현된다. 나무의 배치는 자연스러우며 동양식 정원에 빠질 수 없는 정자도 있다.

　동양식 정원을 접해보지 못한 서양인들에게는 이곳이 꽤 신선한 곳인가 보다. 정원을 걸으며 'Beautiful'을 외쳐대는 사람들이나 발걸음이 떨어지기 무섭게 사진을 찍어대는 사람들을 쉽게 볼 수 있다. 사람들은 흔히 보던 풍경과는 다른, 새롭고 이국적인 풍경에 매력을 느끼게 마련이다. 그런데 나에게는 2% 부족한 느낌이었다. 일본식 정원에 필요한 모든 요소를 갖추었는데도 어딘지 모르게 어설프고 낯선 기분이었다. 소인국 테마파크에서 가졌던 어색한 느낌이라고 해야 할까.

소박하지만 더 아름다운 장소들

여행의 묘미는 예기치 않고 만나게 되는 새로움이지 않던가. 파워스코트에서 가장 나의 눈길을 끈 곳은 정원 한쪽에 마련된 반려동물들의 무덤, 애완 동물 묘지Pets Cemetery였다. 파워스코트 가문과 슬레진저 가문이 함께한 반려동물들이 그곳에 잠들어있다고 한다. 묘비에는 반려동물의 이름, 나이와 더불어 간단한 글을 새겨놓았다. 함께했던 시간을 추억한 묘비명에서 말 못하는 동물이라도 가족 이상의 존재였다는 것을, 사람과 같은 위로와 행복을 주었다는 것을 고스란히 느낄 수 있었다.

확실한 콘셉트로 꾸며진 파워스코트 정원은, 정원 주변에서 오랜 시간을 함께해온 수많은 나무들 덕분에 더욱 매력적으로 다가온다. 여러 줄기가 한데 모여 다시 큰 뿌리를 내린 나무도 있고, 남프랑스에서 흔히 볼 수 있는 기다란 사이프러스Cypress 나무도 곳곳에 있다. 아일랜드의 강풍을 어떻게 견뎠을까 싶은 가늘고 기다란 삼나무와 그 외에 이름조차 알 수 없는 수많은 나무들이 몇 세기 동안 바람과 싸우며 살아남았다. 엑스트라 같은 존재일지라도 그들로 인해 정원이 빛나고 있었다. 수차례 주인이 바뀌는 과정에서도 변함없이 잘 관리되어 있음에 감사하다.

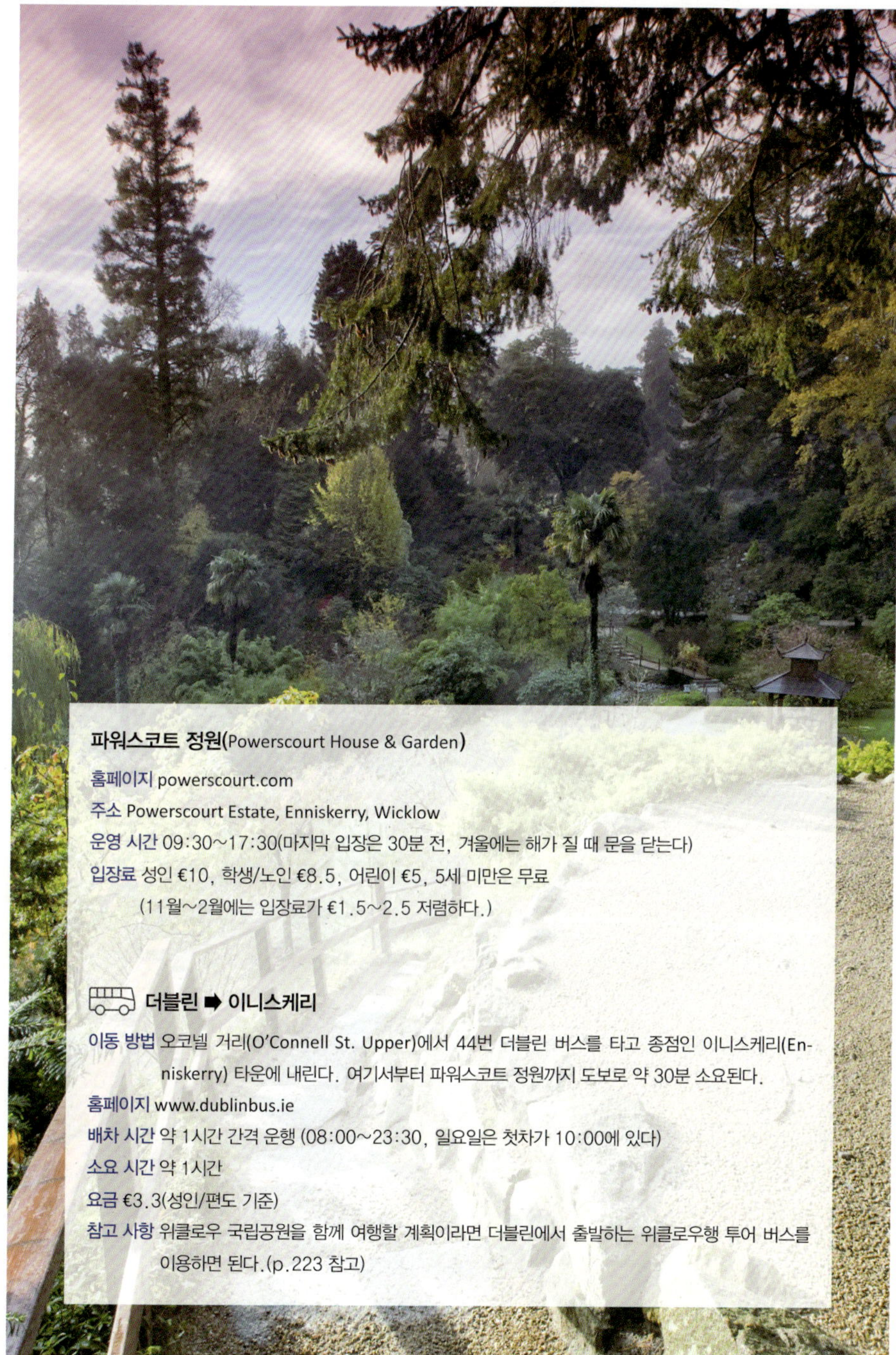

파워스코트 정원(Powerscourt House & Garden)

홈페이지 powerscourt.com

주소 Powerscourt Estate, Enniskerry, Wicklow

운영 시간 09:30~17:30(마지막 입장은 30분 전, 겨울에는 해가 질 때 문을 닫는다)

입장료 성인 €10, 학생/노인 €8.5, 어린이 €5, 5세 미만은 무료
(11월~2월에는 입장료가 €1.5~2.5 저렴하다.)

🚌 더블린 ➡ 이니스케리

이동 방법 오코넬 거리(O'Connell St. Upper)에서 44번 더블린 버스를 타고 종점인 이니스케리(En-niskerry) 타운에 내린다. 여기서부터 파워스코트 정원까지 도보로 약 30분 소요된다.

홈페이지 www.dublinbus.ie

배차 시간 약 1시간 간격 운행 (08:00~23:30, 일요일은 첫차가 10:00에 있다)

소요 시간 약 1시간

요금 €3.3(성인/편도 기준)

참고 사항 위클로우 국립공원을 함께 여행할 계획이라면 더블린에서 출발하는 위클로우행 투어 버스를 이용하면 된다.(p.223 참고)

@Tourism Ireland

✸ 중세도시를 찾아서, 킬케니

여행지에 대한 기대와 실제로 마주한 현실이 서로 들어맞지 않는다는 것은 누구나 다 아는 사실이다. 파리의 상징이자 여행자들의 로망으로 대표되는 에펠탑의 화려한 모습 이면에는 기념품을 팔려고 따라붙는 상인들과 관광객의 지갑을 노리는 소매치기들이 있듯이 말이다. 여행을 하다 보면 기대하지 않던 모습도 받아들여야 하는 현실의 냉정함을 배우게 된다.

더블린에서 남동쪽으로 130km 떨어진 곳에 위치한 킬케니Kilkenny는 아일랜드의 '중세도시' 혹은 '검은 석회석의 도시'란 수식어로 불리고 있다. 매년 4월이면 약 10일간 중세 위크Medieval Week가 열리고, 아일랜드에서 중세 건물이 가장 잘 보존된 곳이라는 이야기를 들었을 때 나는 기대했다.

'별다를 것 없는 푸른 들판을 달리다가 킬케니에 도착하는 순간, 마치 타임머신을 타고 중세 시대로 되돌아간 것처럼 분위기가 확연히 달라지겠지. 검은 석회석으로 지어진 건물들이 도시를 가득 메우고 스코틀랜드의 에딘버러Edinburgh처럼 묵직한 분위기로 여행자를 압도하겠지.'

너무 큰 기대를 했던 탓일까? 그도 아니면 아일랜드에 너무 오래 살아서일까? 킬케니에는 우리 동네에서 흔히 보던 건물, 어느 도시를 가나 쉽게 볼 수 있는 건물들이 중심가에 모여있었다. 솔직히 첫인상은 실망 그 자체. 도시의 수식어에 걸맞은 이미지를 기대했건만, 기대치가 너무 높았던 건지 눈으로 휙 훑어봐서는 특별할 것이 없어 보였다.

걸으면 비로소 보이는 도시의 매력

그럼에도 불구하고 다른 도시에서 느낄 수 없는 몇 가지 특징이 있었다. 생각보다 외국 관광객들이 많았고, 그래서인지 도시 곳곳에서 이정표나 관광 정보를 잘 찾을 수 있어서 여행하기 좋았다. 또, 걷다 보면 오래된 건물이 여기저기서 툭툭 튀어나왔다. 아마도 그 건물들이 킬케니에게 '중세도시'란 수식어를 갖게 해준 일등 공신들이리라. '자세히 보아야 예쁘다. 오래 보아야 사랑스럽다.'는 나태주 시인의 말처럼 도시를 천천히 걸으며 보다 보니 아름다움이 하나둘씩 눈에 들어왔다. 다른 곳과는 다른 킬케니만의 매력이 분명히 있었다.

도시의 전경을 한눈에 볼 수 있는 세인트 카니스 성당

킬케니 도보 여행의 시작점은 세인트 카니스 성당St. Canice's Cathedral이다. 이곳은 고딕 양식으로 설립된 성당으로 아일랜드에서 세인트 패트릭 대성당St. Patrick Cathedral 다음으로 성당 입구에서 설교대까지의 거리가 길다. 6세기에 세운 목조 교회의 터에 13세기 무렵, 현재의 석조 건물을 다시 세웠는데, 17세기 올리버 크롬웰Oliver Cromwell, 1599~1658 군대의 침략을 받았는데도 지금껏 많은 유물을 보존하고 있다. 화려한 스테인드글라스 창문과 초기 기독교 신부였던 세인트 키란St. Kieran, 516~546의 의자, 과거의 문자, 벽에 새겨진 고유한 조각상과 나무로 된 천장에서 오랜 세월의 흔적이 느껴진다.

성당에서 주목할 곳은 바로 성당 옆의 원형 탑이다. 과거에 파수대와 피난처로 쓰이던 이 탑은 킬케니에서 가장 오래된 원형 탑이자 아일랜드에서 꼭대기로 올라갈 수 있는 단 두 개의 탑 중 하나이다. 높이 30m가 넘는 원형 탑 안에는 나무 사다리가 놓여있다. 경사가 60도 이상 되는 가파른 사다리를 타고 올라가 꼭대기에 도착하면 킬케니 전경이 한눈에 펼쳐진다.

©Leo Byrne

©Fáilte Ireland

중세와 만나는 장소, 로스 하우스

카니스 성당에서 나와 노어Nore 강 쪽으로 내려가면 킬케니의 대표적인 맥주 회사, 스미스윅스Smithwick's의 맥주 전시장이 있고, 그 맞은편으로 페인트칠한 평범한 건물 사이에 짙은 석회석 건물이 샌드위치처럼 끼어있다. 얼핏 보아도 오래되어 보이는 이곳은 17세기 당시 부유한 상인이던 존 로스John Rothe가 1594년부터 1610년까지 지은 타운하우스로, 로스

하우스Rothe House라 불린다. 킬케니 무역을 통제하고 시민 정부를 지배할 정도로 대부호 가문이었던 만큼 타운하우스의 규모가 제법 크다. 세 개의 건물이 중정中庭을 사이에 두고 연결되어있는데, 요즘 식으로 말하자면 중앙로에 큰 상가 건물을 세 채나 가지고 있는 셈이다.

1594년에 세운 첫 번째 건물은 아래층에서 로스가 사업을 하고 위층에서 가족과 함께 살던 공간이었고, 1604년에 지은 두 번째 건물은 가족과 친구, 동료들을 불러 파티를 즐기기도 하는 등 로스 가문의 생활 공간으로 쓰였다. 1610년에 완공한 세 번째 건물에는 여름철에만 머무는 별장을 마련해두었고, 건물 뒤로 과수원, 허브 농장, 텃밭, 비둘기 집 등도 만들었다고 한다. 현재는 로스 가문의 생활상과 킬케니의 역사를 볼 수 있는 작은 박물관 역할을 하고 있다.

문을 열고 안으로 들어가면 작은 기념품 가게를 겸한 안내 데스크가 보인다. 박물관의 생명은 모름지기 메인 홀인데, 들어가야 하나 말아야 하나 고민될 만큼 소박하다. 하지만 고민은 여기까지. 약간 모험을 하는 기분으로 입장하면 생각했던 것보다 볼거리가 많다. 안내 데스크를 지나 집 안으로 들어서면 비로소 중세도시를 찾은 것 같다.

첫 번째 집의 침실인 라니간 룸The Lanigan Room이 인상적이다. 아일랜드산 참나무로 만들어진 이 방은 천장의 구조가 매우 독특하다. 세인트 카니스 성당의 천장에서 사용한 방식대로 아치형의 천장을 만들었는데, 침실을 더 넓어 보이게 한다.

작은 돌멩이가 다닥다닥 박혀있는 중정을 지나 2층으로 올라가면 두 번째 집의 리셉션 홀인 펠란 룸Phelan Room이 나타난다. 삐걱거리는 나무 바닥과 회반죽을 칠한 흰색

벽, 낡은 천장과 나무 도리*가 과거의 모습 그대로 보존되어있어 세월의 흔적을 느낄 수 있다. 당시 부의 상징과도 같던 미술 작품들이 벽에 걸려있고 벽난로 위로는 길이 3m가 넘는 사슴 헌팅 트로피도 있다. 당시 유행하던 튜더Tudor** 양식의 식탁, 의자, 장식장이 중세 분위기를 더한다.

리셉션 홀을 지나 좁은 계단을 올라가면 과거에 입던 드레스와 드레스에 사용된 레이스, 킬케니 석회석 운반 과정을 설명해놓은 전시실이 나타난다. 복도에는 로스 가문에서 사용하던 칼이나 물품들도 전시되어있다.

세 번째 집의 주방 전시실에는 아일랜드에 살던 토착세력이 청동기, 철기 시대에 어디서 어떻게 살았고, 어떤 무기를 사용했는지, 현대로 넘어오기까지 어떤 유물과 역사를 남겼는지를 설명해놓았다. 핵심적인 내용을 실제 유물과 함께 적절히 전시해놓아서 지루하지 않게 읽어볼 수 있다. 이 밖에도 타운하우스 곳곳에서 과거에 사용하던 물품들을 볼 수 있다.

---

* 서까래를 받치기 위하여 기둥 위에 건너지르는 나무
** 영국 튜더 왕조(Tudor Dynasty, 1485~1603) 시대에 유행한 고딕 건축 양식으로 전통적 고딕 양식에 이탈리아 르네상스 건축의 장식성을 가미하여 중후하면서도 화려하다.

이 집의 마지막 하이라이트는 옥상 정원. 과거에 로스 가문이 각종 채소와 꽃을 심어 커다란 정원으로 가꾸던 이곳을 메리 매컬리스Mary McAleese, 아일랜드 제8대 대통령, 1997년 부터 2011년까지 재임 대통령의 지시로 복원하여 2008년에 다시 문을 열었다. 복원된 정원 에는 핫도그가 생각나는 동그란 나무들이 줄지어있고 그 옆으로 작은 텃밭에 채소와 꽃 들이 자라고 있다. 내가 방문했던 때는 이른 봄이라 꽃이 만개한 모습은 보지 못했지만, 화단 앞에 세워진 푯말로 땅 아래 어떤 식물이 숨어있는지 알 수 있다.

중세의 킬케니 모습을 찾아 헤매는 당신이라면 꼭 로스 하우스를 방문해보길 바란다. 잠깐이나마 타임머신을 타고 중세 여행을 할 수 있을 것이다.

버터 슬립

　로스 하우스를 나와 킬케니 성이 있는 쪽으로 내려오면 딱딱하고 어두운 석회석 기둥 위에 삐죽하게 올라온 시계탑 건물을 발견하게 된다. 1761년에 세워진 후 정부 건물로 사용되고 있는 타운 홀인데 킬케니만의 거친 석회석 질감을 느껴볼 수 있다.

　타운 홀 바로 옆에 킬케니 시민들이 오가는 작은 아치형의 터널이 있다. 이곳은 여행안내 지도에 중세 분위기를 느껴볼 수 있는 곳으로 자주 등장하는 버터 슬립Butter Slip이다. 서늘한 터널 안에서 상인들이 버터를 팔았던 데서 버터 슬립이라 불리게 되었다고 한다. 현재는 터

널 양쪽으로 현대식 상점들이 들어서 있고, 하이High 거리와 키란스Kieran's 거리를 이으며 킬케니 시민들의 일상을 연결해준다. 중세 배경의 영화에 나오는 오래되고 묵직한 터널과는 비교할 수 없지만 반질반질해진 터널의 바닥과 돌 틈 사이로 자라난 이끼들이 지난 세월을 말해주고 있다.

킬케니 디자인 센터 & 국립 공예 박물관

킬케니는 국제 공예 비엔날레가 열리는 우리나라 청주시처럼 아일랜드 공예 디자인의 중심 도시이다. 아일랜드 전역에 있는 킬케니 숍의 본고장으로, 과거 킬케니 성Kilkenny Castle의 마구간으로 쓰이던 건물을 개조한 곳에서 킬케니 디자인 센터Kilkenny Design Centre를 만나볼 수 있다.

1965년에 처음으로 킬케니 디자인 워크숍KDW, Kilkenny Design Workshop이 열린 후 킬케니가 공예 디자인의 중심지로 떠오르기 시작하면서, 2000년에는 아일랜드 국립 공예 박물관National Craft Gallery도 킬케니 디자인 센터와 같은 건물에 자리 잡았다. 킬케니 근교에 스튜디오를 가진 예술가들도 많고 스튜디오를 돌아보는 투어 프로그램도 있다.

매년 6월이면 디자인 워크숍이 열리고 있는데, 2015년에는 킬케니 디자인 워크숍 50주년을 기념해서 한 해 동안 국내외 2,000명 이상의 디자이너들이 600개 이상의 프로젝트를 진행하며 아일랜드 디자인을 알리는 행사를 개최하기도 했다.

천천히, 오래 보아야 더 사랑스러운 킬케니. 타박타박 도시를 걸으며 숨겨진 보석을 하나씩 발견해보자. 킬케니를 떠날 즈음엔 과거와 현재가 자연스럽게 공존하는 도시의 매력에 빠지게 될 것이다.

세인트 카니스 대성당(St. Canice's Cathedral)

홈페이지 www.stcanicescathedral.ie

주소 The Close, Coach Rd, Kilkenny

운영 시간 10:00~16:00(10~3월, 일요일은 14:00 시작)

10:00~17:00(4~5월, 9월, 일요일은 14:00 시작)

09:00~18:00(6~8월, 일요일은 13:00 시작)

13:00~14:00까지는 Break time이다.

입장료 성당 €4, 원형 탑 €3, 콤보(성당 & 원형 탑) €6

성인 기준 요금이며, 12세 이하는 원형 탑에 입장할 수 없다.

로스 하우스(Rothe House)

홈페이지 rothehouse.com

주소 Parliament St, Gardens, Kilkenny

운영 시간 10:30~17:00(월~토), 12:00~17:00(일)

입장료 성인 €7, 학생/노인 €4.4, 정원만 입장할 경우는 €4

킬케니 디자인 센터(Kilkenny Design Centre)

홈페이지 www.kilkennydesign.com

주소 Castle Yard, Collegepark, Kilkenny

운영 시간 10:00~19:00

입장료 무료

국립 공예 박물관(National Craft Gallery)

홈페이지 www.nationalcraftgallery.ie

주소 Castle Yard, Collegepark, Kilkenny

운영 시간 10:00~17:30(화~토), 11:00~17:30(일, 공휴일), 월요일 휴관

입장료 무료

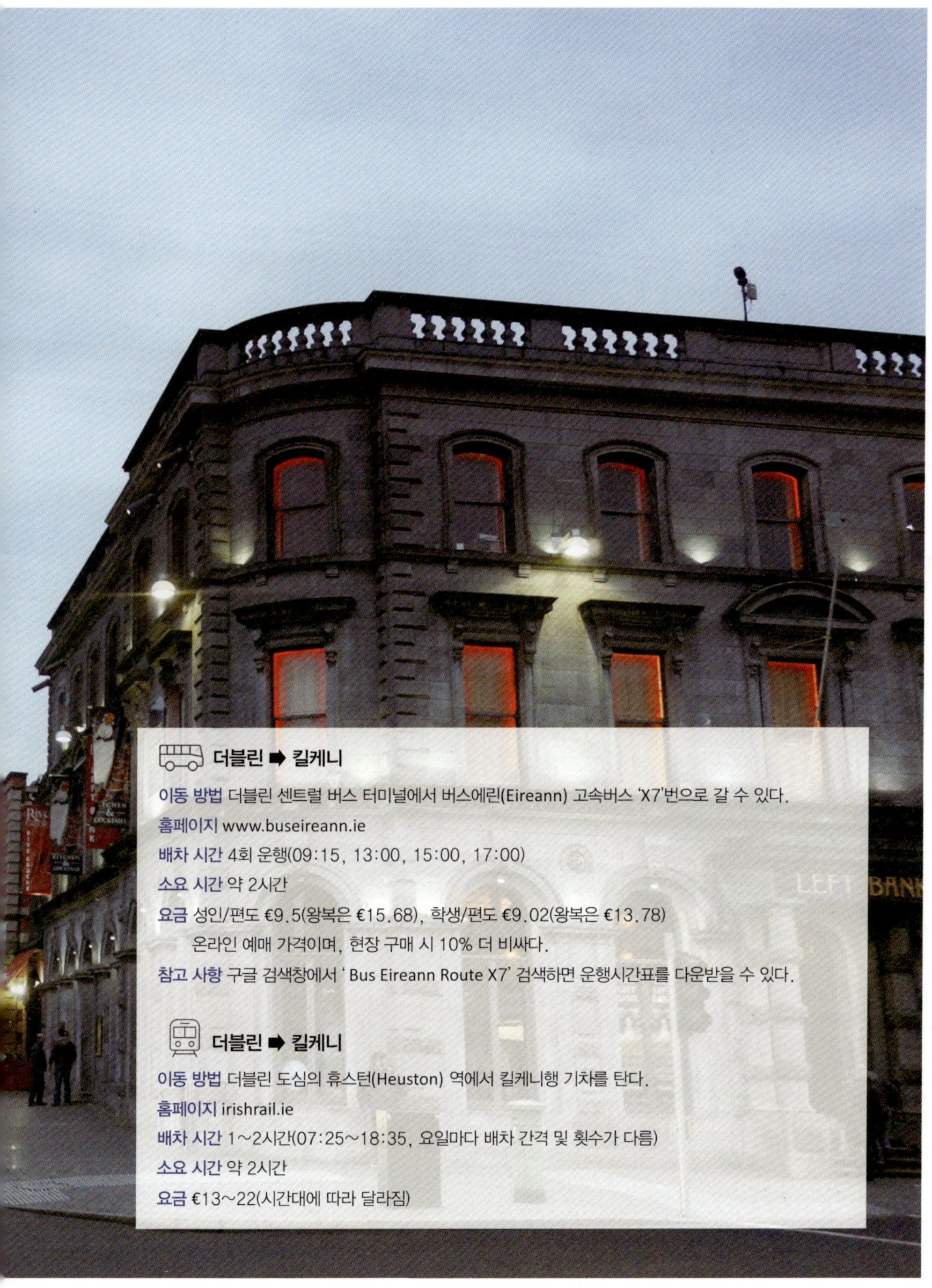

🚌 더블린 ➡ 킬케니

이동 방법 더블린 센트럴 버스 터미널에서 버스에린(Eireann) 고속버스 'X7'번으로 갈 수 있다.
홈페이지 www.buseireann.ie
배차 시간 4회 운행(09:15, 13:00, 15:00, 17:00)
소요 시간 약 2시간
요금 성인/편도 €9.5(왕복은 €15.68), 학생/편도 €9.02(왕복은 €13.78)
　　　온라인 예매 가격이며, 현장 구매 시 10% 더 비싸다.
참고 사항 구글 검색창에서 ' Bus Eireann Route X7' 검색하면 운행시간표를 다운받을 수 있다.

🚆 더블린 ➡ 킬케니

이동 방법 더블린 도심의 휴스턴(Heuston) 역에서 킬케니행 기차를 탄다.
홈페이지 irishrail.ie
배차 시간 1~2시간(07:25~18:35, 요일마다 배차 간격 및 횟수가 다름)
소요 시간 약 2시간
요금 €13~22(시간대에 따라 달라짐)

❋ 킬케니에 가야 할 또 한 가지 이유, 킬케니 성

누군가 킬케니에 꼭 한 번은 와볼 만한 가치가 있는지 묻는다면, 나는 주저 없이 그렇다고 대답할 것이다. 그 이유는 바로 킬케니 성Kilkenny Castle에 있다. 도시 중앙을 가로지르는 노어Nore 강 근처에 위치한 킬케니 성은 잘 관리된 성의 전형을 보여준다. 1173년 펨브로크Pembroke 백작 2세인 리처드 드 클레어Richard de Clare, 1130~1176가 나무로 건축했다가, 1195년에 그의 사위인 윌리엄 마셜William Marshal, 1146~1219이 돌로 다시 세우기 시작하여 1213년에 현재의 성으로 완성하였다. 성은 'ㄷ'자 모양보다 각도가 넓은 초승달 모양이며, 초기에 만들어진 네 개의 타워 중에서 세 개만 현재 남아있다.

1391년 이후 킬케니 성은 당시 막대한 부와 권력을 가졌던 버틀러Butler 가문의 손으로 넘어가고, 약 600년간 그들의 주요 거주지가 되었다. 성의 경내로 들어가면 감탄사가 절로 나올 만큼 잘 정리된 잔디밭이 등장하여 성 내부에 대한 기대감을 높여준다.

상류층 가문의 삶을 들여다볼 수 있는 시간

입장권을 끊고 어두운 조명이 깔린 낮은 터널을 지나면 성의 접견실Reception Hall이 나온다. 아름다운 꽃으로 장식된 팔각형 모양의 대리석 책상, 초상화가 걸린 벽과 고급스러운 카펫이 깔린 바닥까지, 접견실은 고급 호텔의 로비와 견주어도 뒤지지 않는다. 당시 대리석 책상은 일가족이 사망했을 때 망자의 얼굴을 마지막으로 보는 장소로 사용되기도 했단다.

접견실을 지나 붉은 카펫이 깔린 계단을 올라가면 다이닝 룸이 있다. 한 번에 스무 명은 족히 앉을 수 있는 긴 식탁 위에 모형 과일이 담긴 큰 접시가 곳곳에 놓여있고 자리마다 식기가 세팅되어있다. 다이닝 룸 한쪽 창문 너머로 분수대가 있는 정원이 펼쳐진다.

다이닝 룸과 연결된 도서관에는 호화로운 소품이 유난히 많다. 벽면 책꽂이에 꽂혀있는 오래된 서적과 빅토리안 시대Victorian Age, 1837~1901에 유행하던 가구, 소파, 책상 등 볼거리가 가득하다. 베르사유 스타일에서 영향을 받은 카펫은 도서관의 분위기를 한층 화려하게 만들어준다.

도서관을 지나면 타피스트리Tapestry, 실로 짜서 만드는 회화 방이 나타난다. 성의 북쪽 타워에 있는 곳으로 벽면 하나를 가득 메우는 대형 타피스트리 작품이 두 개 걸려있다. 성안에 있는 다섯 개의 타피스트리 중에서 이 두 개를 제외한 나머지는 롱 갤러리Long Gallery에서 볼 수 있다. 고대의 세 장군인 퍼블리우스Publis, 데시우스Decius, 뮤스Mus가 전쟁에서 승리하기 위해 목숨을 바치는 이야기가 다섯 개의 타피스트리에 나뉘어 담겨있다.

8세기가 흐르는 동안 성의 모습도 변해오면서 다양한 건축 양식이 섞여있지만, 빅토리안 양식이 가장 많다. 빅토리안 시대에 중국 스타일이 유행해서인지 방 안에 사용된 벽지나 가구들에서 동양적인 느낌도 난다.

도서관

왕의 엉덩이는 크다?

타피스트리 방을 지나면 버틀러 가족의 침실이 있다. 블루 베드룸Blue Bedroom이라 불리는 이곳은 과거 에드워드 7세Edward VII, 1841~1910가 왔을 때 사용한 방이란다. 19 세기~20세기 초 귀족들의 집에는 침실 옆에 작은 화장실이 있었다는데 여기에서 그것을 볼 수 있다. 변기가 성인이 사용하기에 과할 정도로 커서 매우 인상적인데, 에드워드 7세 방문을 환영하는 상징적인 의미로 크게 만들어졌다고 한다.

이 방에서 가장 주목할 것은 침대에 앉았을 때 보이는 전망이다. 침대 정면에 있는 두 개의 커다란 창문 중 하나로는 성의 분수대를, 다른 하나로는 노어 강과 도시의 모습을 감상할 수 있기 때문이다. 아침에 일어날 때마다 창문 너머로 보이는 풍경이 얼마나 멋 있었을까.

베드룸을 지나 아래로 내려가는 계단은 당시 유행하던 무어 건축양식Moorish Architecture으로 되어있다. 이슬람 양식을 변형한 무어 양식은 많은 모티브와 반복적인 패턴으로 이루어진 것이 특징이다. 끝까지 내려가면 킬케니 성의 하이라이트인 롱 갤러리 Long Gallery를 만나게 된다. 광장처럼 커다란 홀 안에 다양한 작품이 벽면에 빼곡히 걸려있다. 한국의 단청 문양처럼 천장의 나무 도리에 물감으로 각종 문양을 그려놓은 것이 매우 인상적이다. 이 문양들은 아일랜드 전통 문양으로 중세 기독교 예술에서 가장 아름답다고 손꼽히는《켈즈 복음서The Book of Kells》(p. 111 참조) 그림의 영향을 받았다고 한다. 타피스트리 방의 작품들과 이어지는 나머지 세 개의 타피스트리도 이곳에 걸려있다. 높은 천장과 넓은 벽면을 가득 메운 작품들은 들어서는 순간부터 나오는 순간까지 감탄을 자아내게 한다.

영락을 거쳐 현재의 공간으로

버틀러 가문은 20세기 중반 이후 재정이 악화되어 성을 관리할 수 없는 상태에 이르렀다. 그 당시 권력과 부를 가졌던 기득권층 대다수는 자신들을 영국인으로 여겼다고 한다. 버틀러 가문도 예외는 아니었다. 아일랜드 독립과 민주화의 바람이 불던 사회 분위기와 가문의 재정 악화가 겹치자 그들은 가지고 있던 그림을 모두 팔고 성을 잠근 채 영국으로 건너가 버렸다. 성은 그렇게 30년 이상 방치되었다. 그 후 1967년 아일랜드 성 복원 위원회Castle Restoration Committee가 단돈 50유로에 성을 사들여서 대대적으로 수리했다. 그 과정에서 도서관, 침실, 거실 등이 있는 중앙 건물과 롱 갤러리가 복원되었으니 대부분의 공간이 그때 재탄생되었다고 할 수 있다.

유럽의 성을 좋아하는 사람이라면 중세부터 현재까지의 많은 이야기가 담겨있는 킬케니 성으로 가보자. 꼭 한 번은 방문해볼 만한 가치가 있다.

킬케니 성(Kilkenny Castle)

홈페이지 www.kilkennycastle.ie
주소 The Parade, Collegepark, Kilkenny
운영 시간 09:30~16:30(10~2월), 09:30~17:00(3월)
　　　　　　09:30~17:30(4~5월, 9월), 09:00~17:30(6~8월)
입장료 성인 €8, 노인 €6, 학생/어린이 €4, 6세 미만 무료
예상 관람 시간 약 1~2시간
관람 포인트 블루베드룸 옆의 화장실, 무어 건축 양식 계단, 롱 갤러리, 킬케니 성 정원

아일랜드를 배경으로 한 영화

[원스(2007)]

촬영지 더블린 그래프턴 거리, 세인트 스페판스 그린 공원, 조지 스트리트 아케이드, 템플바, 더블린 근교 달키

거리에서 노래를 부르는 '그'와 그의 노래를 들으며 노래 속의 아픔을 알아보는 '그녀'의 만남. 두 사람은 음악을 통해 서로의 아픈 상처를 치유하고 용기를 내어 앨범 작업을 시작한다. 영화 곳곳에 등장하는 OST가 한 편의 뮤지컬을 보는 것처럼 전 세계 관객의 마음을 울렸다. 2016년 개봉한 《싱 스트리트》의 감독, 존 카니의 첫 번째 저예산 영화이다.

[P.S. I love you(2008)]

촬영지 위클로우 국립공원, 샐리갭 도로

사랑하는 남자 제리가 갑작스럽게 죽고 나서 삶의 의욕을 잃고 살고 있는 홀리. 그녀의 30번째 생일에 죽은 제리로부터 선물이 도착한다. 매일 한 통씩 오는 그의 편지를 따라 그들이 처음 만났던 아일랜드를 여행하며 삶의 희망을 다시 찾는 로맨스 영화.

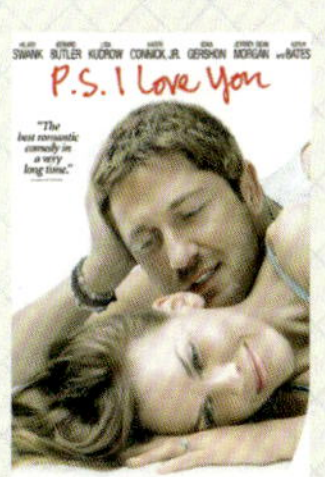

[프로포즈 데이(2010)]

촬영지 딩글 해안, 모허 절벽, 더블린 곳곳(하페니 다리), 위클로우 국립공원

4년째 연애 중인 애나. 남자친구의 달콤한 프로포즈를 기대하지만, 눈치 없는 남자친구는 반지 대신 귀걸이를 선물로 남긴 채 아일랜드로 출장을 떠난다. 2월 29일에 여자가 남자에게 청혼하면 무조건 승낙해야 한다는 아일랜드 풍습을 알게 된 애나는 무작정 아일랜드로 떠난다. 악천후로 어려움을 겪다가 우연히 만난 데클린과 티격태격하다가 둘은 어느새 미묘한 감정을 가지게 된다. 아일랜드 서부와 남부의 자연 풍경이 아름답게 펼쳐지는 영화이다.

---

* 연도는 국내 개봉연도임

대자연의 파노라마 속으로

아일랜드 남쪽

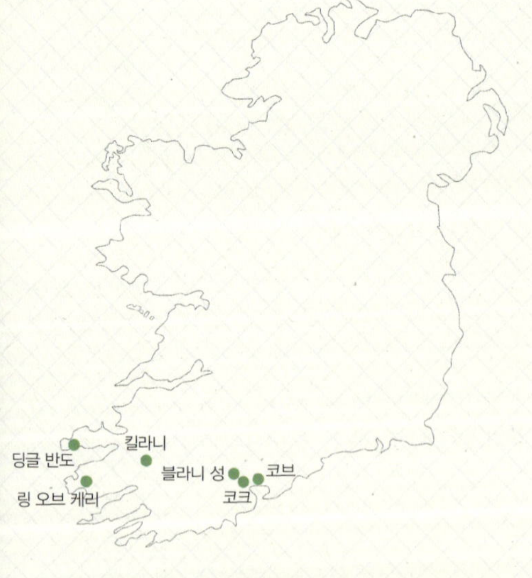

©Tourism Ireland

　도시의 아름다움 때문에, 여행지에서 우연히 만난 인연 때문에, 세상에서 가장 맛있는 음식을 먹게 된 기억 때문에, 그도 아니면 아무 이유 없이 어떤 장소가 좋아질 때가 있다. 그래서 우리는 다시 여행을 떠나고 여행지에서 뜻밖의 경험을 하게 된다. 나에게 아일랜드에서 그러한 도시가 있냐고 물어본다면 주저하지 않고 코크Cork를 말할 것이다. 도착한 날부터 떠나는 그 순간까지 왠지 모르지만 나는 코크가 좋았다.

　아일랜드 말로 '습지'를 뜻하는 'Coraigh'에서 유래한 코크는 아일랜드 남서부의 리Lee 강 하구에 발달한 아일랜드 제2의 도시로, 아일랜드 남부의 정치 · 경제의 중심이다. 우리나라로 치면 부산인 셈인데 부산만큼 크지는 않고, 도심을 벗어나면 아일랜드의 다른 곳과 분위기가 비슷하다. 그렇다고 별 볼 일 없다고 섣불리 판단하지 말자.

아일랜드에서 두 번째로 큰 도시답게 코크 중심가에는 인정 많은 술집과 레스토랑이 즐비하다. 또 세인트 패트릭 거리St. Patrick's St.를 중심으로 넓은 보행자 전용 도로가 있어 천천히 거닐기 좋다. 18세기부터 문을 연 아케이드형 재래시장인 잉글리시 마켓 English Market, 고딕 양식의 세인트 핀 바 성당St. Fin Barre's Cathedral, 세인트 앤 성당 St. Anne's Church, 블라니 성Blarney Castle, 버터 박물관Butter Museum 등 가볼 만한 관광지도 많고, 지역 흑맥주인 머피Murphy와 비미시Beamish도 여행자를 기다리고 있다.

무엇보다도 신기한 풍경은 도시 곳곳에 아일랜드에서는 좀처럼 보기 힘든 야자수가 자라고 있다는 것이다. '여기가 아일랜드 맞아?'라는 생각을 할 때면, 어느새 검은 구름이 재빨리 몰려와 해를 가리며 역시 아일랜드임을 다시금 깨닫게 하지만, 그래도 코크는 여느 도시들과는 다르다. 그 어떤 수식어로도 정확히 설명하기 어려운 코크만의 따스함과 여유로움이 있다.

재래시장이 주는 매력, 잉글리시 마켓

시골 출신인 나는 어렸을 적 엄마를 따라 재래시장에 가는 것을 좋아했다. 특별히 살 물건이 있는 것도 아니었다. 시장 구석구석을 다니며 물건을 구경하거나 항상 같은 자리에서 장사하는 상인들의 대화를 들으며 새로운 세상을 경험했다. 남에게 싫은 소리를 못하는 엄마가 재래시장에서만큼은 약간의 흥정을 시도하는 것도 나에겐 신기한 풍경이었다. 마지막 코스는 언제나 떡볶이 골목이었다. 유난히 시장표 떡볶이를 좋아하던 나

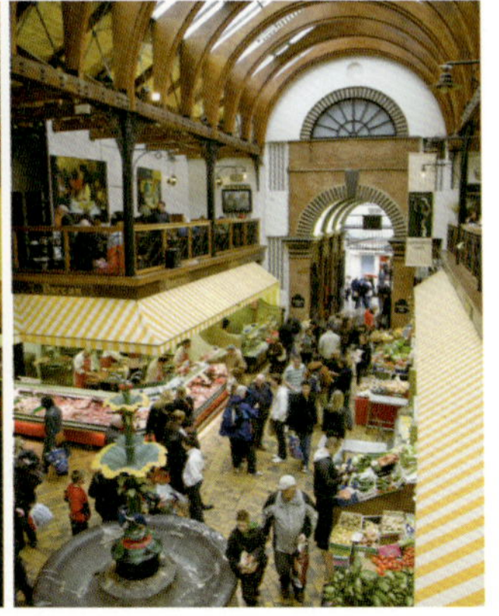

는 항상 목적을 달성하곤 했다. 그때는 그저 엄마를 따라 시장을 구경하고 떡볶이를 먹는 것이 즐겁다고 생각했는데, 돌이켜보니 사람 사이에 오가는 정이 있고 생생한 삶의 현장이기에 재래시장이 더욱 그립고 기억에 남는 것 같다.

재래시장에 대한 추억은 아일랜드에서도 계속되었다. 처음 코크에 왔을 때 가장 가보고 싶던 곳도 잉글리시 마켓이었다. 그런데 하필이면 이름이 '잉글리시' 마켓인 걸까? 19세기 후반, 영국 식민지 시절에 개신교 단체에 의해 설립되어서 그렇다고 한다. 20세기 초반에 아일랜드 정부가 아일랜드를 대표하는 시장으로 성장시키고자 시장을 대폭 리모델링하고, 이름도 '아이리시 마켓'으로 변경하려고 했다. 하지만 이미 같은 이름의 시장이 있었기 때문에 오늘날까지 잉글리시 마켓으로 남아있다고 한다.

잉글리시 마켓은 물건의 값을 흥정하는 일이 거의 없다. 우리나라의 재래시장을 생각하고 방문한다면 다소 낯설고 차가운 느낌일 수 있지만, 이곳 역시 사람 냄새가 나는 곳임엔 틀림없다. 대형 매장처럼 가지런히 정돈되지 않고 아무렇게나 놓인 물건들, 투박하게 놓여있어도 신선함만은 으뜸인 농수산물과 물건을 사고파는 사람들의 대화 속에서 어릴 적 엄마와 함께 다녔던 시장의 분위기를 느낄 수 있었다. 또 2층 카페테리아에서 먹는 커피와 스콘은 옛날 떡볶이의 향수를 불러일으키기에 충분했다.

아무 때나 울려 퍼지는 세인트 앤 성당의 종소리

코크에는 잉글리시 마켓만큼이나 아주 재미있는 곳이 있는데 바로 세인트 앤 성당St. Anne's Church의 종탑이다. 겉으로 보기에는 이제껏 보아온 것들과 비슷한 평범한 종탑일 뿐이다. 특별히 멋있지도 않은 이 종탑에 두 가지 특징이 있는데, 첫 번째는 종소리가 아무 때나 울려 퍼진다는 것이다. 성당의 종소리는 대개 매시 정각이나 30분에 한 번씩 울리게 마련이다. 하지만 세인트 앤 성당의 종소리는 생뚱맞은 시간에 들릴 때가 있다. 종소리마저도 치는 둥 마는 둥 한 소리일 때도 있고 컸다가 작았다가 이상하게 들린다. 어째서 이 성당의 종은 아무 때나, 아무렇게나 울려 퍼지는 것일까? 그 이유는 여행자들이 종을 치기 때문이다. 물론 공짜는 아니다. 5유로를 내면 직접 줄을 잡아당겨 종을 치고, 덤으로 성당의 지붕에 올라가 시내 전경을 둘러볼 수 있단다.

이 종탑의 두 번째 특징은 종탑 사면에 있는 시계의 시각이 제각기 다르다는 것이다. 정확한 시간을 전달하는 시계의 본분을 망각하고 종탑의 시곗바늘은 제멋대로 움직인다. 어느 것이 진짜 시간이고 어느 것이 가짜 시간인지 알 수 없다. 코크의 거친 바람 때문에 그렇다고 한다. 코크에 있는 종탑 중에서 유독 이 종탑의 시계만 바람의 영향을 받는 것이 신기하지만, 시시때때로 울려 퍼지는 종소리와 제멋대로의 시간을 알려주는 시곗바늘은 어쩐지 닮은꼴이다.

세인트 앤 성당의 숨어있는 이야기를 알고 나니, 불현듯 우리가 사실이라고 철석같이 믿고 있던 것들이 사실이 아닐 수도 있겠다는 생각이 들었다. 우리가 기준으로 삼고 있는 것들조차도 말이다.

여행지에서의 깊이 있는 교감

내가 코크를 좋아하게 된 결정적인 계기는 아일랜드 전통음악과 탭댄스 공연인 'Puls-es of Tradition'을 만났기 때문이다. 우리말로 '전통의 리듬, 맥' 정도로 해석할 수 있는 이 공연은 매년 여름6~9월에 트리스켈 아트센터Triskel Arts Centre에서 열린다. 공연은 아일랜드 전통 악기인 보란Bodhran, 북의 일종과 틴 휘슬Tin whistle, 피리의 일종, 키보드, 바이올린, 기타 등의 악기를 예닐곱 명의 뮤지션이 연주하고, 그 정도 수의 무용수들이 연주에 맞추어 아이리시 탭댄스를 추는 형식이다.

아일랜드로 이사를 올 때부터 남편은 아일랜드 음악과 탭댄스에 상당한 관심을 보였다. 아일랜드에 왔다면 아이리시의 삶과 애환이 담긴 것들을 배워야 한다는 것이 남편의 주장이었고, 그런 갈증을 단번에 해소해줄 만한 공연이 바로 'Pulse of Tradition'이었다. 이 공연 덕분에 먹고 놀기만 하는 소비성 여행에서 벗어나 아이리시의 실제 문화를 이해하고 교감하는 여행을 하게 된 것이다.

공연은 코크 시내에 있는 작은 문화센터에서 열렸다. 교회를 개조했는지 예배할 때 쓰는 긴 의자를 그대로 관중석으로 사용했는데, 바닥이 경사 없이 평평해서 뒷좌석에서는 제대로 공연을 볼 수 없는 열악한 환경이다. 썩 흡족하지는 않지만, 어떤 공연을 보게 될지 내심 기대하며 공연이 시작되기를 기다렸다.

어두웠던 무대의 조명이 하나둘씩 켜지며 긴치마를 입은 아름다운 공연자가 나와서 노래를 부르기 시작했다. 음향 시설이 제대로 갖추어지지 않은 곳이지만 그녀의 목소리는 마치 신화 속에 나오는 천사처럼 신비롭고 오묘했다. 아일랜드 출신의 세계적인 뉴에이지 가수, 엔야Enya의 노래를 듣는 기분이었다. 이윽고 연주자석에도 조명이 켜지며 공연의 열기가 점차 뜨거워졌다. 새로운 음악 세계를 경험해서일까? 우리나라로 말하자면 국악 공연을 보는 것이나 다름없는데 나는 어느새 아이리시 음악과 춤에 푹 빠져있었다. 평범해 보이는 악기들이 이렇게 아름답게 조화를 이루다니! 공연 끝나는 것이 아쉬워 내 인생에 처음으로 앙코르를 수차례 외치기도 했다.

여행지와 이런 깊은 관계를 맺을 수 있다는 사실이 실로 감격스러웠다. 어쩌면 카메라 앵글에 담을 수 있는 모습보다 이렇게 보이지는 않지만 내 귓가에 맴도는 음악 소리와 무궁무진한 상상의 세계가 나를 더 이 도시의 매력에 빠지게 했는지도 모르겠다.

잉글리시 마켓(English Market)

홈페이지 englishmarket.ie
주소 Princes St, Cork
운영 시간 08:00~18:00(월~토), 일요일과 공휴일은 휴장

세인트 앤 성당(St. Anne's Church)

홈페이지 shandonbells.ie
운영 시간 11:00~15:00(11~2월, 일요일은 30분 늦게 시작)
　　　　 10:00~16:00(3~5월, 일요일은 11:30~15:30)
　　　　 10:00~17:00(6~9월, 일요일은 11:30~16:30)
입장료 성인 €5, 학생/노인 €4, 15세 이하 어린이 €2.5, 5세 미만은 무료

트리스켈 아트센터(Triskel Arts Centre)

홈페이지 pulsesoftradition.com
주소 Triskel Arts Centre, Tobin St, Cork
운영 기간 6~9월, 상세 공연 일시는 홈페이지 참고
입장료 성인 €15, 학생/노인 €13

 **더블린 ➡ 코크**

이동 방법 더블린 시외버스 터미널(Busaras) 앞 고버스(gobus) 정류장에서 탑승

홈페이지 www.gobus.ie

배차 시간 8회 운행(08:30분부터 20:30분까지 2시간 간격)

소요 시간 약 3시간

요금 성인/편도 €14(왕복은 €23), 학생/편도 €13(왕복은 €20)
　　　온라인 예매 가격이며 현장 구매 시 10% 더 비싸다.

더블린 ➡ 코크

홈페이지 irishrail.ie

배차 시간 약 1시간 간격(07:00~21:00, 요일마다 배차 간격 및 횟수가 다름)

소요 시간 약 2시간 40분

요금 성인/왕복 €40~48, 학생/왕복 €32~40, 승차 시간에 따라 요금 변동

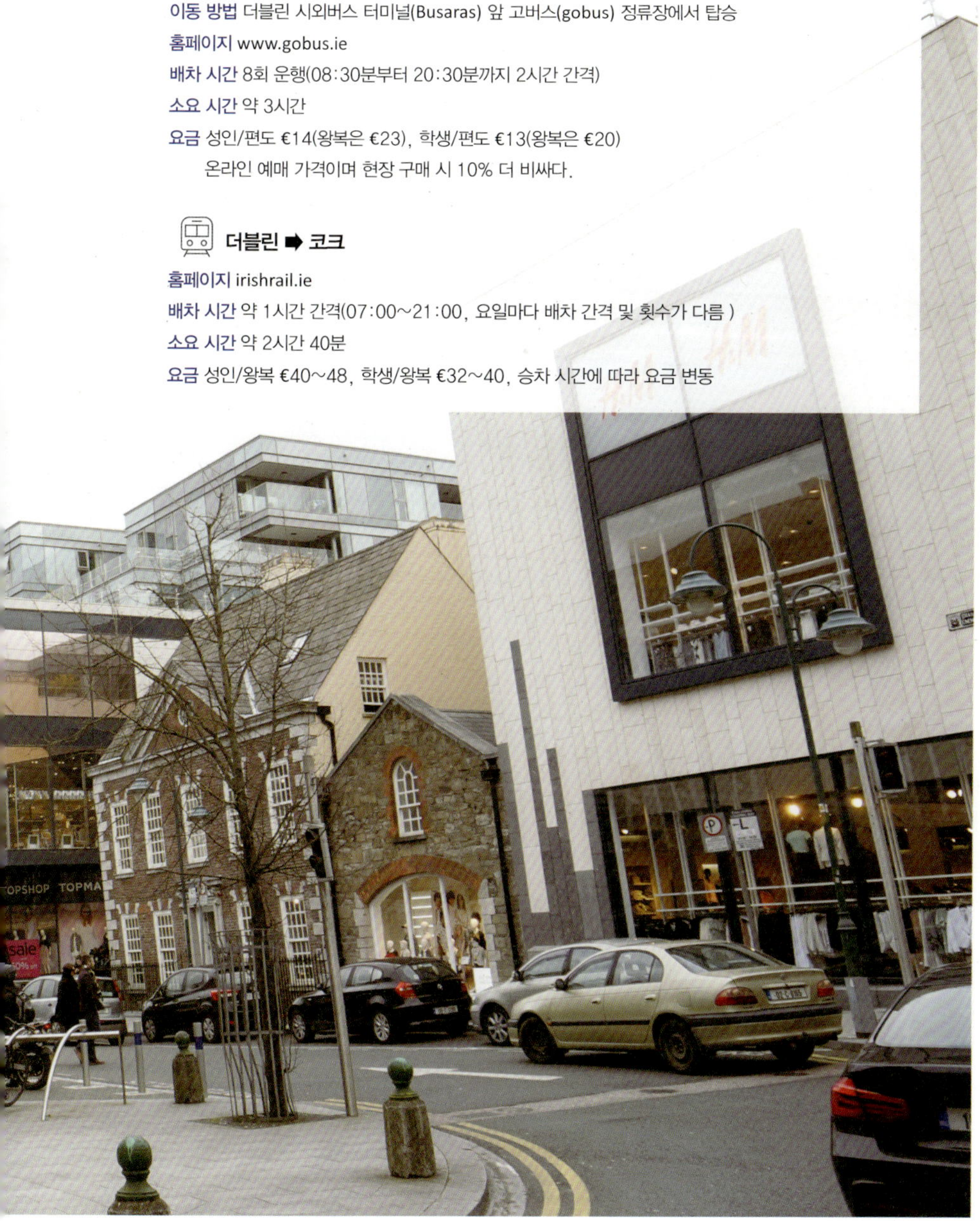

미국에 살다가 아일랜드로 이사를 결정했을 때 미국 친구들이 했던 이야기가 있다. "아일랜드에 간다고? 블라니 성에 가서 꼭 키스해." 성에 가서 키스하라니? 성에 가면 프리 키스free kiss를 해주는 멋진 남자라도 있다는 말인가? 그 말이 무슨 뜻인지도 모른 채, 블라니 성에 대해 잊고 살았다. 그 후로 일 년이 지났을까? 코크 여행을 준비하던 중, 근처에 블라니 성Blarney Castle이 있다는 것을 알게 되었고 미국에서 들었던 이야기가 불현듯 떠올랐다. 나는 그렇게 블라니 성의 비밀을 알게 되었다.

죽기 전에 가봐야 할 성, 블라니 성

아일랜드에는 성당만큼이나 성이 많다. 귀족의 성부터 시작해서 대부호나 동네 부자가 지은 작은 성까지 규모나 종류도 매우 다양하다. 킬케니 성처럼 대대적인 보수를 거치고 관리가 잘 된 성도 있지만, 아일랜드까지 온 여행자에게 선뜻 추천하기 어려운 성이 대부분이다. 규모나 관리는 둘째치고, 관심을 가질만한 특별한 스토리가 많지 않기 때문이다. 하지만 블라니 성은 조금 특별하다. 죽기 전에 가봐야 할 세계 100대 유적에 뽑혔을 만큼 매력적인 이 성은 12세기 무렵에는 목조 건물이었는데, 15세기 중엽에 매카시McCarthy 가문에 의해 석조 건물로 다시 세워졌다고 한다.

입장권을 끊고 푸른 잔디가 펼쳐진 정원과, 무성하다는 말이 딱 어울릴 것 같은 우람한 나무들을 지나면 빛바랜 진회색 건물이 우뚝 서있다. 사진으로만 보던 성을 실제로 보니 생각보다 큰 규모에 한 번 놀라고, 사진보다 훨씬 허름한 모습에 한 번 더 놀랐다. 성은 노년의 삶을 살고 있는 것 같았다. 화려했던 젊은 시절을 다 보내고 얼굴에는 깊은 주름살이 가득한 모습, 어디 하나 성한 곳이 없지만, 마음만은 이팔청춘인 노년의 모습이 보였다. 긴 세월의 여유가 느껴지면서도 오랜 세월로 빛바랜 모습에 괜히 울컥해졌다.

성 밖에서 느꼈던 낡고 허름한 모습은 성안에서도 계속되었다. 비싼 입장료를 받으면서 관리를 하기는 하는지 의심스러울 만큼 담쟁이 넝쿨과 이끼들이 동고동락하며 중세의 시간을 그대로 기억하고 있었다. 5층으로 된 성은 나선형 계단을 통해 각 층을 오르내릴 수 있는데, 계단의 폭이 50cm도 되지 않을 만큼 좁고 가파르기까지 하다. '성에서 일하던 하인들은 얼마나 힘들었을까?' 하는 생각이 절로 들었다. 안전을 위해 설치된 밧줄을 잡고 빙글빙글 도는 나선형 계단을 한 걸음, 한 걸음 올라가다 보면 내가 지금 몇 층에 있는지 헷갈리기도 했다.

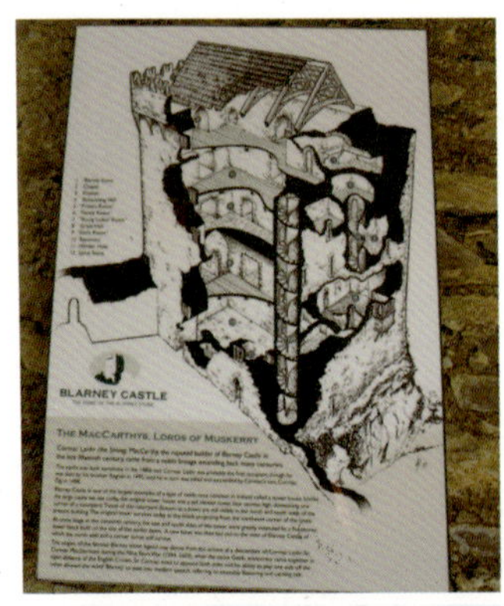

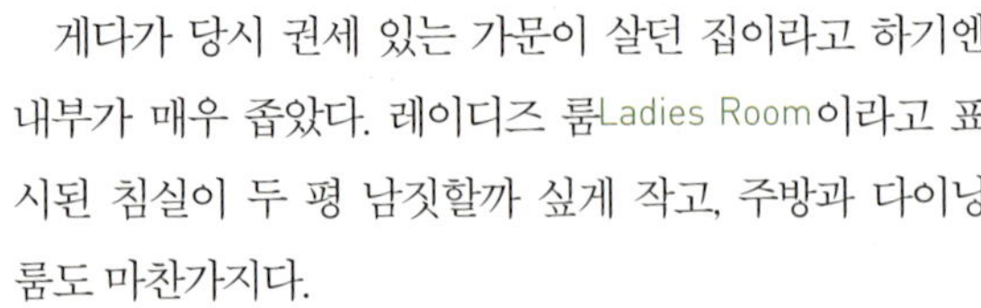

게다가 당시 권세 있는 가문이 살던 집이라고 하기엔 내부가 매우 좁았다. 레이디즈 룸Ladies Room이라고 표시된 침실이 두 평 남짓할까 싶게 작고, 주방과 다이닝 룸도 마찬가지다.

세상에서 가장 요상한 키스

이렇게 낡고 좁은 성임에도 블라니 성이 오늘날 유명해질 수 있었던 가장 큰 이유는 성의 꼭대기에 있는 '블라니 스톤' 때문이다. 얼마나 많은 사람의 입술이 닿았을지 가늠하기도 힘들 만큼 닳고 닳아 반질반질해진 흙벽에, 사람들이 아슬아슬하게 거꾸로 매달린 채 입맞춤한다. 세상에서 가장 더러운 여행지로 뽑혔다는 말도 일리가 있다. 이 돌에 키스하게 된 유래는 매우 다양한데, 그중 매카시 가문과 엘리자베스 1세Elizabeth I, 1533~1603의 이야기가 가장 유명하다.

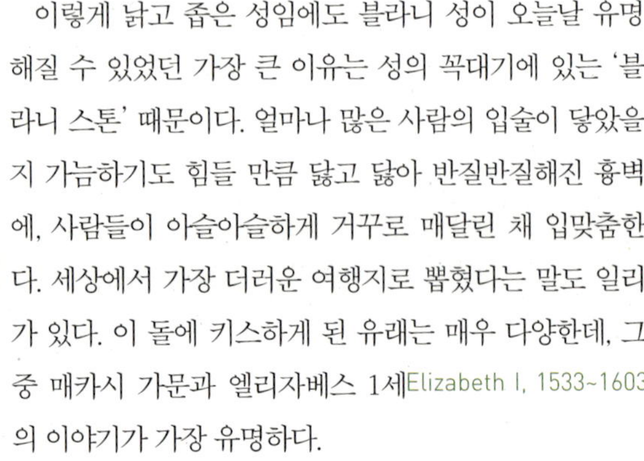

《블라니 스톤The Blarney Stone》이라는 책에 따르면 이렇다. 16세기 말에서 17세기 초, 아일랜드 수장들의 충성 맹세를 원했던 엘리자베스 여왕은 당시 블라니 성의 성주이던 코맥 매카시Cormac McCarthy에게도 대리인을 보냈다. 이에 매카시는 언변이 좋아지는 주술을 걸어둔 블라니 스톤에 입을 맞춘 후 여왕의 대리인들을 만났다. 그리고서는 '약속은 많이 하지만 실속은 거의 없는 유창한 감언이설을 길게' 늘어놓았다. 달갑지 않은 소식을 여왕에게 전해야 하는 대리인은 여왕이 화를 낼 것으로 생각했다. 예상과는 달리 여왕은 갑자기 웃음을 터뜨리더니 "이거 완전히 블라니식 대답이군. 절대 진심을 말하는 법이 없지!"라고 말했다고 한다.

이후로 블라니 스톤에 키스를 하면 달변의 재능을 얻을 수 있다는 미신이 떠돌기 시작했고, 영국의 윈스턴 처칠Winston Churchill, 1874~1965도 이 돌에 입을 맞추면서 블라니 스톤은 하나의 관광 명소로 자리 잡게 되었다.

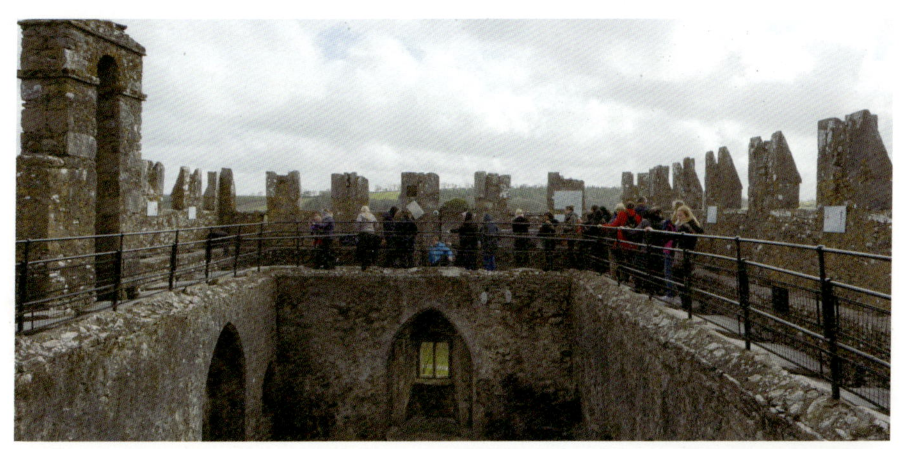

성의 꼭대기에 올라가면 관광객들이 블라니 스톤 앞에 일렬로 줄을 서있다. 믿거나 말거나 식의 이야기지만, 사람들은 재미 반, 기대 반으로 수만 명의 입술이 거쳐간 그곳에서 자신의 차례를 기다리고 있다. 사실 키스를 하는 것은 생각보다 쉽지 않다. 먼저 바닥에 등을 대고 누워야 하는데, 그 자세로 돌 앞에 설치된 두 개의 봉을 잡으면 상체는 허공에 떠있는 상태가 된다. 그리곤 고개를 돌 쪽으로 한껏 젖혀야 입술이 가까스로 돌에 닿는다. 혼자서 하기엔 결코 쉽지 않은 자세라 상시 대기 중인 아저씨의 도움을 받아야 한다.

"성벽 쪽으로 조금 더 가까이 가서 앉으세요."

이걸 하다가 누가 죽었다는 이야기는 들어본 적 없지만, 허공에 내 상반신이 떠있다는 두려움 때문에 어정쩡한 자세를 취했더니 아저씨가 한마디 했다. 엉덩이를 뒤로 빼고 다시 누운 후, 얼굴을 젖혀서 블라니 스톤 쪽으로 내 입술을 가져갔다. 몇 초 되지 않는 짧은 순간에 떠오르는 생각이라곤 '괜히 했나?'와 '생각보다 어렵네.'일 뿐, 키스는 그렇게 허무하게 끝나버렸다. 나에게도 부디 언변의 능력이 생기길 뒤늦게 바라면서!

정원의 식물들은 만지지도 말고, 냄새도 맡지 마세요!

블라니 성에 있는 크고 작은 정원 중 이름부터 호기심을 자극하는 정원이 있다. 바로 '포이즌 가든Poison Garden'. 말 그대로 독초를 심어놓은 정원이다. 정원 앞 표지판에는 해골이 그려져 있고 이곳의 식물이나 꽃을 만지거나, 냄새를 맡거나, 먹지 말라는 경고문이 적혀있다. 이런 콘셉트의 정원은 처음이라 신기하면서도 왠지 숨을 참아야 할 것 같은 마음에 잔뜩 긴장하며 들어섰다. 정원 안에는 난생처음 보는 독초가 가득했다. 어디선가 본 듯한 것들이 독초였다고 생각하니 순간 아찔해졌다. 정원 규모가 크지는 않지만, 세상에 존재하는 수많은 독초를 한자리에서 만나볼 수 있는 재미있는 곳이었다.

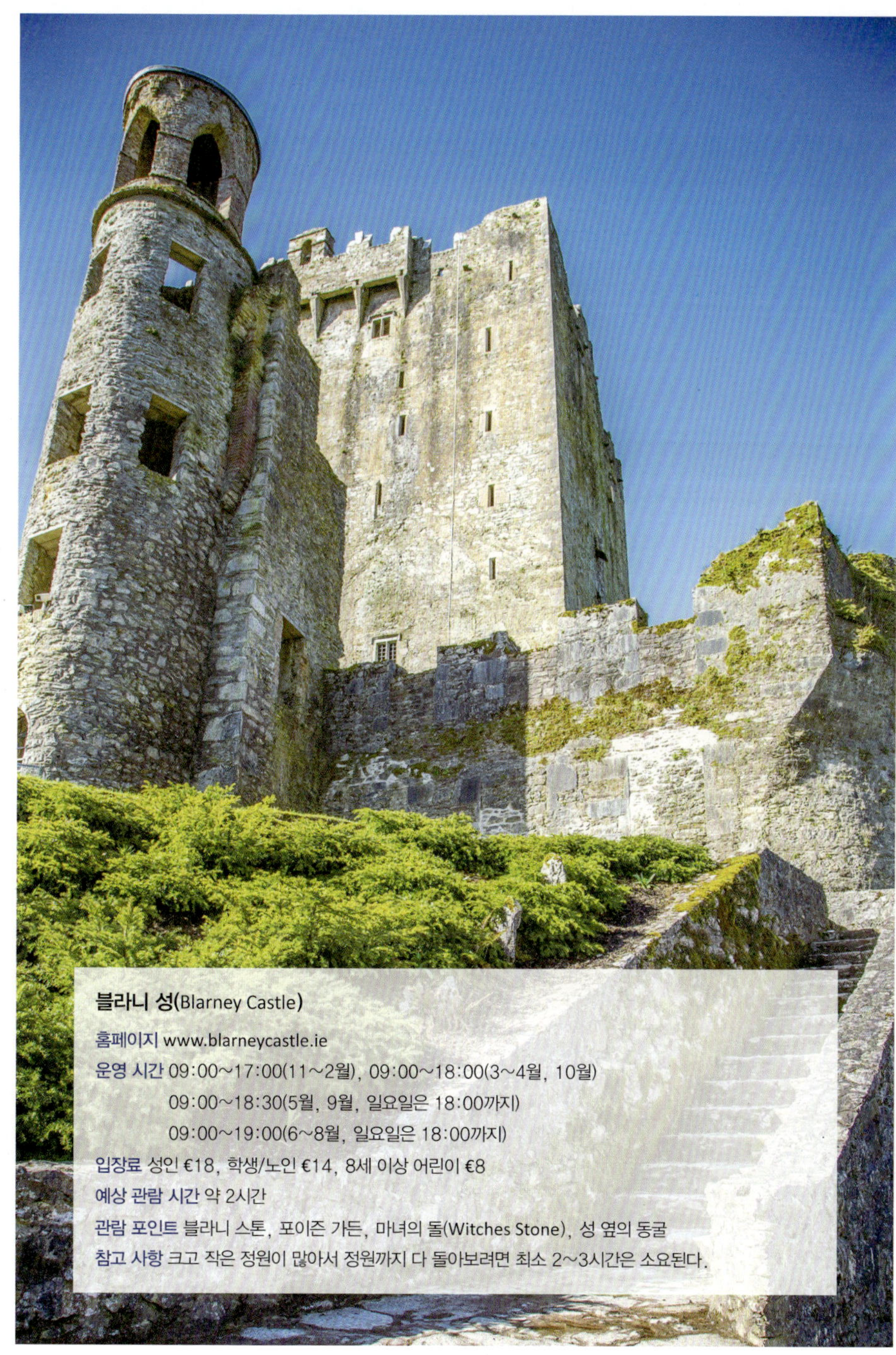

블라니 성(Blarney Castle)

홈페이지 www.blarneycastle.ie
운영 시간 09:00∼17:00(11∼2월), 09:00∼18:00(3∼4월, 10월)
　　　　　09:00∼18:30(5월, 9월, 일요일은 18:00까지)
　　　　　09:00∼19:00(6∼8월, 일요일은 18:00까지)
입장료 성인 €18, 학생/노인 €14, 8세 이상 어린이 €8
예상 관람 시간 약 2시간
관람 포인트 블라니 스톤, 포이즌 가든, 마녀의 돌(Witches Stone), 성 옆의 동굴
참고 사항 크고 작은 정원이 많아서 정원까지 다 돌아보려면 최소 2∼3시간은 소요된다.

코크Cork를 여행하는 사람들이라면 빼놓지 않고 들르는 곳이 있다. 코크 시내에서 차로 30분 정도 달리면 만날 수 있는 항구 도시, 코브Cobh, 아일랜드어로 '항구'라는 뜻이다. 1849년 빅토리아Victoria, 1819~1901 여왕이 코브 항을 통해 아일랜드에 도착한 후 퀸즈타운Queen's Town으로 불리다가 아일랜드가 독립하고 나서 원래의 이름을 되찾았다고 한다.

세계에서 두 번째로 큰 천연 항구인 코브는 대서양을 횡단하여 미국으로 가는 배들이 정박하는 곳이었다. 다양한 기록에서 그 사실이 확인된다. 2015년에 개봉한

영화《브루클린Brooklyn》에서 미국으로 가려는 주인공이 "코브에서 내일 출발하는 배편 예약을 부탁해요."라고 말하는 장면이 나온다. 감자 대기근 당시로부터 100년간, 미국, 캐나다 등지로 이민을 떠난 600만 명 중 약 250만 명이 코브 항에서 배를 탔다고 한다. 또, 우리에게 잘 알려진 타이타닉호는 1912년 영국의 사우샘프턴Southampton을 출발하여 뉴욕으로 가는 길이었고, 이곳 코브가 마지막 정박항이었다. 영화《타이타닉Titanic》을 보면 아메리칸 드림을 가슴에 품은 가난한 화가 지망생 잭이 술집에서 도박 판돈으로 걸려있던 타이타닉 삼등석 티켓을 따서 배에 타게 된다. 잭은 갑판에 뛰어올라 "내가 세상의 왕이다!"라고 외친다. 영화 속 잭처럼 당시 123명의 아일랜드 청년들이 이곳 코브에서 배에 올랐다. 타이타닉호가 그들에게 새로운 인생을 열어줄 것이라고 믿으면서 말이다. 그들의 희망은 돌이킬 수 없는 슬픔이 되었고, 코브는 과거의 아픔을 간직한 채 오늘도 타이타닉의 이야기를 전하고 있다.

특별한 이야기가 없어도 충분한 풍경

내가 코브를 방문한 때는 어느 여름이었다. 얽힌 이야기에 비하면 다소 소박하고 작은 항구 마을이지만, 아름답고 아련하다는 수식어가 절로 떠올랐다. 오죽하면 빅토리아 여왕이 코브를 보고 선상에서 눈물을 훔쳤다고 하고, 수많은 명사들도 하나같이 잠을 이루지 못했다고 전해질까.

코브 항은 따스한 햇살 아래 타이타닉 워킹 투어를 하는 사람들로 분주했다. 여행자 센터라 할 수 있는 코브 헤리티지 센터Cobh Heritage Centre에는 일상을 보내며 현재를 살아가는 코브 주민들과 타이타닉호 전시물을 관람하며 과거를 추억하고 되새기려는 관광객들이 묘한 조화를 이루고 있었다.

센터 밖으로 나오니 작은 동상 앞에 관광객들이 모여있었다. 1892년에 아일랜드 최초로 미국 이민을 떠난 애니 무어Annie Moore, 1874~1924와 두 동생의 동상으로, 여기서부터 코브가 시작된다는 것을 말해준다.

"엄마, 나 토마스 기차 타고 싶어요!"

길가에 세워진 관광 기차를 언제 보았는지 아들이 기차 타는 곳으로 달려갔다. 도보로 구경해도 두 시간이 채 안 걸리는 작은 마을이지만 아들의 성화에 못 이겨 기차에 몸을 실었다. 관광 기차의 운전사는 마을을 한 바퀴 도는 한 시간 반 동안 코브의 역사에서부터 현재에 이르기까지 다양한 이야기를 들려주었다. 아픈 과거사를 빼면 현재는 너

©Brian Morrison

무나 조용한 마을이라서 그런지 어떤 집이 제일 부잣집이며 의사가 한 명밖에 없어서 의사 만나기가 교황 만나기보다 더 힘들다느니, 저 건너 섬에 있는 리조트는 하루 숙박비가 얼마라느니…, 그런 시시콜콜한 이야기들을 코브 특유의 악센트로 쉴 새 없이 이야기했다.

기차는 코브의 가장 높은 곳까지 천천히 올라갔다. 오후의 햇살이 내린 코브의 바다는 화려한 보석을 쏟아놓은 듯 반짝거리고, 바다를 배경으로 기차처럼 나란히 줄지어 선 집들의 모습은 소박하면서도 독특한 아름다움으로 다가왔다. 특별한 이야기가 없어도 이 풍경 하나만으로 이곳에 와야 할 이유가 충분해 보였다.

우리는 세 시간의 짧은 여행을 끝으로 코브와 작별했다. 다음 여행에서는 지금보다 더 자라있을 아이와 마을을 천천히 걸으며 코브의 아름다움을 느낄 수 있기를 기대하면서….

🚌 코크 ➡ 코브

이동 방법 코크의 켄트(Kent) 역에서 기차를 타고 갈 수 있다.

홈페이지 irishrail.ie

배차 시간 30분~1시간 간격(05:30부터 22:30까지)

소요 시간 약 25분

요금 €6.05(성인/편도)

©Tony Pleavin

✤ 아일랜드의 숨겨진 보석, 딩글 반도

아일랜드 풍경은 어딜 가나 비슷하다고들 한다. 어느 정도 일리가 있는 말이다. 영국이나 프랑스처럼 찬란한 문화 유산을 가지고 있는 나라가 아니라 유명한 건축물 같은 걸 기대하기는 어렵다. 사람보다 동물이 더 많은 이 나라에서 가장 쉽게 볼 수 있는 풍경은 드넓게 펼쳐진 목초지에서 한가롭게 풀을 뜯고 있는 동물들의 모습이다. 처음 이런 풍경을 마주했을 때는 하도 신기해서 카메라를 잠시도 손에서 놓지 않았지만, 어느새 이런 풍경에 익숙해졌다.

이렇다 할 만한 것이 없음에도 불구하고 아일랜드 사람들이 자신 있게 추천하는 곳이 있다면 아일랜드 남서쪽에 있는 케리 지역Co. Kerry이다. 크고 작은 반도들이 대서양을 향해 뻗어있는데, 해안선을 따라 펼쳐지는 풍경이 감탄을 자아내기 때문이다. 이 중에서 가장 위쪽에 있는 딩글 반도Dingle Peninsula는 그 앙증맞은 이름과는 달리 역사적으로 의미 있는 유적지와 높고 낮은 산들이 자리 잡고 있어서, 아일랜드 어디에서도 찾아볼 수 없는 독특한 아름다움을 자랑한다. 그래서인지 딩글 반도를 찾은 이들은 종종 예정했던 날짜보다 더 오래 머물게 된다고 한다. 꼭 한번 가볼 만하다는 지인들의 이야기를 믿고 우리도 딩글을 향해 출발했다.

아찔한 아름다움, 슬리 헤드 드라이브

딩글로 가는 길의 풍경 역시 동네에서 자주 보던 것과 비슷했다. 그렇게 세 시간가량을 달렸을까? 딩글 반도에 들어가자 신기하게도 늘 같던 풍경들이 조금씩 달라지기 시작했다. 운전을 하던 나는 딩글 초입부터 보이기 시작한 심상치 않은 풍경에 마음이 들떴다.

"저기! 저기!! 옆 좀 봐봐! 빨리 사진 좀 찍어줘요!"

잠시 눈을 붙이고 있던 남편을 깨웠다. 놀란 남편은 부랴부랴 일어나 카메라 셔터를 눌러댔다. 우리가 언제 이렇게 높은 곳까지 올라왔던 것일까? 창문 밖에는 흐린 날씨가 무색하리만큼 푸르고 넓은 평야 지대와 에메랄드빛의 바다가 우리를 반기고 있었다. 어디까지가 바다의 끝이고 어디서부터가 하늘의 시작인지 모를 만큼 경계가 모호한 풍경은 무엇으로도 표현하기 어려운 벅찬 감동과 평온함을 느끼게 했다.

'이래서 사람들이 케리를 아름답다고 하는구나. 이래서 사람들이 딩글을 찾는구나.'

딩글 반도의 아름다움을 본격적으로 보기도 전에 첫 풍경만으로도 여행의 목적을 다 달성한 것 같았다. 사진에서만 봤던 드넓은 대지를 눈으로 직접 보고, 그곳을 지금 지나가고 있다는 사실은 생각보다 훨씬 벅찬 감동이었다.

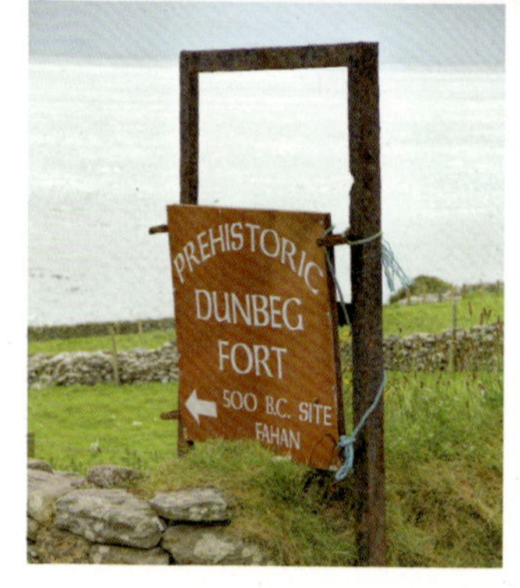

　슬리 헤드 드라이브Slea Head Drive는 아일랜드 국도인 R559 도로를 따라 펼쳐진 해안 도로로 딩글 반도를 여행하는 사람이라면 무조건 지나가게 되는 코스이다. 딩글 반도를 한 바퀴 도는 길이지만, 더 엄밀하게 말하면 딩글 반도의 서쪽 끝인 슬리 헤드Slea Head로 가는 길이다. 코스 곳곳에 선사시대 유적지, 초기 기독교 시대의 예배당 등의 역사적인 장소와 던베그 포트Dunbeg Fort, 던모어 헤드Dunmore Head와 같이 경관이 아름다운 곳이 많다. 하지만 슬리 헤드 드라이브 코스를 달리는 것 자체만으로도 충분히 아름답다.

　절벽 위를 달리는 해안 도로는 비좁은 2차선이나 1차선으로, 이런 도로를 처음 운전하는 사람들은 공포감을 느낄 수 있다. 도로와 절벽의 경계에 특별한 안전장치가 있는 것도 아니다. 작은 돌담이나 엉성한 나무 지지대만이 '아래는 낭떠러지니 운전을 조심하라'며 암묵적인 신호를 보낼 뿐이다. 그럼에도 불구하고, 대형 관광버스는 하루에도 몇 번씩 수많은 관광객을 태운 채 이런 좁고도 위험한 길을 달린다. 해안선을 따라 달리는 코스는 약 20km. 어찌 보면 여행자들은 20km짜리 롤러코스터를 타고 있는 것이나 다름없다. 목숨을 담보로 한 채 아찔한 도로 위에서 대서양의 아름다움을 가슴 속에 새기는 것이다.

나 역시, 쉽게 올 수 없는 길 위에 내가 있다는 사실이 특별한 느낌으로 다가왔다. 여느 해안 도로를 달릴 때의 느낌과는 달랐다. 이 길은 아일랜드에서도 최서단, 대서양 건너 미국과 가장 가까운 곳이다. 나지막한 산과 높은 산을 오를 때의 기분이 다르듯이, 대서양과 가장 가까이 만나는 끝자락을 밟고 있다고 생각하니 더욱 기분이 짜릿했다. 사람들은 이래서 모험을 떠나나 보다. 쉽게 닿을 수 없는 곳에 깃발과 발자국 하나를 남기기 위해 힘든 과정을 묵묵히 참고 견디나 보다.

드넓게 펼쳐진 목초지 너머, 바다 위로 멀리 크고 작은 바위섬들이 보인다. 이 섬들은 블라스켓 제도Blasket Islands 혹은 웨스턴 제도Western Islands라고 불린다. 지금은 폐허가 되었지만, 아주 오래전 이 섬들에는 은둔지와 요새가 있었고 사람들도 거주했단다. 도대체 누가 이렇게 고립된 바위섬, 그것도 지구 상에서 가장 거친 환경을 지닌 이곳에서 살아갔던 것일까? 신비한 비밀을 간직한 딩글 반도에서 마치 우리는 새로운 모험을 떠난 탐험가가 된 듯한 기분이었다.

딩글 반도는 이제 한국 가족이 방문할 때마다 단골 식당처럼 발 도장을 찍는 장소가 되었다. 또, 어느 순간부터는 딩글 반도의 아름다운 풍경에 무덤덤해지기도 했다. 하지만, 이곳을 처음 찾았던 날, 흐린 날씨에도 불구하고 눈 앞에 펼쳐진 아름다운 풍경과 육지에서 닿을 수 있는 가장 가까운 대서양을 만난 기쁨은 아직까지도 내 마음에 긴 여운으로 남아있다.

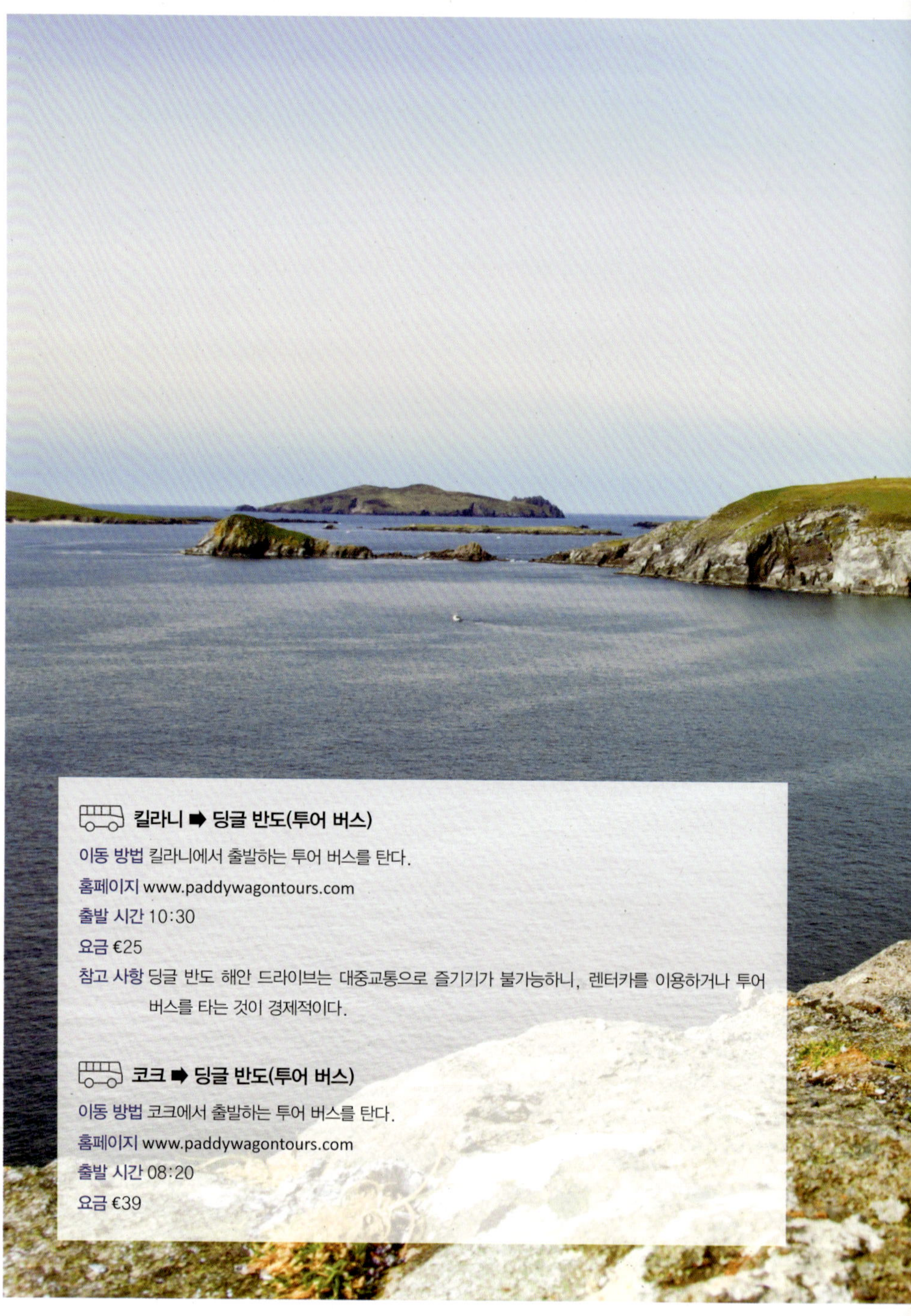

🚌 킬라니 ➡ 딩글 반도(투어 버스)

이동 방법 킬라니에서 출발하는 투어 버스를 탄다.

홈페이지 www.paddywagontours.com

출발 시간 10:30

요금 €25

참고 사항 딩글 반도 해안 드라이브는 대중교통으로 즐기기가 불가능하니, 렌터카를 이용하거나 투어 버스를 타는 것이 경제적이다.

🚌 코크 ➡ 딩글 반도(투어 버스)

이동 방법 코크에서 출발하는 투어 버스를 탄다.

홈페이지 www.paddywagontours.com

출발 시간 08:20

요금 €39

아일랜드에서 더블린, 코크, 골웨이와 같이 '도시City'로 불리는 곳을 제외한 나머지 마을들은 대부분 규모가 매우 작고 분위기도 비슷하다. '굳이 시간을 내서 갈 필요가 있을까?' 생각하는 것도 무리는 아니지만, 언제나 예외는 있는 법. 케리Co. Kerry 여행의 시작점이라 불리는 킬라니Killarney는 작은 시골 마을인데도 다른 곳에서 느낄 수 없는 활기와 생기가 넘쳐난다. 마을 전체가 관광 수익으로 먹고산다고 해도 될 만큼 작은 마을 안에 호텔과 B&BBed & Breakfast들이 즐비하다. 영어를 쓰지 않는 사람들과 미국식 발음을 구

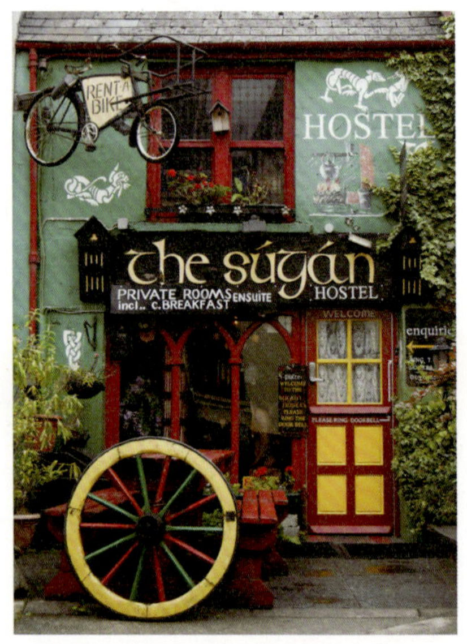

사하는 사람들을 가장 많이 만날 수 있는 곳이기도 하다. 이런 작은 마을로 그들이 온 이유는 무엇일까. 이곳이 바로 링 오브 케리Ring of Kerry의 시작점이기도 하고, 킬라니 국립공원Killarney National Park과 딩글 반도Dingle Peninsula로 가는 다양한 투어 버스가 킬라니에서 출발하기 때문이다.

아일랜드의 첫 번째 국립공원, 킬라니 국립공원

킬라니 국립공원은 아일랜드의 첫 번째 국립공원으로 1932년에 머크로스Muckross 가문이 토지를 국가에 기부하면서 만들어진 곳이다. 이후 켄메어Kenmare 백작의 토지가 더해져 현재는 킬라니 호Lough Killarney를 비롯한 세 개의 호수Lough Lean, Lough Muckross and Lough Upper와 산림, 맨거턴 산Mt. Mangerton, 토크 산Mt. Torc, 셰히 산Mt. Shehy, 퍼플 산Mt. Purple 등을 포함하고 있다. 아일랜드에서 유일하게 붉은 사슴을 볼

수 있고, 그 밖에도 희귀하고 다양한 동식물이 서식하고 있다. 이 때문에 생태학적으로 높은 가치를 인정받으며 1981년에 유네스코 세계자연유산으로 등재되었다. 여타 아일랜드 국립공원처럼 이곳에서도 다양한 등산 코스를 체험할 수 있지만, 이륜마차Jaunting Cars로 관람하는 게 이곳 여행의 백미이다.

숙소에서부터 날씨가 흐리더니 목적지에 도착할 무렵에는 빗방울이 하나둘씩 떨어지기 시작했다. 이 정도 날씨야 아일랜드에선 일상이지만 여행 도중 내리는 비는 그다지 반갑지 않다. 천천히 국립공원을 걸으려던 계획을 변경하여, 마차를 타고 한 바퀴 돌아보기로 하고 'Jaunting Cars'라고 쓰인 마차 타는 곳으로 향했다. 국립공원이 약 103km^2 정도로 워낙 넓기 때문에 투어 코스도 매우 다양한데, 우리는 킬라니 국립공원 안에 있는 로스 성Ross Castle, 머크로스 저택 Muckross House, 공원 안의 호수들, 토크 폭포Torc Waterfall를 돌아보는 1시간짜리 코스를 선택했다. 마부 아저씨에게 날씨가 안 좋아서 마차 투어를 신청했다고 말하자, 전형적인 케리 사람인 그가 한마디 한다.

"그래도 비가 많이 오는 건 아니잖아? 이 정도면 날씨 좋은 거야."

현장에서 투어 요금으로 40유로를 내고 나니 두꺼운 담요를 하나씩 나눠주었다. 그만큼 바람이 매섭고 춥다는 이야기다. 담요를 무릎에 단단히 덮고 국립공원으로 들어갔다. 사람들은 도보부터 자전거, 마차까지 저마다의 방법으로 이곳을 여행하고 있었다.

로스 성과 튜더 양식으로 지어진 머크로스 저택을 돌아보고 나서 토크 폭포로 향했다. 우리나라에서는 폭포를 쉽게 볼 수 있지만, 아일랜드에서는 그리 흔하지 않다. 국립공원이라고도 해도 버른 국립공원처럼 돌밖에 없는 곳도 있고, 코네마라 국립공원처럼 황량한 들판만 펼쳐진 곳도 있다. 그래서인지 토크 폭포는 꽤 유명한 곳이다.

아저씨는 폭포로 올라가는 입구에 마차를 세우고, 투어 시간의 절반인 30분을 우리에게 내주었다. 작은 개울이 흐르는 다리를 지나자 물소리가 들리기 시작했다. 숲 속의 돌과 나무는 햇빛을 제대로 받지 못한 티를 팍팍 내며 녹색 이끼를 두껍게 입고 있었다. 얼마나 공기가 습했으면 이끼들이 이렇게 무리를 지어 자리 잡은 것일까.

계곡을 따라 천천히 올라가자, 토크 폭포가 하얀 물거품을 일으키며 내려오고 있었다. 우리나라에서 산을 좀 탔다고 자부하는 사람들은 이 폭포를 보고 실망할지도 모르겠다. 흔히 본 모습이기도 하고, 8km가 넘는 전체 길이 중에서 실제 눈으로 볼 수 있는 건 500m도 채 되지 않아서 더욱 그럴 것이다.

서울에 살아도 남산타워에 가지 않고, 파리에 살면서도 에펠탑에 가지 않는 것처럼, 우리는 바로 곁의 풍경은 놓치고 살면서도 여행지에서만큼은 그동안 볼 수 없었던 이국적인 풍경을 보길 원한다. 내가 토크 폭포에서 제주도의 천지연폭포가 생각났던 것은 어쩌면 당연한 일인지도 모른다.

빅토리아 여왕이 감탄한 레이디즈 뷰

마차 투어가 끝난 후, 차를 타고 레이디즈 뷰Ladies View로 향했다. 레이디즈 뷰는 켄메어Kenmare와 킬라니 사이에 있는 절경으로 킬라니 국립공원 중심부를 높은 지대에서 감상할 수 있는 곳이다. 1861년 빅토리아 여왕Victoria, 1819~1901이 이곳을 방문하여 감탄한 후로, '레이디즈 뷰'라는 이름과 함께 명성을 얻게 되었단다.

케리 순환도로를 타고 올라가는 길에 있는 작은 자연 터널을 지나니 곧 특별한 경치가 나타날 것 같은 직감이 들었다. 아니나 다를까, 눈앞에 나타난 레이디즈 뷰는 사진으로는 제대로 표현이 안 되는 풍경이었다. 눈으로 보아야만 진가를 여실히 알 수 있는 그 광경은, 우리나라의 산 정상에서 본 것들과도 매우 달랐다. 정상에서 산 아래까지 금방이라도 다다를 것처럼 매우 완만해서, 산 정상이라기보다는 넓은 구릉 지대에 온 느낌이었다.

"이상하다. 사진이 이렇게 안 나오는 곳도 여기가 처음이야."

3월의 헐벗은 산이라 그런지 카메라 렌즈에 담기에는 너무 넓은 공간이라 그런지 모르겠지만, 사진은 내가 원하는 느낌의 십 분의 일도 제대로 표현해주지 못했다. 내 눈에 보이는 그대로를 담아내지 못해 툴툴거리는 내게 남편은 조용히 커피 한 잔을 건네주었다. 그제야 조바심이 조금씩 녹아내리는 듯했다. 사진보다 더 중요한 건 지금 이 순간을 충분히 즐기고 마음에 새기는 것인데 어느새 나는 여행의 순수한 목적을 잊은 채 사진 찍기에 급급해 하고 있었던 것이다.

그 이후 나는 다시 여행 본연의 모습을 찾았다. 유명하지 않은 장소라도, 여행의 목표를 다 채우지 않더라도 괜찮았다. 조바심내지 않았다. 느긋하게 연을 날려보기도 하고, 남들이 그냥 지나치는 곳에서 명상을 하기도 했다. 갭 오브 던로Gap of Dunloe로 가는 길, 이정표가 없는 고불고불한 샛길을 달리다 한 폭의 그림 같은 장면을 포착하기도 했다. 몽실몽실한 하얀 구름이 덮인 산과 아일랜드에서만 느낄 수 있는 거칠고 황량한 들판, 이따금씩 만나는 정겨운 동물들. 그 속에서 우리 가족이 누렸던 시간은 충분히 특별했고, 소중한 기억으로 남게 되었다.

아무리 좋은 곳이라도 스스로 여행의 즐거움을 찾지 않으면 좋은 여행지가 될 수 없다. 반대로 특별하지 않더라도 나와 우리 가족의 이야기가 담기면 어떤 곳보다 가치 있는 장소가 된다. 인생도 이와 비슷하다. 남들 눈에 아무리 좋아 보인들 그 안에 내가 없고 나의 이야기가 담겨있지 않다면 그것처럼 허무하고 힘든 인생은 없을 것이다. 대단해 보이지 않아도 내가 좋아하는 일을 하고 있다면 그것이야말로 정말 가치 있는 인생 아닐까? 정말 빛나는 인생 아닐까?

킬라니 국립공원(Killarney National Park)

홈페이지 www.killarneynationalpark.ie

🚌 더블린 ➡ 킬라니

이동 방법 더블린 공항이나 더블린 시티 센터 버그퀘이(Burgh Quay) 버스 정류장에서 녹색 더블린 코치
(Dublin Coach) M7을 탄다.
홈페이지 www.dublincoach.ie
배차 시간 하루 8회 운행(06:15, 09:15, 11:15, 13:15, 15:15, 17:15, 19:15, 21:15)
소요 시간 약 4시간 20분
요금 €20(성인/편도)
참고 사항 홈페이지에서 버스정류장을 잘 확인할 것.

🚌 킬라니 타운 센터 ➡ 킬라니 국립공원

이동 방법 킬라니 타운에서 국립공원 입구까지는 약 4km. 킬라니 셔틀버스(Killarney Shuttle Bus)를
이용하거나 이륜마차(Jaunting Car) 또는 자전거를 빌려서 이동할 수 있다. 킬라니 타운에
있는 킬라니 디스커버 센터(Killarney Discover Ireland Centre)에서 필요한 정보를 확인하
는 게 가장 편하다.(아래 디스커버 센터 정보)
주소 Beech Rd, Killarney, Kerry
운영 시간 09:00~17:00(월~토), 일요일 휴무
참고 사항 셔틀버스 정보는 www.killarneyshuttlebus.com에서 확인할 수 있다.

갭 오브 던로(Gap of Dunloe)

갭오브던로는 맥길리커디즈 릭스(Macgillycuddy's Reeks)와 퍼플 산(Mt. Purple)을 왼쪽과 오른쪽에 둔 아주 좁은 산길이다. 길이가 약 11km 정도인데, 길 사이에 5개의 호수가 자리 잡고 있다. 울퉁불퉁하고 좁은 산길을 걸으며 주변의 뛰어난 경관을 감상할 수 있어 많은 이들이 찾는 곳이다. 마차로 여행할 경우, 킬라니 타운에서 출발하는 투어 프로그램을 이용한다.

✳ 아일랜드의 자연의 종합 선물 세트, 링 오브 케리

링 오브 케리Ring of Kerry, 아래 케리 순환
도로는 케리 지역Co. Kerry의 남서쪽 해안
을 따라 길게 이어진 이베라Iveragh 반도
를 일주하는 182km 도로로, 딩글 반도와
함께 아일랜드에서 가장 아름다운 곳으
로 손꼽히는 곳이다. 케리 순환도로를 운
전하다 보면 자연스럽게 이베라 반도 주
변의 켄메어Kenmare, 스님Sneem, 워터빌
Waterville, 캐허시빈Cahersiveen, 글렌베이
Glenbeigh, 킬로글린Killorglin 등의 마을을
지나며 특색 있는 경험을 하게 된다.

한 바퀴 도는 데 걸리는 절대적인 시간
은 세 시간 남짓이지만, '상대적인' 시간은
하루가 될지, 이틀이 될지 알 수가 없다. 사진에 담고 싶은 멋진 풍경이 많기 때문에 출
발하기 전에 마음을 단단히 먹어야 한다.

케리 순환도로가 지나는 이베라 반도는 딩글 반도와는 또 다른 매력이 있다. 호수에
서부터 강, 바다, 구릉, 산, 목축지, 평지와 절벽에 이르기까지 아일랜드에서 볼 수 있는
모든 자연 풍경을 갖춘, 한마디로 아일랜드 자연의 종합 선물 세트와 같은 곳이다. 이곳
만 제대로 여행하면 다른 곳은 안 가봐도 된다고 말할 수 있을 정도이다.

계획되지 않았기에 더 소중한 시간

일반적으로 케리 순환도로 코스는 케리 지역에서 가장 큰 마을인 킬라니Killarney에
서 시작해 다시 킬라니로 돌아오는 코스를 말한다. 하지만 우리는 이와 다르게 숙소가
있는 킬로글린에서 출발해 반대로 도는 코스를 택했다. 당일치기로 케리 순환도로를 모

두 돌아보려고 했던 참이라 숙소 근처의 카라그 호수Lough Caragh는 간단히 차로 구경한 다음 글렌베이로 이동할 계획이었다. 유명하지 않은 호수에 많은 시간을 할애할 필요는 없었으니까.

여행지에서는 항상 뜻밖의 일이 일어나기 마련이다. 유난히 좋은 날씨 탓인지 도롯가의 나무와 풀숲 뒤로 보일 듯 말 듯 아름답게 반짝이는 호수가 우리를 유혹했다. 아무 말도 없이 이끌리듯 호수 쪽으로 향했다. 4월에 만난 호수는 짙푸른 물결 사이로 평온함과 잔잔함을 뿜어내고, 뒤로 보이는 낮은 구릉은 푸른 옷을 입지 못하고 짙은 갈색인 채 고즈넉한 분위기를 더하고 있었다. 호수 한가운데 떠있는 작은 배 한 척으로 호수 전경은 부족함 없이 완성되었고, 호수 어귀에 무심히 방치된 배들도 최고의 풍경을 선사해주었다.

한참 동안 고요한 호수를 바라보고 있으니 마음이 평안해졌다. 스치듯 지나치지 않고 이렇게 값진 시간을 보내게 되어 다행이었다. 자동차로 가면 휘리릭 5분이면 충분했던 곳에서 두 시간 이상을 보낸 후에야 우리는 자리를 털고 일어났다. 어차피 여행이라는 건, 정해진 레시피대로 만들어도 누가 하느냐에 따라 맛이 제각각인 요리와 같은 것. 레시피 없이 내 마음대로 요리해서 더 멋진 것을 만들어낸다면 이보다 더 좋은 것이 어디 있을까.

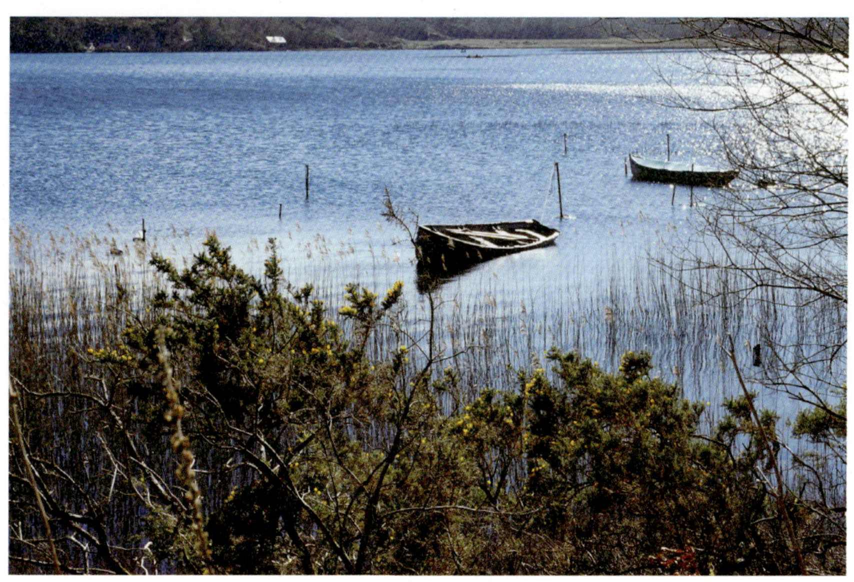

"가는 곳마다 이렇게 시간을 보내다간 하루 안에 다 돌긴 힘들겠어. 이제 그만 가자."

계획에 없던 호수에서의 휴식을 뒤로한 채 차에 올랐다. 일차선 도로의 반대편에서 마주 오는 차들과 가벼운 눈인사를 나누기도 하고, 좁은 길을 조심스레 나눠쓰며 케리 순환도로를 부지런히 내달렸다. 4월의 나무들은 여전히 벌거벗은 채로 우리를 맞이했다. 글렌베이를 지나 아일랜드 독립 영웅, 다니엘 오코넬 생가가 있는 캐허시빈으로 향했다.

글렌베이를 지난 지 약 5분쯤 되었을까? 왼쪽 창문으로 뭔가 예사롭지 않은 풍경이 보이기 시작했다. 한쪽에는 솜사탕처럼 포근한 구름이 산을 뒤덮고 다른 한쪽에서는 에메랄드같이 맑고 아름다운 녹색의 바다가 우리를 유혹하고 있었다. 우리는 또다시 멈춰 설 수밖에 없었다. 맑은 햇살에 비친 초록빛 바다는 무척이나 신기하고도 감격스러웠다. 하늘과 바다와 평원의 모습만으로 마음이 정화되는 느낌이었다.

사람들이 왜 이곳을 그토록 찬양하는지 그제야 어렴풋하게 감이 왔다. 산이 보이다가 바다가 보이다가, 또다시 초원이 보이다가…, 창밖의 자연은 모습을 계속 바꿔가며 우리와 함께하고 있었다. 산을 좋아하는 사람도 바다를 좋아하는 사람도 모두를 만족하게 하는 드라이브 코스. 케리 순환도로는 그런 곳이다. 케리 순환도로에 막상 오고 보니, 한 바퀴를 다 돌아야 한다는 목표는 의미가 없어졌다. 모든 것을 다 볼 수 없다면 마음에 드는 한두 곳이라도 제대로 봐야겠다는 생각이 들었다.

©Sinead McCarthy

각자의 시간으로 채워진 워터빌

카라그 호수, 글렌베이, 캐허시빈을 지나 워터빌에 도착했다. 계획대로라면 출발한 지 1시간 30분이면 될 거리를 4시간이 지나서야 도착하게 된 것이다. 원래 워터빌은 아일랜드어로 '초승달'이라는 뜻을 가진 '코이렌Coirean'이다. 18세기 후반 무렵 부유한 버틀러Butler 가문이 이곳에 집을 지으며 집 이름을 '워터빌'이라고 불렀는데, 19세기 중반부터는 아예 마을의 공식 이름이 되었다. 워터빌은 찰리 채플린Charlie Chaplin, 1889~1977 마을로도 유명하다. 1959년 가족과 함께

이곳에 방문한 찰리 채플린이 마을의 아름다움에 빠져서 해마다 워터빌을 방문했다고 한다. 마을에서도 찰리 채플린 동상을 세우고, 2011년부터는 찰리 채플린 코미디 영화 축제를 개최하며 그를 추억하고 있다.

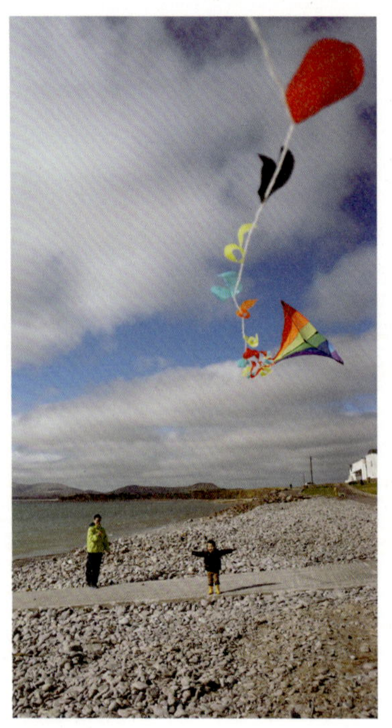

"우리 그냥 여기 바닷가에서 좀 놀다가 가요."

아일랜드에 살면서 터득한 게 하나 있다면, 날씨가 좋을 때는 무조건 그 날씨를 즐겨야 한다는 것이다. 언제 구름이 몰려올지 모르는데, 이렇게 맑고 화창한 순간을 그냥 놓칠 수는 없다.

아들은 워터빌에 도착하자마자 자동차 트렁크에서 모래 놀이 장난감을 꺼내기 시작했다. 남편도 이번 여행에서 꼭 해보겠다며 준비해온 연을 꺼냈다. 나는 나대로 보석을 뿌려놓은 듯 반짝이는 바닷가 산책로를 천천히 거닐었다.

우리 가족은 그렇게 한 장소에 함께 있었지만, 각자의 시간을 즐기며 눈부시게 아름다웠던 또 다른 하늘과 바다를 마음속에 새겼다.

지나치게 계획적이던 나, 여행을 좋아하지 않던 나는 아일랜드에 살면서 변하고 있었다. 케리 순환도로를 여행하며 또다시 배웠다. 계획 없이도 무작정 떠날 수 있는 무모함이 계획만 짜다 아무것도 하지 못하는 것보다 훨씬 더 낫다는 것을. 언제 변할지 모르는 날씨 앞에서 먼 훗날의 '언젠가'를 말하기보다 '지금 이 순간'을 감사하고 즐겨야 한다는 것을 말이다.

줄리아 로버츠가 사랑한 마을, 켄메어

워터빌 바닷가에서 시간을 보내고 우리는 다시 케리 순환도로에 올랐다. 아직 반도 구경하지 못했는데 시계는 벌써 오후를 향해 달려가고 있었다. 하루 만에 이곳을 꼼꼼히 여행한다는 계획은 역시 무리였다. 케리 순환도로의 마지막 종착지인 킬라니까지는 차로 약 1시간 30분. 해가 지기 전에 충분히 갈 수 있는 거리이다. 하지만 제한된 시간에 끼워 맞춰, 아직 다 보지 못한 곳들을 지나쳐버리며 끝내고 싶지는 않았다.

　　결국 우리는 워터빌에서 약 1시간 떨어진 켄메어를 이번 여행의 종착지로 변경하고, 30분을 달려서 '스님'이라는 마을에 도착했다. 참 외우기 쉬운 이름을 가진 이 마을은 아일랜드어로 '매듭the knot'이란 뜻으로 케리 지역을 연결하고 있다는 의미란다. 마을 한가운데 스님 강에는 깊은 산 속 계곡에서나 볼 법한 맑은 물이 화창한 햇살을 받으며 돌 틈 사이사이를 휘돌아 흐르고 있었다. 특별할 것 없는 작은 마을이지만 깨끗한 자연 풍경에 잠시 몸을 맡겼다.

　　다시 30여 분을 달려 도착한 켄메어. 관광지로 유명한 마을답게 마을 어귀부터 줄지어 선 알록달록한 건물들이 가장 먼저 눈에 들어왔다. 할리우드 스타, 줄리아 로버츠가 한때 이곳을 좋아해서, 한 해에도 몇 번씩 방문했다고 한다. '마을에서 선글라스를 낀 입 큰 여자를 만나면 줄리아 로버츠'라는 우스갯소리도 떠돌았다나.

　　그녀의 방문으로 유명해져서인지, 작은 마을인데도 마을 중앙의 번화가에는 시골의 소박함과는 거리가 먼 고급스러운 레스토랑과 숙박 시설이 거리 양쪽으로 줄지어있었다. 부자 마을에 온 듯한 착각을 불러일으키는 화려한 거리 풍경은 온종일 자연 풍경만 감상하며 온 나에게 케리 여행의 감초가 되었다.

예상하던 대로 케리 순환도로는 곳곳에서 우리의 발길을 붙잡았다. 중간중간 발견한 계획에 없던 장소들은 우리 가족만의 특별한 추억을 만들어주었다. 화려하고 웅장한 건축물은 없지만, 자연은 끊임없이 새로운 모습을 보여주었고, 그 절경들을 하나라도 놓칠세라 고개를 좌우로 두리번거리며 가야 했다. 길을 잘못 들어 도로 반대편에서 오는 자동차와 충돌할 뻔한 아찔한 순간도 있었지만, 이 또한 스릴 넘치고 즐거운 순간이었다. 창문 너머로 펼쳐진 시원한 하늘, 하늘과 하나가 된 듯한 바다, 봄빛을 띠고 있는 드넓은 들판은 탄성을 자아내기에 충분했다. 어쩌다 메마른 풍경이 이어질 때는 때마침 라디오에서 내 취향을 알기라도 하듯 좋아하는 음악이 흘러나와 다시금 여행의 설레임과 감흥을 불러일으켜 주기도 했다.

여행은 나에게 인생을 살아가는 데 필요한 작은 팁을 알려주는 듯하다. 예상치 않은 일이 일어났을 때 당황하지 말고 즐겨야 한다는 것을, 뜻밖의 인생길이 나를 더 즐겁게 해줄 수 있다는 것을 말이다.

🚌 킬라니 ➡ 케리 순환도로(투어 버스)

이동 방법 케리 순환도로는 대중교통으로 이동하기 힘들다. 킬라니에서 출발하는 투어 버스를 타고 이베라 반도 주변의 작은 마을(워터빌, 스님, 킬로글린 등)을 둘러보는 것이 가장 경제적이다. 투어 프로그램은 구글 검색창에서 'Ring of Kerry Tour from Killarney'로 검색하면 찾을 수 있는데, 그중 하나를 소개한다.

홈페이지 www.paddywagontours.com

출발 시간 오전 10시 40분, 파디웨건 오피스(Paddywagon Office) 앞에서 승차

도착 시간 저녁 5시 무렵

요금 성인 €25

참고 사항 더블린이나 코크에서 출발하는 투어 프로그램도 있다.

알아두면 좋은 아일랜드 문화와 표현들

[손등을 보이는 V자는 금물]

사진을 찍을 때 손가락으로 V자를 만드는 포즈를 많이 취하곤 하는데, 아일랜드에서 손등이 보이는 V 제스쳐는 욕설을 의미하니 조심해야 한다.

[안주 없이 마시는 맥주]

한국에서는 안주 없이 술만 시키면 주인의 따가운 눈총을 받을 수 있지만, 아일랜드는 그렇지 않다. 맥주 한 잔 시켜놓고 1~2시간 이야기하는 것은 아일랜드에서 흔한 문화이므로, 비싼 안주를 시켜야 한다는 부담은 내려놓고 아이리시 펍을 즐기면 된다.

[비가 와도 우산을 쓰지 않는 사람들]

유럽을 여행하다 보면 비가 와도 우산을 쓰지 않는 사람들의 모습이 의아하게 느껴진다. 아일랜드 사람들도 역시 마찬가지다. 비가 금세 그칠뿐더러 바람이 너무 세서 우산이 별 쓸모없을 때가 많기 때문이다.

['감사합니다'의 아일랜드식 표현은 'Thanks a million']

아일랜드 사람들을 만나면 가장 많이 듣는 표현이 'Thanks a million'이다. 미국식의 'Thank you so much'보다 이 표현을 많이 사용하니 기억해둘 것!

['실례합니다'라는 말을 하고 싶을 땐 'Sorry']

아일랜드에선 'Excuse me'보다 'Sorry'를 빈번하게 사용한다. 'Excuse me'를 사용해야 하는 상황엔 간단히 'Sorry'라고 하면 된다.

[아이리시들에게 점심은 'Lunch'가 아닌 'Dinner']

아일랜드 사람들(특히 30대 이상)은 점심을 'Lunch'가 아닌 'Dinner'로, 저녁은 'Tea Time'이나 'Super'로 부른다. 레스토랑에선 몰라도 되지만 현지인들과 대화할 때 알아두면 유용하다. 아이 어린이집 선생님이 '아이가 Dinner를 잘 먹었다'는 말에 따로 저녁을 안 챙겨주다가 며칠 후에야 알게 된 웃지 못할 해프닝도 있었다.

아일랜드 속의 영국

북아일랜드

✳ 북아일랜드의 중심, 벨파스트

아일랜드는 여러모로 우리나라와 닮은 점이 많다. 국토의 모양이 비슷하고 술을 좋아하고 음악을 사랑한다. 한때 식민지 지배하에 있기도 했고 IT 강국이기도 하다. 남북으로 나뉘어있는 점까지. 여권 없이도 자유롭게 오갈 수 있다는 점은 우리보다 낫긴 하다. 북아일랜드는 영국령이지만 자치권을 가지고 있어서인지, 복잡한 정치적 상황과 화폐 차이를 빼면 북아일랜드와 아일랜드의 차이를 느끼기 힘들다.

그럼에도 불구하고 아일랜드 공화국과 북아일랜드는 많이 다르다. 정확하게 말하면 어느 나라에 속해있느냐에 따라 도시의 분위기가 다르다. 특히 북아일랜드의 수도인 벨파스트Belfast에 가보면 그 차이가 확연히 나타난다. 단순히 유니언잭Union Jack, 영국 국기이 날리고 파운드화를 쓰기 때문만은 아니다. 벨파스트는 런던의 한 구역을 뚝 떼서 이곳에 옮겨놓은 것처럼 영국의 색채가 강하다. 건축물부터가 런던에서 흔하게 마주치는 조지언 양식이나 빅토리안 양식으로 지어진 집이 대부분이다. 같은 땅덩어리 안에 있고 비슷한 자연환경을 가졌지만 건축 양식과 행정 주체에 따라 달라지는 도시의 분위기가 참으로 신기하다.

아일랜드를 여행하는 사람들에게 벨파스트는 북아일랜드 여행을 위해 거쳐 가는 도시쯤으로 여겨진다. 길어봐야 반나절의 시간을 투자할 정도? 하지만 벨파스트에는 숨은 명소가 즐비하다. 아일랜드 제2의 도시 코크Cork나 제3의 도시 골웨이Galway보다 더 크고 볼거리가 풍부한 벨파스트를 살펴보자.

[**크라운 리큐르 살롱**] 벨파스트의 고속버스 터미널인 유로파Europa 버스 정류장 맞은편에 위치한 크라운 리큐르 살롱The Crown Liquor Saloon은 1826년에 처음 지어지고, 1885년에 재단장한 술집이다. 3층 높이의 연노랑 건물은 겉에서 보기에도 꽤 오래돼 보이는데, 안으로 들어가면 과거로 돌아간 느낌이 들 정도로 당시의 모습을 그대로 품고 있다. 바닥의 알록달록한 타일, 정교하게 조각된 가구와 천장, 화려한 스테인드글라스 창문까지 어느 것 하나 평범한 것이 없다. 과거 귀족들을 위한 술집이 아닐까 상상할 수 있을 만큼 화려한 빅토리안 양식을 보여준다. 들어가자마자 기네스 맥주 한 잔은 마셔야 할 것 같은 매혹적인 크라운 리큐르 살롱. 벨파스트 여행은 이곳에서 시작해보자.

[**벨파스트 시청**] 도니골Donegall 광장에 자리 잡은 벨파스트 시청Belfast City Hall은 벨파스트를 대표하는 건축물로 1898년에 착공해 1906년에 완공되었다. 건물 앞의 빅토리아 동상은 여기가 영국령이라는 것을 암묵적으로 알려주고 있다. 런던의 중앙 형사 법원The Old Bailey과 디자인이 유사한 이 건물은 네 귀퉁이에 있는 53m 높이의 탑으로 르네상스 양식의 화려함을 뽐내고 있다. 정원에는 타이타닉 희생자들과 미군 참전 용사를 기리는 동상이 세워져 있다. 타이타닉 동상 앞으로 당시 목숨을 잃은 사람들의 이름이 새겨진 기념비도 있다. 어떠한 설명이 없어도 이름을 읽는 것만으로 숙연해지고 슬픔이 전해지는 곳이다.

더블린 시청은 아일랜드를 대표하기에 어딘가 부족해 보이지만, 벨파스트 시청은 작은 북아일랜드를 대표하기에 손색이 없을 만큼 웅장하고 화려하다. 시청 내부는 무료로 투어가 가능한데도 입장료가 있는 더블린 시청에 비해 훨씬 볼거리가 많다. 대리석으로 마감된 중앙 홀로 들어가면, 21세기에 북유럽 스타일이 유행할 것을 예견한 듯한 흑백 마름모 패턴의 바닥재가 눈에 들어온다. 크림색과 연하늘색으로 이루어진 돔 모양의 천장 중앙에는 화려한 샹들리에가 달려있는데, 마치 무채색의 바닥과 은은한 벽이 전부가 아니라고 말해주는 듯하다. 벽면 기둥에는 흰색으로 섬세하게 조각한 입체 문양이 우아한 느낌으로 다가온다. 웅장하고 화려한 건물의 디자인은 작은 영국의 위상을 충분히 보여주고 있다.

[퀸즈 대학교] 더블린에 트리니티 대학이 있다면, 벨파스트에는 퀸즈 대학교Queen's University가 있다. 160년의 전통을 지닌 퀸즈 대학교는 북아일랜드를 대표하는 공립대학이자 러셀 그룹Russell Group, 리서치 중심 대학교 연합의 일원으로 그 우수성을 인정받는 명문교이다. 대통령을 비롯하여 노벨상 수상자, 세계적인 건축가 등 각계각층의 저명인사가 이 학교 출신이다. 중세 대학을 방불케 하는 진회색의 트리니티 대학과는 달리 붉은 벽돌로 지어져서 온화하고 고풍스러운 분위기를 연출하고 있다.

 퀸즈 대학교 바로 옆에 울스터 박물관Ulster Museum이 자리 잡고 있다. 6층으로 이루어진 이곳은 런던의 대영박물관, 자연사 박물관, 내셔널 갤러리를 모아서 샘플 버전으로 만든 것 같다. 한 건물 안에 역사, 자연사, 미술까지 세 개의 테마가 담겨있는데도 잘 설계된 동선 덕분에 관람하기 편하고 소장품 또한 훌륭하다. 역사 전시관은 영국과 아일랜드 역사를 함께 다루고 있으며, 미술 전시관에서도 영국과 아일랜드 작가의 작품을 두루 관람할 수 있다. 전시관마다 어린이들의 체험 학습 장소도 있어서 가족 단위로 여행 온 사람들에게도 추천할 만하다.

보타닉 정원Botanic Garden은 울스터 박물관 옆에 있는 작은 식물원으로 열대 식물과 다양한 꽃들을 만날 수 있다. 큰 규모는 아니지만, 무료입장이라 부담 없이 휴식을 취하기에 안성맞춤이다.

[세인트 조지스 마켓] 세인트 조지스 마켓St. George's Market은 벨파스트에서 가장 오래된 식자재 시장으로 1890년에서 1896년 사이에 지어졌다. 대형 창고 몇 개를 합쳐놓은 듯한 큰 규모를 자랑하며, 2014년에는 영국에서 가장 큰 실내 시장으로 선정되기도 했다. 식자재부터 공예품, 골동품까지 없는 게 없고, 커피숍과 레스토랑 등도 갖추고 있다.

세인트 조지스 마켓의 또 다른 매력은 공연이다. 매주 시장 안에서 다양한 공연이 펼쳐지는데, 고맙게도 입장료가 없다. 근처에서 음식을 사서 중앙 테이블에 앉으면 끝. 저렴하고 맛있는 음식을 먹으며 지역의 음악을 덤으로 들을 수 있는 이곳을 꼭 들러보길 바란다. 단, 금요일부터 일요일까지만 여는 것을 명심!

[알버트 메모리얼 시계탑] 빅토리아 거리Victoria St.와 메이 거리May St. 사이에 우뚝 서있는 알버트 메모리얼 시계탑Albert Memorial Clock은 얼핏 보기에 런던의 빅벤을 닮았다. 빅토리아 여왕이 그의 남편인 알버트 공의 사망을 추모하기 위해 설립한 시계탑이다.

43m 높이의 시계탑은 프랑스와 이탈리아 고딕 양식을 접목한 디자인으로 시계 윗부분에 매우 정교한 탑들이 세워져 있다. 또한 시계탑 아래 기둥에는 알버트 공의 조각상을 비롯해 사자와 꽃 등이 조각되어있다. 시계탑 옆의 광장에는 바닥 분수가 설치되어있어서 아이들의 물놀이 장소로도 사랑받는다.

[빅토리아 스퀘어 전망대] 도시 여행에서 빼놓을 수 없는 전망대 투어. 벨파스트의 전경을 한눈에 보고 싶다면 빅토리아 스퀘어Victoria Square 쇼핑센터로 가시라! 빅토리아 스퀘어의 꼭대기에는 유리 돔으로 된 무료 전망대가 있다. 아주 드라마틱한 전경이 펼쳐지지는 않지만 알버트 메모리얼 시계탑과 타이타닉 배를 건조했던 장소가 보인다. 쇼핑센터 안에 다양한 브랜드숍과 레스토랑도 있어서, 비가 오거나 추울 때 시간 보내기 좋은 장소이기도 하다.

[빅피쉬] 빅피쉬The Big Fish는 벨파스트를 흐르는 라간Lagan 강을 재개발하면서 이를 기념하기 위해 만든 거대한 조형물이다. 10m 크기의 연어 모양으로 만들어졌는데, 표면의 세라믹 타일에 벨파스트의 주요한 역사적인 사건과 이미지들을 기록해놓았다. 강과 빅피쉬를 배경으로 기념사진을 찍는 것도 잊지 말자.

크라운 리큐르 살롱(The Crown Liquor Salon)

주소 46 Great Victoria St, Belfast, Antrim BT2 7BA, UK
운영 시간 10:00~23:30(목~토요일은 24:00까지, 일요일은 23:00까지)

벨파스트 시청(Belfast City Hall)

홈페이지 www.belfastcity.gov.uk/tourism-venues/cityhall
주소 Donegall Square, Belfast BT1 5GS, UK
운영 시간 08:30~17:00(월~금), 10:00~16:00(토~일)

퀸즈 대학교(Queen's University)

홈페이지 www.qub.ie
주소 University Rd, Belfast BT7 1NN, UK

울스터 박물관(Ulster Museum)

홈페이지 nmni.com/um
주소 Botanic Gardens, Belfast, Antrim BT9 5AB, UK
운영 시간 10:00~17:00(단, 월요일 휴관)

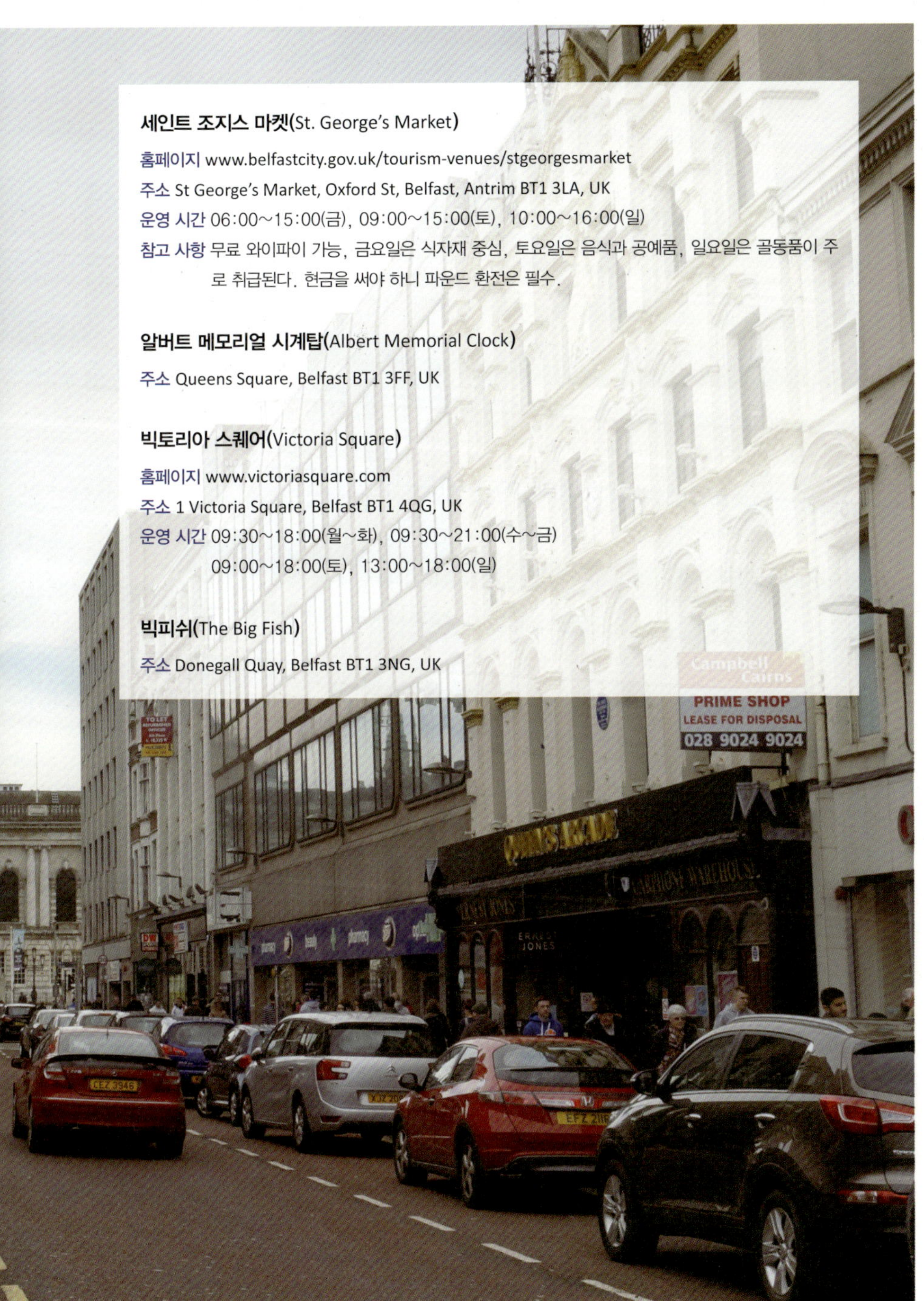

세인트 조지스 마켓(St. George's Market)

홈페이지 www.belfastcity.gov.uk/tourism-venues/stgeorgesmarket

주소 St George's Market, Oxford St, Belfast, Antrim BT1 3LA, UK

운영 시간 06:00~15:00(금), 09:00~15:00(토), 10:00~16:00(일)

참고 사항 무료 와이파이 가능, 금요일은 식자재 중심, 토요일은 음식과 공예품, 일요일은 골동품이 주로 취급된다. 현금을 써야 하니 파운드 환전은 필수.

알버트 메모리얼 시계탑(Albert Memorial Clock)

주소 Queens Square, Belfast BT1 3FF, UK

빅토리아 스퀘어(Victoria Square)

홈페이지 www.victoriasquare.com

주소 1 Victoria Square, Belfast BT1 4QG, UK

운영 시간 09:30~18:00(월~화), 09:30~21:00(수~금)
09:00~18:00(토), 13:00~18:00(일)

빅피쉬(The Big Fish)

주소 Donegall Quay, Belfast BT1 3NG, UK

✳ 평화의 벽에 새겨진 아일랜드 독립운동사, 폴스 거리와 샨킬 거리

　벨파스트 시청에서 서쪽으로 15분 정도 걸어가다 보면 아일랜드 구교도 주민들이 거주하는 폴스 거리Falls Road와 영국계 신교도 주민들이 거주하는 샨킬 거리Shankill Road를 만날 수 있다. 이 거리를 제대로 이해하려면 아일랜드 독립의 역사를 먼저 알아야 한다. 800년 이상 영국의 식민지 아래 있던 아일랜드가 독립하는 과정은 오랜 기간만큼이나 복잡한 역사를 지니고 있기 때문이다.

　아일랜드 독립의 역사는 크게 두 개의 사건이 중심이 된다. 1919년 옛IRAIrish Republic Army, 아일랜드 공화국군*가 영국에 대항해 벌인 독립 전쟁이 그 첫 번째이며, 두 번째는 1969년 이후 IRA의 분열로 일어난 내전이다. 소위 '아일랜드 독립 전쟁'으로 불리는 영국-아일랜드 전쟁은 게릴라전으로 진행되어 양측 모두 상당한 피해를 입었다. 2년여가 흐른 1921년 7월, 영국은 휴전을 제안했는데, 그 내용은 남아일랜드는 독립시키고 북아일랜드는 실질적인 독립국으로 만들되 형식적으로는 영국 자치령으로 남게 한다는 것이다. 당시 독립운동의 중심인물이던 아서 그리피스Arthur Griffith, 1872~1922와 마이클 콜린스Michael John Collins, 1890~1922는 이 조건을 받아들여 1921년 12월에 영국과 조약을 체결했다. 이에 에이몬 데 발레라Eamon de Valera, 1882~1975가 이끄는 반대파가 강하게 반발하면서 찬성파와 본격적인 내전이 시작되었다. 초기 내전은 1년이 채 되지 않아 끝났지만, 북아일랜드를 제외한 아일랜드가 1949년에 영국 연방에서도 완전히 독립하여 '공화국'이란 명칭을 택하면서 분단을 인정하기에 이른다.

---

* 아일랜드 의회의 승인 아래 마이클 콜린스가 창설한 아일랜드 공화국군이다. 아일랜드 내전에서 활동한 아일랜드 공화국군 임시파(Provisional Irish Republican Army, PIRA)를 흔히 IRA로 칭하므로, 이와 구분하기 위해 본 '옛IRA'로 표기한다.

1969년 이후 북아일랜드의 IRA는 아일랜드 공화국군 공식파Official Irish Republican Army, 이하 OIRA와 아일랜드 공화국군 임시파Provisional Irish Republican Army, 이하 PIRA로 나뉘고, 구교도의 지지를 받던 PIRA가 세력을 키워서 본격적으로 테러를 하기 시작했다. 1972년 1월 30일(훗날 '피의 일요일Bloody Sunday'로 불리게 된다.), 북아일랜드의 도시 데리Derry에서 PIRA와 영국군이 충돌하여 비무장 시민 열세 명이 그 자리에서 죽고, 수십 명이 부상당했다. 테러의 정당성을 얻게 된 PIRA는 북아일랜드뿐만 아니라 영국 본토에서도 폭력 투쟁을 감행했다. 이후 영국계 신교도 조직이 만들어지면서 피의 악순환이 계속되었다. 결국, 그 해에 영국 정부는 북아일랜드 자치 의회를 철회하고 직접 통치하기 위해 영국군을 파견했다. 이때부터 PIRA의 투쟁 대상은 북아일랜드 정부가 아니라 영국 정부가 되었다.

아일랜드 공화국은 PIRA의 연이은 테러로 그들과 적대적이 되었다. 북아일랜드 독립을 위해 싸우는 PIRA의 의도는 인정하지만, 폭력이 아닌 설득과 동의로 이루어져야 한다는 입장을 확실히 했다. 테러와 보복이 악순환되는 것에 부담을 느낀 영국과 아일랜드 정부는 1997년 새로 취임한 토니 블레어 총리의 주도하에 대화를 추진했다. 그 결과 1998년 4월에 실시된 국민 투표로 북아일랜드에서는 71%, 아일랜드 공화국에서는 94%의 지지를 얻으며 '성 금요일 협정Good Friday Agreement'을 체결한다. 주요 내용은 PIRA는 무장을 해제하고, 북아일랜드에 자치권을 부여하는 것이다.

평화를 염원하는 모든 이들의 마음이 한자리에

북아일랜드는 영국계 신교도가 58%, 나머지는 아일랜드 출신의 구교도로 구성되어 있다. 한때 이들은 학교도 같이 다니지 않았고 같은 지역에 살지도, 만나지도 않았다. 샨킬 거리는 영국계가 사는 지역, 폴스 거리는 아일랜드계가 사는 지역으로 불리며 1969년부터 두 거리 사이에 큰 장벽이 세워져 있다. 높은 장벽과 거친 철조망은 그들이 과거에 가졌던 적대심과 증오심이 어느 정도였는지를 잘 보여준다.

하지만 평화협정 이후 이곳은 '평화의 벽The Peace Wall'으로 불리며 달라이 라마, 빌 클린턴, 저스틴 비버 등 저명인사를 비롯한 많은 이들이 평화의 염원을 이곳에 새겼다. 특히 테러로 인해 죽은 사람들을 위로하고 PIRA의 폭력성을 알리기 위한 벽화가 거리 곳곳에 그려져 있다.

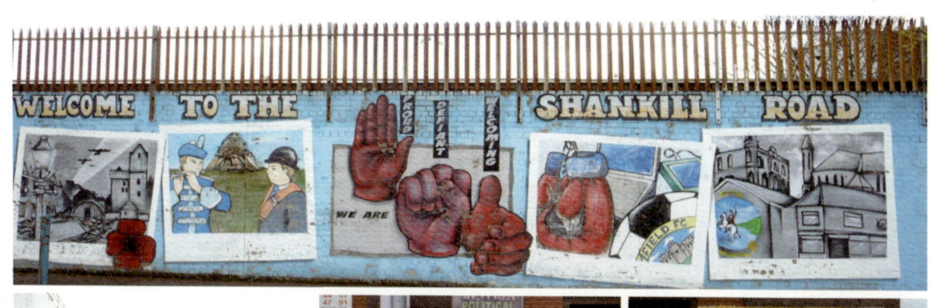
WELCOME TO THE SHANKILL ROAD
PROUD DEFIANT WELCOMING
WE ARE

PE PLE BEFORE PROFIT
RESPECT
EQUALITY

REPUBLICAN
SOCIALIST MOVEMENT
IRSP ··· INLA
REMEMBERS AND SALUTES
ALL THOSE WHO GAVE THEIR LIVES
AND LIBERTY IN THE STRUGGLE
FOR NATIONAL LIBERATION
AND SOCIALISM IN IRELAND
1916 – 2016

The Pathway to Peace: PAKE BIDEAN
FREE OTEGI
Over 700 Political
Prisoners in Spanish
And French Jails
FREE THEM ALL!
REFUGEES WELCOME
FÁILTE ROMHAIBH
A CHAIRDE
FREE
OTEGI

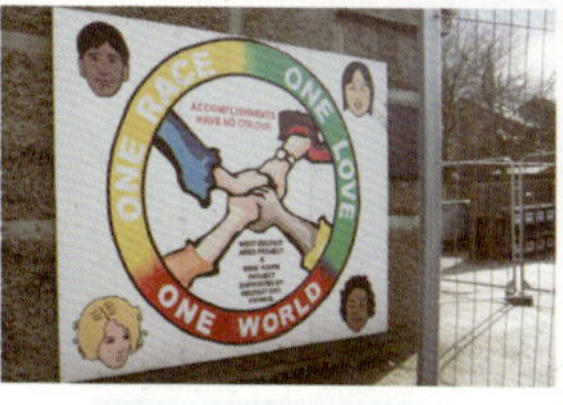
ONE RACE ONE LOVE ONE WORLD

THE PEOPLES ARMY
A. McLean

WELCOME TO THE SHANKILL ROAD

UFF   UDA

IRSP INLA

벽화는 비단 아일랜드 안의 투쟁과 희생에만 국한되지 않는다. 2차 세계 대전이 끝난 날의 기쁨, 1차 세계 대전에 참가하는 아버지와 아들의 모습, 다른 민족의 독립을 지지하는 벽화까지 국제 정치 이슈에 눈을 돌린 것들도 보인다.

이 거리에서 가장 주목해야 하는 사람은 PIRA 출신의 시인이자 투사였던 바비 샌즈Bobby Sands, 1954~1981이다. 갈색 장발 머리, 처진 눈, 해맑은 미소의 샌즈를 그린 벽화는 폴스 거리에서 가장 유명한 벽화 중 하나이다. 샌즈는 1972년 10월 자택에서 무기 소지 혐의로 체포되었다가 1976년에 풀려났으나 다시 폭파 사건에 연루되어 투옥되었다. 감옥에서 그는 두루마리 화장지에 시와 글을 적어 밖으로 내보냈고 이것이 신문에 게재되면서 사람들이 그에 대해 관심을 가지게 되었다.

그는 수감 중인 PIRA 단원들을 정치범으로 인정해달라며 감옥에서 단식 투쟁을 벌였다. 그의 요구사항 중에는 죄수복을 입지 않을 권리, 사역을 거부할 권리, 수감 동료와 접촉할 권리도 포함되어있었다. 당시 영국 수상이던 마가렛 대처Margaret Thatcher, 1925~2013는 이들을 범죄자로 규정하며 일체의 협상을 거부했다. 정치범으로 인정하는 것은 PIRA를 합법적인 단체로 인정한다는 의미였기 때문이다. 일본이 독립군과 안중근 의사를 테러범으로 모는 것과 일맥상통할 것이다.

그가 단식하던 때, 당시 교황이던 요한 바오로 2세가 특사를 보내 단식 중단을 권유하기도 했고, 유엔 인권위원회에서 샌즈를 면회하기도 했다. 단식 중이던 그가 영국 하원 의원 보궐선거에 출마해 3만 표가 넘는 지지를 얻고 당선되는 이변도 있었다.

하지만 결국, 바비 샌즈는 65일간의 단식 끝에 1981년, 27세의 젊은 나이로 사망한다. 그를 포함한 총 열 명이 아사하고 난 후에야 영국 정부는 일부 요구 조건을 수용했지만, 끝까지 정치범 지위는 인정하지 않았다. 샌즈의 이런 이야기는 2008년에 개봉한 스티브 맥퀸Steve Mc-Queen 감독의 영화 《헝거Hunger》에 담기기도 했다(한국 개봉은 2016년).

폴스와 샨킬 거리에 가던 날, 나는 가장 날씨가 좋고 안전한 시간대를 선택했다. 내전은 끝났고 평화협정도 맺어졌지만, 그 거리를 혼자 걷기 위해선 큰 용기가 필요했다.

늘 보던 길과 다를 것 없는데도 도로를 달리는 자동차 소리가 유난히 크게 들려왔다. 불안

한 마음은 계속 나를 따라다녔다. 언성 높여 말하는 소리가 들리거나 낯선 남자가 내 옆을 지나치면 나도 모르게 걸음이 빨라지고 몸이 움츠러들었다. 귀가 찢겨나갈 듯 시끄러운 앰뷸런스 소리가 들릴 때는 그야말로 공포 그 자체였다. 새 삶을 살기로 다짐한 전과자에게서 조금만 이상한 행동이 보이면 다른 사람들보다 더 엄격한 잣대를 들이대며 그를 의심하는 것처럼, 그 거리에서의 내 모습이 딱 그랬다.

하지만 이 지역의 역사를 몰랐다면 특별히 다른 점을 느끼지 못할 만큼 동네는 평범하다. 여느 동네처럼 학교가 있고 놀이터도 있다. 정치적이고 이념적인 메시지가 담긴

벽화 앞에서도 아이들은 천진난만하게 뛰어놀고 있다. 벽화가 그려진 것 말고는 특별히 다른 점을 찾아볼 수 없다. 그저 평범한 사람들이 살아가는 곳이다. 아니 어쩌면 어느 누구보다 평화를 염원하는 사람들이 살고 있는지도 모른다.

한때 이념의 대립으로 같은 민족끼리 피의 전쟁을 치렀던 그들은 많은 이들이 희생되고 나서야 한 발짝 물러날 수 있게 되었다. 오래지 않은 미래엔 '평화의 벽'이라는 이름에 걸맞게 벽을 허물고 작은 앙금까지도 사라지는 날이 오기를 기원해본다.

🚕 **폴스 거리 & 샨킬 거리**(Falls Road & Shankill Road)

이동 방법 택시 투어인 블랙캡 투어(Black Cab Tour)를 이용한다. 택시 가이드가 유명한 벽화를 찾아다니며 벽화에 관련된 이야기를 해줘서 편하다. 투어는 영어로 진행된다.

소요 시간 약 1시간 30분

요금 약 £30

참고 사항 벽화가 여러 곳에 흩어져있기 때문에 도보로 여행한다면 최소 2시간 이상을 할애해야 한다.

주택가임에도 불구하고 인적이 드문 곳이 많으니 혼자 다니지 말 것!

☀ 타이타닉에 관한 모든 것, 타이타닉 벨파스트 박물관

1997년, 내가 여고생이던 그 시절에 제임스 캐머론James Cameron 감독이 만든 영화《타이타닉》이 전 세계를 떠들썩하게 했다. 사실 그 당시엔 영화 이면의 이야기는 잘 몰랐고, 큰 관심도 없었다. 그저 만인의 연인이었던 디카프리오를 보기 위해 달려갔을 뿐이다. 내 기억에 남아있는 건 전체적인 스토리가 아니라, 셀린 디온이 부른 사운드트랙, 디카프리오와 윈슬렛이 뱃머리에 두 팔을 벌리고 서있는 모습, 배가 침몰하는 그 순간까지 음악을 연주했던 바이올리니스트들, 두 손을 맞잡은 채 함께 침대에 누워 죽음을 기다리는 노부부 등 단편

적인 장면들이다. 20년이 훌쩍 지난 지금, 과거의 나는 전혀 생각하지도 못했던 나라인 아일랜드에 살고 있고, 타이타닉 박물관에 와있다는 사실이 새삼 놀랍기만 하다.

타이타닉을 기억하는 타이타닉 벨파스트 박물관

타이타닉호가 침몰한 지 100주년이 되던 2012년, 3년 이상의 공사 기간을 거치고 그해 3월에 타이타닉 벨파스트 박물관Titanic Belfast이 개관했다. 2016년 유럽 최고의 명소Europe's Leading Tourist Attraction로 선정된 타이타닉 벨파스트 박물관은 타이타닉을 실제로 만들던 터 바로 옆, 부둣가에 자리 잡고 있다. 뱃머리를 연상시키는 건물의 외관이 맨 먼저 눈길을 끈다. 중앙의 건물 주위로 뱃머리 모양을 한 네 개의 건물이 연결되어있는데, 멀리서 외벽을 보면 작은 깃털이 촘촘하게 박혀있는 것 같다. 크리스탈로 표현된 중앙 건물은 얼음을 뜻하고, 깃털처럼 보이는 외벽은 수천 개의 개별 알루미늄 패널을 붙여서 파도를 표현했다고 한다.

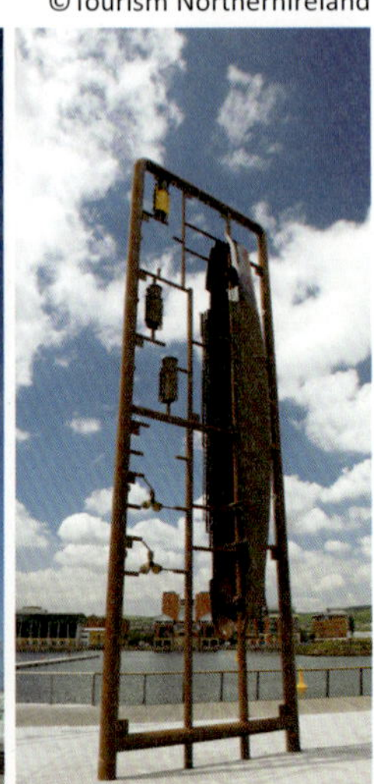

　총 6층으로 이루어진 박물관 안에는 다양한 전시장이 갖춰져 있다. 'Boarding Pass'라고 적힌 입장권을 받아 들고 2층으로 향한다. 에스컬레이터 옆에 적힌 타이타닉 승객들의 이름을 보며 사뭇 숙연해진 마음으로 관람은 시작된다. 전시장은 당시 벨파스트의 산업과 경제에 관한 이야기부터 배가 건조되는 과정과 배의 구조, 사고 전까지 승객들의 일상과 빙산에 부딪힌 후의 상황들, 생존자들의 이야기까지 시간 순서대로 볼 수 있도록 자연스럽게 동선을 유도해놓았다.

　박물관은 시청각 자료뿐만 아니라 오감으로 직접 느껴볼 수 있는 배려도 잊지 않았다. 특히, 십야드The Shipyard 전시장에는 놀이 기구 같기도 한 자동차 모양의 리프트를 타고 지하로 내려가면서 배의 건조 과정을 볼 수 있다. 당시의 환경이 현장감 있게 느껴지도록 내부를 아주 어둡게 하고 소음도 그대로 발생시키고 있다.

가장 인상적인 곳은 피트아웃The Fit-Out 전시실이다. 벽면 가득히 270° 스크린이 설치되어있는데, 타이타닉호의 엔진실에서부터 지상의 다이닝 룸, 연회장소, 선실 등 지하에서 지상까지의 모습을 3D로 보여준다. 가만히 서서 영상을 보고 있으면 마치 내가 실제 배 안에 있는 것처럼 느껴진다.

《타이타닉》영화를 보면 마지막 순간까지 승객들을 위해 바이올린을 연주한 네 명의 연주자가 나온다. 가장 감동적인 장면 중 하나로 꼽히는 이 장면은 실제로 영국 출신의 바이올리니스트 월리스 헨리 하틀리Wallace Henry Hartley와 그의 밴드 멤버들의 이야기이다. 생존자들의 증언에

따르면 타이타닉이 빙산과 충돌하고 침몰하기 시작한 때부터 배가 완전히 침몰할 때까지 연주를 멈추지 않았다고 한다. 영화 속 장면은 허구가 아닌 사실이었던 것이다. 영화에서처럼 연주가들은 침몰 전 〈내 주를 가까이하게 함은〉이라는 찬송가를 연주했고 훗날 이 노래는 하틀리의 장례식에서도 연주되었다.

영화 속 장면을 되짚어보고 실제 사건과 비교하며 관람할 수 있어서 더욱 진지하고도 의미 있는 시간이었다. 이렇듯 슬픈 역사를 잊지 않고 영화로, 책으로 기록해주는 사람들 덕분에 우리는 진실에 더욱 가깝게 다가선다. 기억하고 추모하는 것은 이제 남아있는 자들의 몫이다.

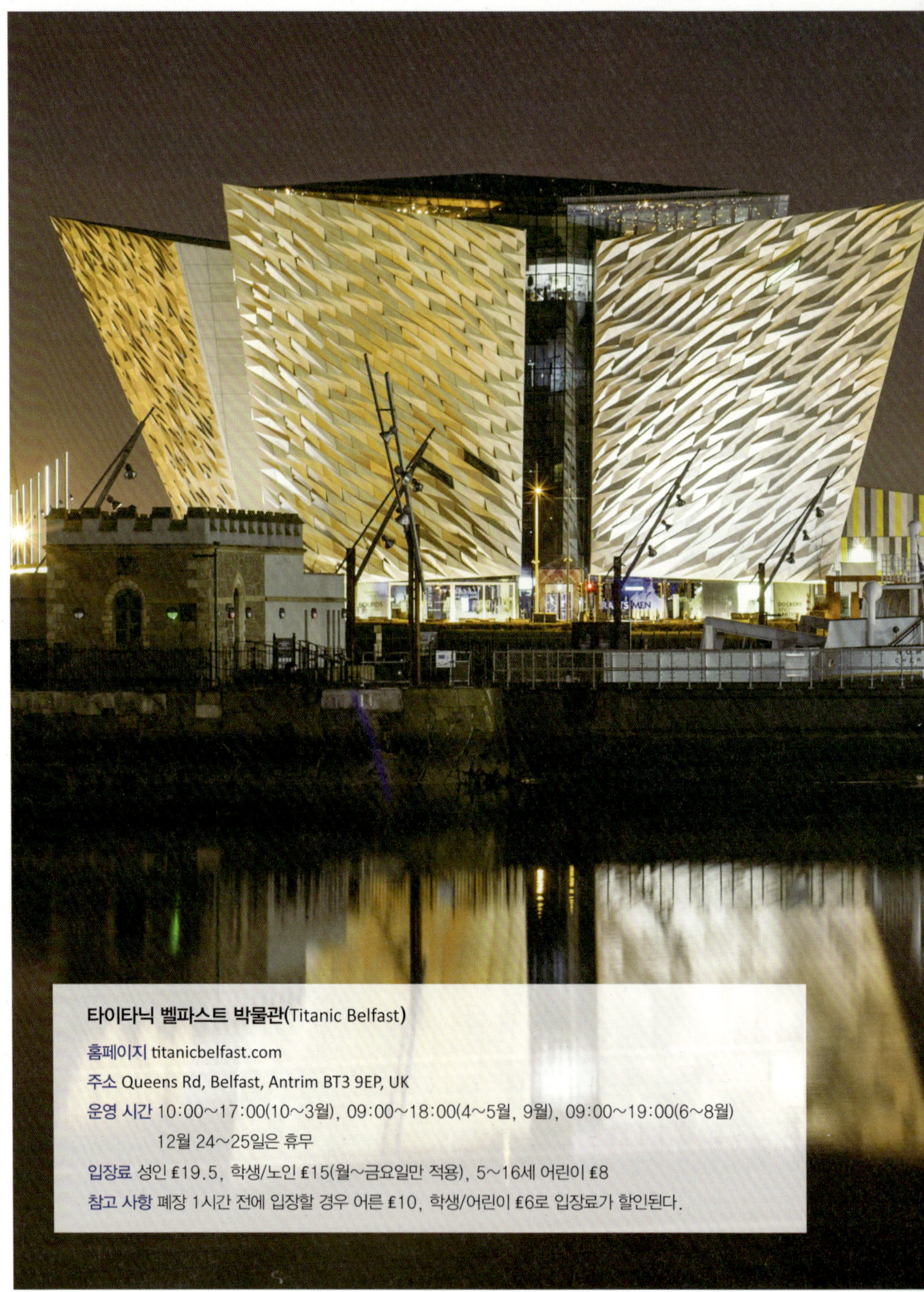

타이타닉 벨파스트 박물관(Titanic Belfast)

홈페이지 titanicbelfast.com

주소 Queens Rd, Belfast, Antrim BT3 9EP, UK

운영 시간 10:00~17:00(10~3월), 09:00~18:00(4~5월, 9월), 09:00~19:00(6~8월)
12월 24~25일은 휴무

입장료 성인 £19.5, 학생/노인 £15(월~금요일만 적용), 5~16세 어린이 £8

참고 사항 폐장 1시간 전에 입장할 경우 어른 £10, 학생/어린이 £6로 입장료가 할인된다.

THIS WAY
Honest

✱ 외나무다리에 서서 자신을 시험해보다, 캐릭아레드 로프

　북아일랜드의 가장 북쪽 해안 도로변에는 캐릭아레드 로프Carrick-a-Rede Rope라는 다리가 있다. 과거 연어잡이 어부들이 사용하기 위해 만들었지만, 현재는 관광 목적으로만 사용되고 있다. 나무판자와 밧줄로 만들어진 이 다리의 길이는 20m, 바다에서 다리까지의 높이는 약 30m이다.

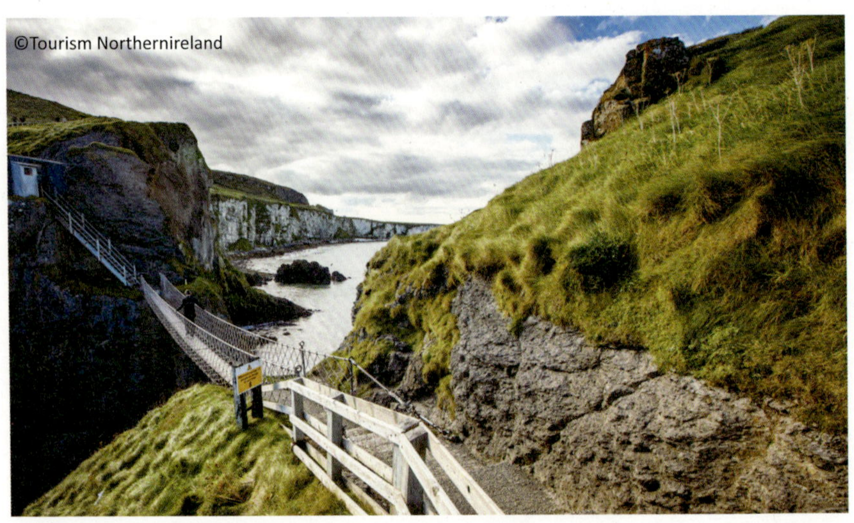

　영국 관광청에서 운영하는 여행 사이트인《내셔널 트러스트National Trust》에서는 이 다리를 '세계에서 가장 위험한 10대 다리 중 하나'라고 설명한다. 하지만 관광객들 사이에서는 '가장 실망한 여행지 중 하나'로 통한다.

　그도 그럴 것이 6파운드(한화로 약 만 원)에 가까운 입장료를 내고 고작 20m의 다리를 건너고 나면 관광객의 입장에선 돈이 아깝고 실망스러울 수밖에 없다. 나 역시도 같은 이유로 망설이고 있었다. 그런 내게 남편이 말했다.

　"여보, 우리가 평생 또 언제 이곳에 와보겠어. 처음이자 마지막이라고 생각하자."

'그래, 내가 언제 또 이 다리를 건너리.' 그렇게 나 자신을 다독이며 캐릭아레드 로프로 향했다. 입장료를 내고 제주도의 올레길 같은 긴 등산로를 한참 걸어갔다. 막상 안으로 들어오니 다리까지 가는 산책로가 유모차를 밀 수 있을 정도로 잘 닦여있어서 아이와 산책하기에도 좋다. 주변에 보이는 자연경관은 또 얼마나 장관이던지, 탁 트인 해안절벽 아래로 부딪히는 파도를 보고 있으니 갈까 말까 주저했던 마음이 파도와 함께 쓸려 내려가는 기분이었다.

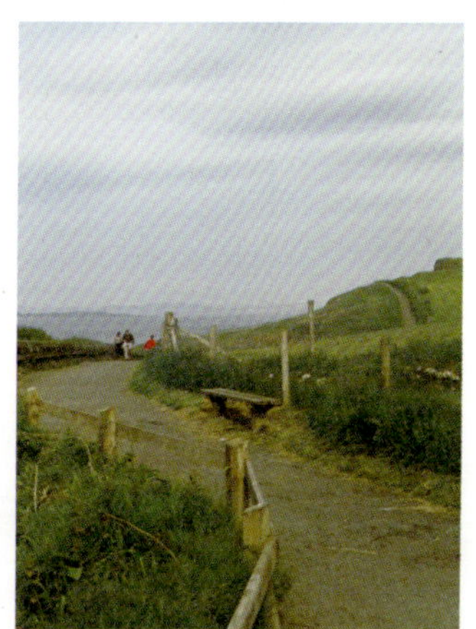

절벽에 부딪히는 파도소리, 바다에 떠있는 작은 섬들의 모습은 그냥 '아름답다'는 한마디 말로 압축됐다. 흐린 날씨에도 이렇게 좋은데 날이 맑았다면 얼마나 좋을까? 이럴 땐 더더욱 아일랜드 날씨가 야속하기만 하다. 이런 멋진 풍경을 그냥 지나칠 수는 없다며 가장 좋은 구도에서 사진을 수차례 찍어보지만, 사진기 탓인지 기술이 부족한 탓인지 마음에 드는 사진은 결국 나오지 않았다. 눈으로 보고 마음으로 느끼는 만큼 풍경이 담기지 않아서 못내 안타깝다.

바닷가 산책로를 천천히 걷다가 드디어 제값을 못한다는 다리가 모습을 드러냈다. 다리에 가까워질수록 내 심장은 점점 더 크게 쿵쾅거렸다.

"난 그냥 여기서 기다리고 있을게."
"무슨 소리야, 여기까지 와서 다리를 안 건너면 의미가 없잖아."
"엄마, 내가 도와줄까? 손잡고 걸으면 하나도 안 무서워."

인간이 가장 공포를 느끼는 높이가 11m라고 했던가? 그 이상으로 올라가면 느낌이 비슷하거나 오히려 공포심이 사라지게 된다고. 30m 높이의 다리 앞에서 나는 이러지도 저러지도 못한 채 망설이는 신세로 서있었다. 다리가 꽤 견고해 보이고, 길이도 짧은데 너무 무서웠다. '내가 여기 왜 온 것인가?' 하는 후회만 머릿속에 가득했다. 여섯 살도 안 된 아들은 나보다 더 거침이 없었다. 혼자 건너겠다는 것을 간신히 말려서 아빠 손을 잡고 건너갔다. 다리를 건너는 것이 재미있는지, 아직 공포를 인지하지 못하는 것인지 다리 위에서 쿵쿵 뛰기까지 했다. 그 광경을 지켜보는 것만으로도 나는 멀미와 현기증이 났다. 남편과 아들은 어느새 다리 건너편에 도착해서 어서 오라고 손을 흔들고 있었다.

한참을 머뭇거리다가 온몸에 힘을 잔뜩 주고 다리 난간을 꽉 붙잡으며 다리를 건너갔다. 짧은 순간이었지만, 나에게는 영겁과 같이 길게 느껴진 순간이었다. 어쨌거나 무사히 다리를 건넜고 다리 너머에서 또 한 번의 멋진 풍경을 만났다. 다리를 건너지 않았다면 결코 볼 수 없었던 꽃과 풀들, 다리 저편에서만 볼 수 있던 바다의 또 다른 모습을 말이다.

다리를 건너기가 왜 그렇게 무서웠을까? 아마도 다리를 건너가는 자체보다는 일어나지도 않은 일들을 걱정하느라 두려웠을 것이다. 높은 곳에서 떨어지면 어쩌나, 행여라도 떨어지면 다리 밑의 거친 파도가 나를 집어삼키겠구나, 그러면 나는 순식간에 한 줌의 먼지가 되어 사라지겠구나…. 일어나지도 않은 일들을 그렇게 상상하며 움직이지 못했던 것이다.

내 인생에도 그런 순간들이 얼마나 많았던가. 실패하는 것이 두려운 나머지 얼마나 많은 선택 앞에서 온갖 변수를 미리 떠올리며 타협하고 포기했던가. 이곳에 오지 않았다면, 이 다리를 건너지 않았다면 나는 또 얼마나 많은 갈림길에서 맥없이 돌아서야 했을까.

돌아가는 다리에서 처음의 공포는 사라졌다. 2시간 남짓의 여행으로 나는 입장료보다 훨씬 큰 자신감을 얻었다. 다시 이곳에 오게 된다면 자신 있게 건너가리라! 다짐도 했다.

캐릭아레드 로프(Carrick-a-Rede Rope)

홈페이지 www.nationaltrust.org.uk/carrick-a-rede
주소 119a, Whitepark Rd, Ballintoy, Antrim BT54 6LS, UK
운영 시간 09:30~18:00(4~10월), 09:30~15:30(11월~3월)
입장료 성인 £8, 어린이 £4
참고 사항 운영시간이 단축되는 날이 많으니 세부 시간은 홈페이지 참조한다.

✺ 《왕좌의 게임》속 그곳을 찾아서, 다크 헤지 & 드라마 명소

　드라마 《겨울 연가》가 한류를 일으키고 한국 관광의 붐을 불러온 것처럼 미국에서 2011년부터 시즌제로 방영되고 있는 드라마 《왕좌의 게임Game of Thrones》은 북아일랜드의 관광 산업에 엄청난 수익을 가져다주었다. 드라마는 조지 마틴George R. R. Martin 의 판타지 소설 《얼음과 불의 노래A Song of Ice and Fire》를 원작으로 한 것으로 왕좌를 둘러싼 권력 암투와 전쟁을 그리고 있다. 매 시즌 제작 비용이 약 1,000억 원으로 웬만한 블록버스터 영화 한 편을 제작하는 비용이 투입되다 보니 에피소드마다 영화와 같은 스케일을 선보이며 인기를 얻고 있다.

　북아일랜드는 《왕좌의 게임》 시즌1의 성공으로 약 8,200만 파운드(한화로 약 1,420억) 라는 엄청난 수익을 얻었다고 한다. 드라마가 북아일랜드를 거대한 세트장으로 사용했을 뿐만 아니라 출연자부터 제작진, 엑스트라 등 필요한 인력의 60%를 북아일랜드 거주자로 고용하면서 수많은 일자리를 창출하였기 때문이다. 진정한 창조경제의 예를 보여준 것이다. 많은 여행사에서 《왕좌의 게임》 촬영 장소를 둘러보는 패키지 투어를 만들면서, 드라마 제작 이후에도 경제적 수익이 이어지고 있다.

얽히고설켜 있는 너도밤나무의 진한 감동

그중 가장 유명한 곳은 킹스 로드King's Road 편의 촬영지였던 다크 헤지Dark Hedges 이다. 다크 헤지는 너도밤나무들이 울창하게 얽히고설키며 자라나 하늘을 뒤덮은 시골 길이다. 이 나무들은 원래 18세기, 제임스 스튜어트James Stuart라는 부호가 자신의 저 택을 방문하는 손님들에게 강한 인상을 주기 위해 저택 입구에 심었던 것이다. 1998년 북아일랜드 관광청이 대대적으로 홍보를 하면서 전 세계 사진작가와 여행자들의 주목을 받기 시작했고,《왕좌의 게임》이후 북아일랜드의 대표적인 명소로 자리 잡았다. 500m 가 채 되지 않는 짧은 길이지만 그 속에서 느낄 수 있는 감동은 실로 어마어마하다.

작은 길 양옆으로 너도밤나무가 일정한 간격을 두고 줄지어 늘어서 있다. 이 나무들의 평균 나이는 260세. 대부분의 나무는 성인이 팔을 벌려 나무를 감쌌을 때 가까스로 두 손이 닿을 정도의 둘레이며, 다른 나무의 그림자를 모조리 짓뭉갤 정도로 붙어서 자라고 있다. 줄기는 표면이 울퉁불퉁하고 나뭇가지는 무질서하게 얽히고설켜 있지만, 오랜 시간을 견뎌온 만큼 그들만의 권위와 품격이 느껴진다. 버드나무처럼 바람이 불 때마다 이리저리 움직이지도 않고, 포플러나무처럼 줄기와 나뭇잎이 부스스하지도 않다. 나무 아래로 잔디와 이끼가 뒤덮여있는데, 어디서부터가 잔디이고 어디서부터가 이끼인지 모를 모호한 경계가 펼쳐진다.

©Tourism Northernireland

혼자였다면 고목으로 치부되었을 나무가 오랜 세월을 함께 버텨오며 오늘의 다크 헤지를 만들어냈다. 북아일랜드의 세찬 비바람 속에서 약한 가지들은 부러져 사라지고 줄기는 더욱 굳건해지고 뿌리는 더욱 깊이 뻗어내렸을 것이다. 바람 속에서도 언짢아하지 않고 묵묵히 자신의 자리에서 그들만의 자연을 만든 너도밤나무들의 시간이 오롯이 느껴지는 곳이었다.

《왕좌의 게임》이 촬영된 북아일랜드 명소

다크 헤지 외에도 가볼 만한 드라마 촬영 장소가 많다. 단, 대중교통보다는 더블린이나 벨파스트에서 출발하는 투어 버스나 렌터카를 이용하는 게 좋다.

©Tourism Northernireland

[다운힐 비치] 데리 지역Co. Derry에 있는 다운힐 비치Downhill Beach는 시즌 2에서 '드래곤스톤Dragonstone'이라는 지역으로 등장한다. 특수 과학 연구 지역Area of Special Scientific Interest, ASSI으로 넓은 모래 언덕 아래 서식하는 다양한 자연 생물을 보존하는 지역이다. 언덕 위의 무센든Mussenden 사원에서 북아일랜드 해안을 감상할 수 있다.

[발린토이 항구] 앤트림 지역Co. Antrim에 있는 발린토이 항구Ballintoy Harbour는 원래 관광지로 유명했던 곳이 방송 후 더 유명해졌다. 시즌 2에서 파이크Pyke 항구로 나오는데, 드라마에서와 거의 유사한 분위기를 자아낸다. 항구 앞에서 《왕좌의 게임》 촬영지임을 알리는 표지판을 볼 수 있다.

©Tourism Northernireland

[**쿠센던 동굴**] 앤트림 지역에 있는 쿠센던 동굴Cushendun Cave은 시즌2에서 한 여인이 아기 낳는 장면을 촬영한 곳으로, 드라마에서는 스톰랜드The Stormlands라는 이름으로 나왔다. 동굴은 4억 년에 걸쳐 형성되었으며, 현재는 동굴 이쪽저쪽을 연결하는 터널 역할을 하고 있다. 이 때문에 촬영하는 동안 동굴 너머에 사는 주민에게 양해를 구하고 촬영을 마쳤다고 한다.

[**워드 성**] 시즌 1의 핵심 장소이자 북부 권력의 중심지인 윈터펠Winterfell 성은 다운 지역Co. Down에 있는 워드 성Ward Castle에서 촬영되었다. 성안에서 윈터펠의 영주인 스타크 가문의 가운과 가죽조끼, 검 등을 빌려 입거나 활을 쏘며 드라마 장면을 재현해볼 수 있다. 물론 유료이다.

[**오들리 성**] 다운 지역에 있는 오들리 성 Audley Castle은 시즌 1과 2에 여러 번 등장했던 곳이다. 스트랭포드 호수Lough Strangford가 내려다보이는 언덕 위에 있으며 3층 높이의 타워 구조이다.

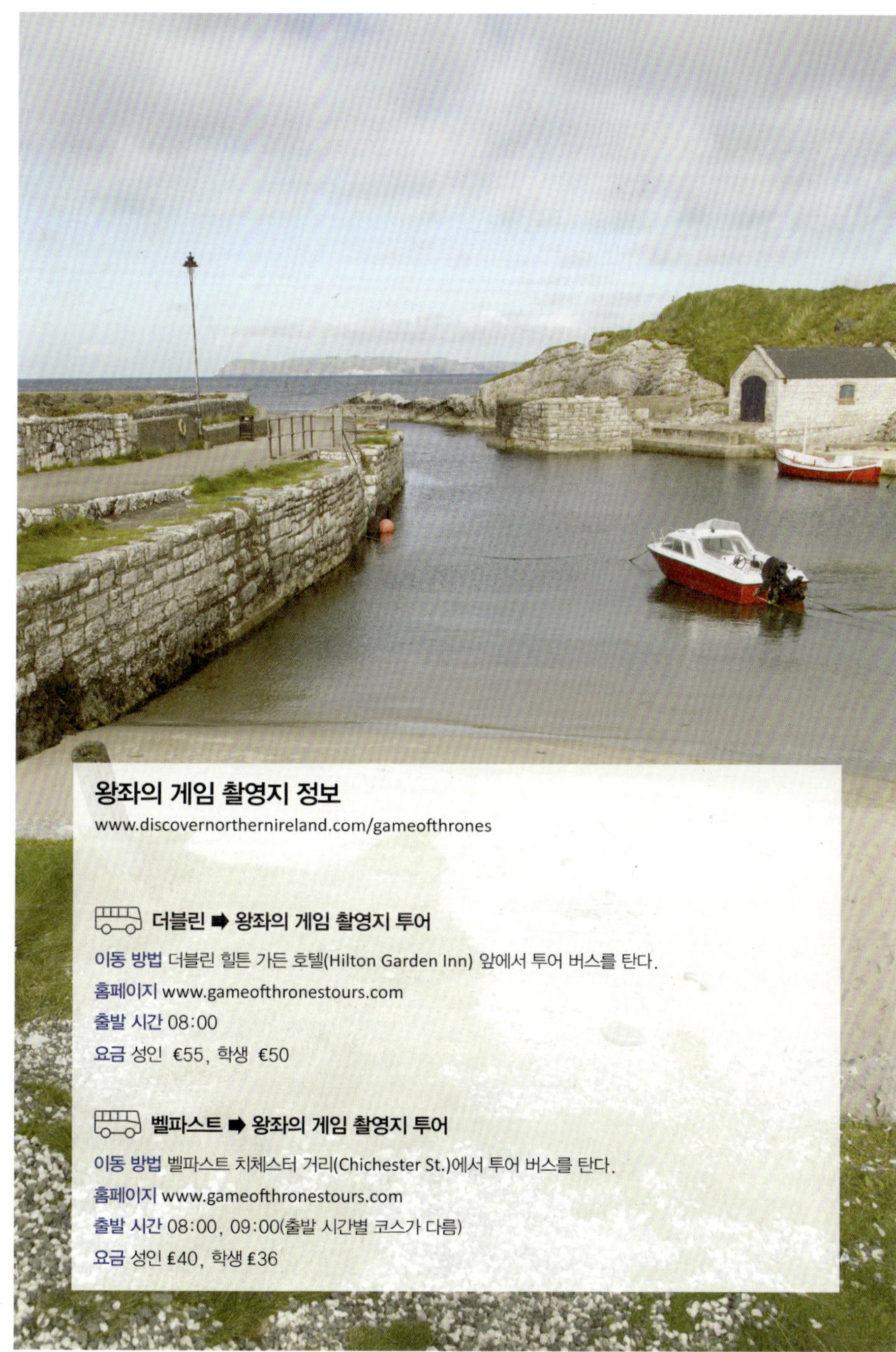

왕좌의 게임 촬영지 정보

www.discovernorthernireland.com/gameofthrones

더블린 ➡ 왕좌의 게임 촬영지 투어

이동 방법 더블린 힐튼 가든 호텔(Hilton Garden Inn) 앞에서 투어 버스를 탄다.

홈페이지 www.gameofthronestours.com

출발 시간 08:00

요금 성인 €55, 학생 €50

벨파스트 ➡ 왕좌의 게임 촬영지 투어

이동 방법 벨파스트 치체스터 거리(Chichester St.)에서 투어 버스를 탄다.

홈페이지 www.gameofthronestours.com

출발 시간 08:00, 09:00(출발 시간별 코스가 다름)

요금 성인 £40, 학생 £36

❋ 육각형 돌들 사이에서 느끼는 자연의 경이로움,
  자이언츠 코즈웨이

자이언츠 코즈웨이Giant's Causeway에 가던 날은 아일랜드에서 해가 가장 긴 6월 중순이었다. 밤 10시가 지나서야 비로소 어두워지는 날들은 시계가 알려주는 절대적인 시간마저도 잊게 한다. 집에서 3시간 반을 달려 북아일랜드에 도착한 우리는 해안 도로를 천천히 구경하다가 저녁 7시가 넘어서야 자이언츠 코즈웨이에 도착했다. 눈으로 느끼는 햇살은 낮 2~3시경에 머물러있음에도 비지터 센터는 이미 저녁 7시 정각에 문을 닫은 후였다. 비지터 센터 직원들은 그들대로 여름의 햇살을 즐길 권리가 있겠지만 어렵사리 여기까지 온 우리는 앞으로의 일정 때문에 고민에 빠졌다.

'그냥 돌아갔다가 내일 다시 와야 하나?'

포기가 빠른 나와 달리 할 수 있는 최선을 다하는 남편은 어느새 차에서 내려서 비지터 센터 근처를 기웃거리며 살펴보기 시작했다. 하지만 내 마음은 이미 어디에 가서 저녁은 뭘 먹을지, 꼬인 일정은 어떻게 해결할지에 대한 고민으로 가득 찼다.

"비지터 센터 옆길로 내려가면 코즈웨이에 갈 수 있대!"

어디서 어떻게 만났는지, 주변에서 일하던 직원을 만난 남편은 코즈웨이로 내려가는 방법을 찾아왔다. 어쩔 수 없는 경우가 와도 한 번 더 문을 두드리는 남편이 존경스럽기까지 하다.

또 하나 알게 된 사실은, 코즈웨이로 내려가는 길에는 입장료가 없다. 비지터 센터가 열려있을 때만 환경세와 관람료 명목으로 1인당 9파운드를 지불해야 한단다. 비지터 센터가 문을 닫은 이후에는 자유롭게 주차할 수 있으니, 여행 경비를 한 푼이라도 아끼고 싶다면 저녁에 방문하는 것도 하나의 방법이다.

어쨌거나 그날만큼 관광지에 늦게 도착한 것이 기분 좋은 적도 없다. 뜻하지 않은 이벤트 당첨으로 아주 멋진 저녁 식사를 대접받은 느낌이랄까? 자이언츠 코즈웨이 여행은 그렇게 신나게 시작되었다.

거인이 남긴 잔해, 자이언츠 코즈웨이로 가는 길

비지터 센터에서 코즈웨이까지는 걸어서 30분 정도의 거리이다. 대서양 끝자락에 위치한 긴 산책코스를 따라 아래로 내려가는 길은, 30분이라는 시간이 정말 짧게 느껴질 만큼 주변의 풍광이 아름답다. 내리막길 오른쪽은 검붉은빛을 띠는 해안절벽이 초록색 풀을 입은 채 완만하게 서있고, 왼쪽 해안가에는 푸른 잔디와 함께 갈색과 검은색의 현무암 돌이 가득하다.

우리말로 번역하면 '거인의 둑길'인 자이언츠 코즈웨이는 해안을 따라서 거대한 둑길이 형성된 곳이다. 이름에 관한 몇 가지 이야기가 전해 내려오는데, 그중 하나는 사랑에 빠진 거인이 그의 사랑하는 연인을 이곳으로 데려오기 위해 길을 만들었다는 것이고, 다른 하나는 자기 힘이 세다며 힘자랑을 하던 두 거인이 싸움을 하기 위해서 이 길을 만들었다는 것이다.

해안가에서 맨 처음 보이는 것이 리틀 코즈웨이Little Causeway, 중간 즈음에 미들 코즈웨이Middle Causeway, 마지막에 보이는 것이 그랜드 코즈웨이Grand Causeway인데 어떤 경계가 있는 것은 아니다. 처음에는 작고 둥근 돌들이 보이다가 점점 크기가 커져서 마지막엔 아일랜드 달력에 빠지지 않고 등장하는 크고 선명한 육각형 모양의 돌이 끝없이 펼쳐진다. 지질학자들의 연구에 의하면, 6천만 년 전 화산 폭발로 분출된 용암이 빠

르게 식으면서 지금과 같은 주상절
리대가 생겼다고 한다. 인간이 약 2
백만 년 전에 지구 상에 등장하기
시작했으니, 자이언츠 코즈웨이는
인간이 존재하기 훨씬 이전, 우리가
헤아릴 수도 없는 태곳적부터 지구
를 지키고 있었던 것이다. 어쩌면
지구의 탄생과 함께 등장했는지도
모르겠다.

　이곳은 제주도에서 볼 수 있는
주상절리보다 10배가 넘을 만큼 규
모가 엄청나다. 약 4만 개의 주상절
리가 해안가를 따라 8km나 이어지
며 세계에서 가장 큰 주상절리대를
이루고 있다. 수천만 년 전 화산활
동으로 이루어졌다고는 믿기지 않
을 만큼 바닥의 돌이 질서정연하게
놓여있다. 4각형부터 8각형까지 다양한 각을 선보이고 6각형의 모양을 띤 돌이 가장 많
다. 이곳의 주상절리가 얼마나 오래되었는지는 돌을 보면 알 수 있다. 비바람에 마모된
돌, 돌 사이로 낀 이끼, 움푹 파여있는 곳에 고인 물까지, 자세히 들여다보면 오랜 시간
의 흔적이 가득하다. 자이언츠 코즈웨이가 다른 주상절리보다 더 특별한 이유는 단순히
규모에만 있지 않다. 가까이서 보는 것을 넘어, 직접 만져도 보고 또 직접 걸어보기도 하
는 것에 매력이 있다. 그 감격은 예상을 뛰어넘는다.

　어떻게 이런 곳이 생겨났을까? 이렇게 정교한 육각형 돌들을 자연은 어떻게 만들어
냈을까? 인간이 아무리 위대하다 한들 자연의 신비한 창조력 앞에서는 절로 고개가 숙
여졌다. 이곳에서 느낀 감정을 표현하려고 애써도 잘 되지 않았다. 내가 알고 있는 몇 안
되는 미사여구들이 왠지 그 느낌을 왜곡하고 축소하는 것 같았다. '숭고하다'라는 말이
그나마 적절한 표현이 될까.

끝없이 펼쳐진 대서양과 그 경계가 모호한 하늘, 그 앞으로 짙은 현무암의 돌덩이들이 촘촘하게 배열되어있는 모습은 이제까지 내가 본 어떤 풍경보다 아름답고 특별했다. 내 존재가 한없이 작아지는 것 같은데도 느낌이 그리 나쁘지만은 않았다. 오히려 알 수 없는 희열을 느꼈다. 내가 아무리 애써봐도 이길 수 없는 절대적인 존재 앞에 섰을 때는, 초라해지는 게 아니라 그 앞에 있다는 사실만으로도 벅차다는 것을 그곳에서 깨달았다. 나는 그렇게 자이언츠 코즈웨이에서 또 한 번 자연의 경이로움을 경험했다.

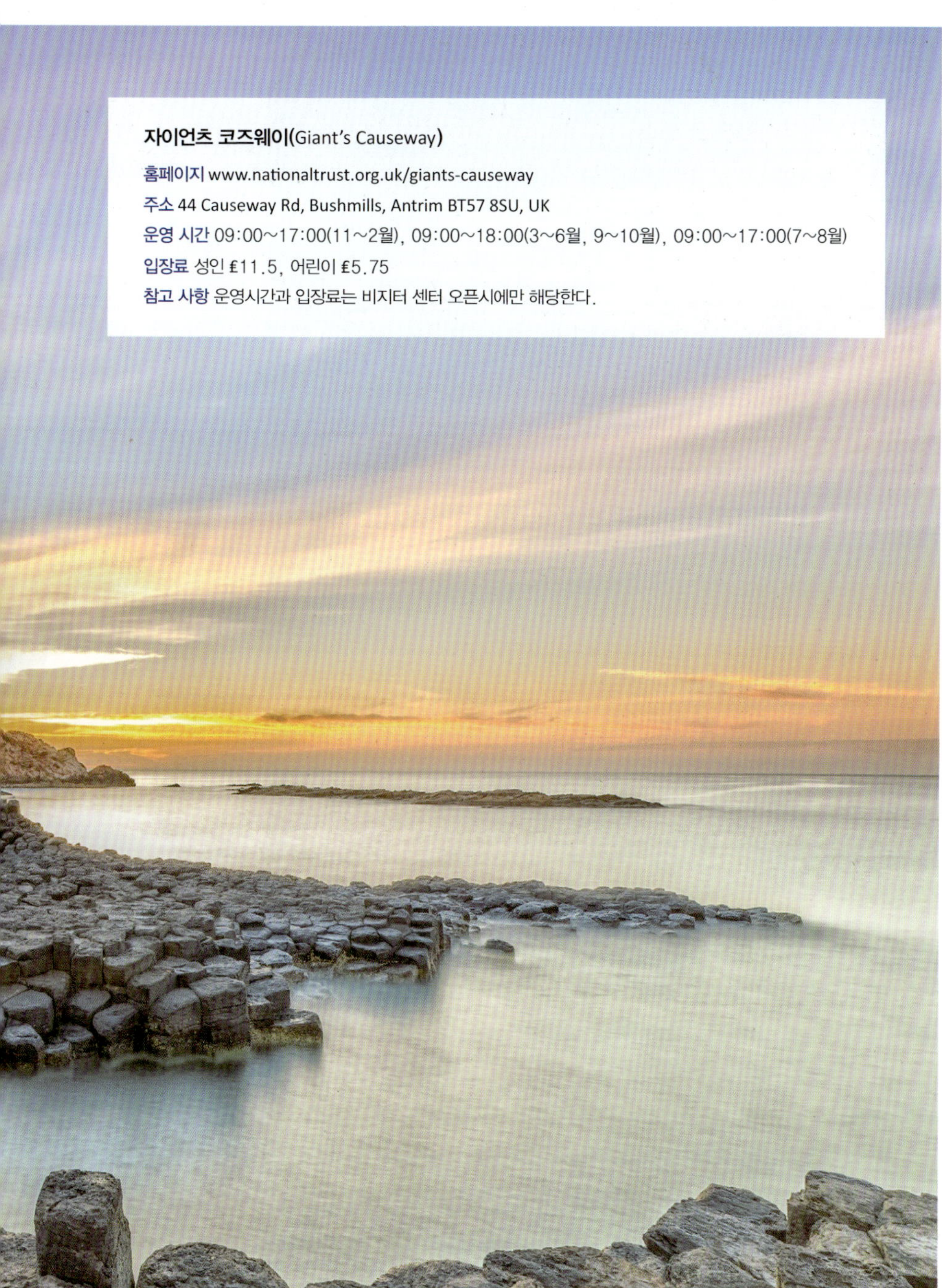

자이언츠 코즈웨이(Giant's Causeway)

홈페이지 www.nationaltrust.org.uk/giants-causeway

주소 44 Causeway Rd, Bushmills, Antrim BT57 8SU, UK

운영 시간 09:00~17:00(11~2월), 09:00~18:00(3~6월, 9~10월), 09:00~17:00(7~8월)

입장료 성인 £11.5, 어린이 £5.75

참고 사항 운영시간과 입장료는 비지터 센터 오픈시에만 해당한다.

홈페이지 www.nationaltrust.org.uk/giants-causeway

주소 44 Causeway Rd, Bushmills, Antrim BT57 8SU, UK

아일랜드 여행,
어떻게 해야 할까?

1 아일랜드는 어떤 나라인가?

국명 아일랜드(Ireland)는 나라의 이름이기도 하고, 지리적으로는 북아일랜드를 포함한 아일랜드 섬 전체를 가리키는 말이기도 하다. 1949년 영국 연방으로부터 완전히 독립한 후로 지리적 명칭이나 북아일랜드와의 구분을 위해 아일랜드 공화국(Republic of Ireland)으로 자주 쓰지만, 아일랜드 헌법상의 정식 명칭은 아일랜드(Ireland)이다.

면적 약 8.4만km²(대한민국 면적의 약 85%), 이 중 1.4만km²는 북아일랜드로 영국 영토에 속한다.

위치 유라시아 대륙의 북서쪽, 영국의 좌측에 있는 섬나라로 지도 모양이 대한민국과 비슷하다.

인구 약 650만(북아일랜드 180만 포함)

언어 공식적인 제1의 언어는 아일랜드어(An Ghaeilge, 게일어로도 부름)이고, 제2의 언어가 영어지만, 실제로는 영어가 가장 널리 사용된다.

기후 편서풍 영향을 많이 받는 해양성 기후로 하루 중에도 날씨 변화가 심하다. 여름엔 평균 15℃ 정도지만 바람 때문에 얇은 긴 소매 옷이 필수이며, 겨울엔 평균 5℃ 정도이나 체감 온도가 낮아서 두꺼운 옷과 머플러가 꼭 필요하다.

행정 구역 전통적으로 4개의 지역으로 나뉜다. 북아일랜드를 포함한 북쪽의 얼스터(Ulster), 수도인 더블린을 포함한 동부의 렌스터(Leinster), 서부 코노트(Connaught) 지방, 남부 먼스터(Munster)로 구분되지만, 아일랜드 공화국의 공식 행정구역은 현재 29개 주(County)와 5개 시(City)로 되어있다. 5개 시는 더블린(Dublin), 코크(Cork), 골웨이(Galway), 리머릭(Limerick), 워터퍼드(Waterford)이다.

아일랜드 표준시 영국의 그리니치 평균시를 사용한다. 서머타임이 적용되는 3월 마지막 일요일부터 10월 마지막 일요일까지는 한국보다 8시간 늦고, 그 외에는 한국보다 9시간 늦다.

Belfast
NORTHERN IRELAND
Sligo
Galway
IRELAND
Dublin
Wicklow
Limerick
Kilkenny
Waterford
Kerry
Killarney
Cork
얼스터(Ulster) 지방
렌스터(Leinster) 지방
코노트(Connaught) 지방
먼스터(Munster) 지방

Q 2 꼭 가야 할 명소 BEST 5는?

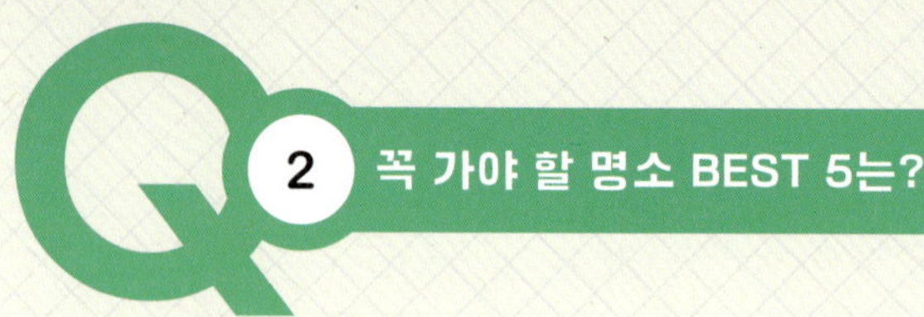

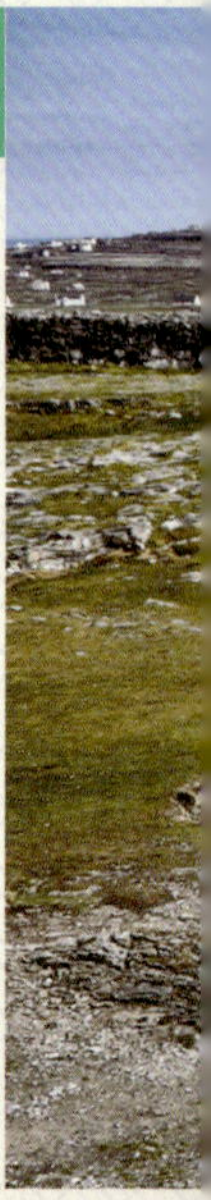

아일랜드 여행의 포인트는 뭐니뭐니해도 거칠고 다듬어지지 않은 자연이다. 특히 황량하고 외로운 자연이 펼쳐진 서쪽과 남쪽 지역을 추천한다. 대서양과 만나는 서쪽 끝의 모허 절벽(Cliffs of Moher)이나 아란(Aran) 제도의 던 앵거스(Dún Aonghasa) 절벽에서는 대륙 끝의 절벽을 안전장치 하나 없이 자연 그대로 느낄 수 있고, 지구 상에서 가장 아름다운 육각형의 주상절리를 볼 수 있는 북아일랜드의 자이언츠 코즈웨이(Giant's Causeway)도 빼놓을 수 없는 명소다. 아일랜드 남쪽, 케리(Kerry) 지역에서는 182km에 달하는 반지 모양의 드라이브 코스인 링 오브 케리(Ring of Kerry)를 달리며 아일랜드 자연을 두 시간 만에 모두 볼 수 있으며, 해안 도로가 유명한 딩글 반도(Dingle Peninsula)에 가면 좁고 구불구불한 도로 옆으로 광활한 대서양의 풍경을 즐길 수 있다.

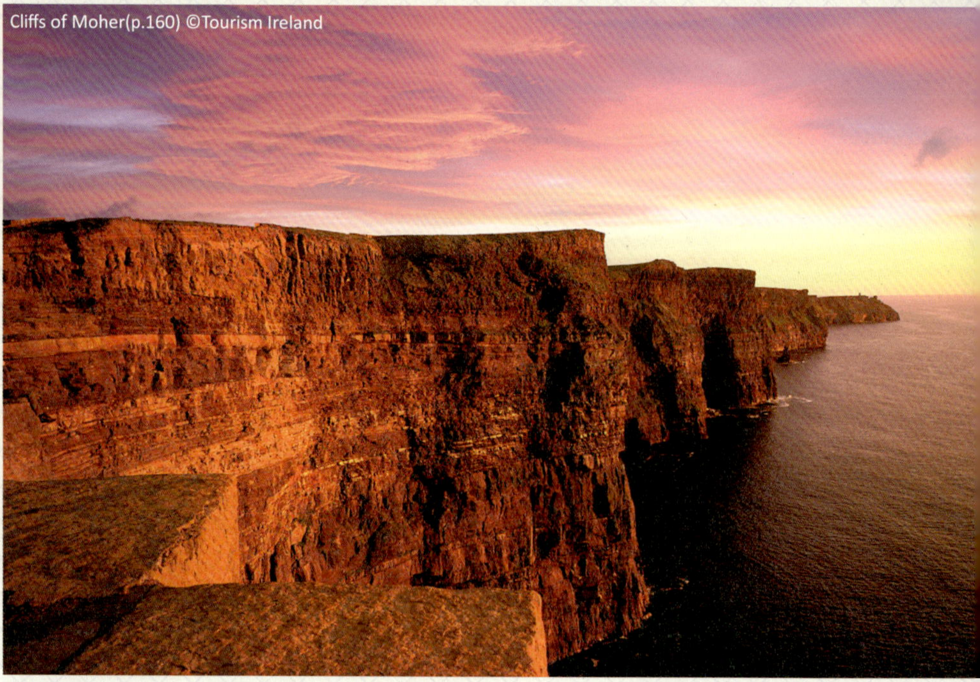
Cliffs of Moher(p.160) ©Tourism Ireland

Dún Aonghasa(p.178)

Giant's Causeway (p.324)
©Tourism Northernireland

Ring of Kerry(p.282) ©Tourism Ireland

Dingle Peninsula(p.268)

©Tourism Ireland
pulse accessories
petronella
restaurant · café
Kilkenny
Reporter
Image
BEAUTY
RIPLEY
STE
HO

[여행하기 좋은 계절은]

여름과 초가을이 여행하기 좋다. 서머타임(Daylight Saving)이 시작되는 3월 말부터 해가 점점 길어지고, 6월 말이 되면 북유럽의 백야처럼 밤 10시가 넘어도 어둡지 않아서 여행하기에 좋다. 아일랜드의 여름은 6월에서 8월까지이지만, 이탈리아나 스페인처럼 찌는 듯한 더위는 없다. 가장 더운 7월에도 25℃를 넘는 날이 많지 않고, 가끔은 선선하다 못해 춥기까지 하다. 이 때문에 얇은 긴 소매 옷과 스카프는 필수로 챙겨야 한다.

[성수기를 피하고 싶다면]

여름 성수기를 피해 5월이나 9월 또는 10월 중순에 여행하는 것도 좋다. 5월에는 저녁 9시까지 밝고, 9월의 인디언 서머(Indian Summer, 더위가 수그러들다가 다시 더워지는 기간을 일컫는 말) 기간에는 8월보다 더 따뜻한 날씨를 즐길 수 있다. 9월 셋째 주 금요일에 열리는 더블린 컬쳐 나이트(Culture Night) 페스티벌 때는 관광 명소들이 늦게까지 무료로 열려있으며, 10월의 오픈 하우스 더블린(Open House Dublin) 페스티벌 시즌에는 유명 건축물에 무료로 들어갈 수 있으니 일정에 참고할 만하다.

[일정은 며칠이 적당한가]

◎ 수도 더블린과 근교 바닷가 정도를 여행한다면 2박 3일에 가능하다. 더블린 근교에 각기 개성을 가진 크고 작은 바닷가 마을이 밀집해있는데 그중에서 한두 곳을 본다면 하루면 충분하다. 따라서 더블린에서 이틀, 근교 바닷가에서 하루를 보내는 일정을 추천한다.

◎ 더블린만 방문하더라도 최소 2박은 머물기를 바란다. 간혹 유럽 여행을 하는 사람들 중에 작은 도시는 하루만 묵고 떠나는 경우가 많은데, 아무리 작은 도시라도 보고, 듣고, 느끼기에 하루는 부족하다.

◎ 모허 절벽이나 아란 제도 등의 명소에 방문할 경우, 명소마다 하루를 더 추가하는 것이 좋다. 가령 모허 절벽과 아란 제도는 위치로는 가깝더라도 교통편이 많지 않아서 하루에 두 곳을 모두 가기는 어렵다. 더블린, 골웨이, 모허 절벽, 아란 제도 여행을 계획한다면 최소 4박 5일은 잡는 것이 좋다. 렌터카를 이용하게 될 경우에는 상황이 달라질 수 있다.

◎ 아일랜드 자연의 종합선물세트인 케리 지역(링 오브 케리, 딩글 반도)을 방문하려면 최소 이틀은 더 추가하는 것이 좋다.

4 일주일 여행 코스를 추천한다면?

더블린에 도착해 이틀 동안 주요 명소를 둘러본다. 셋째 날 아침 일찍 골웨이행 버스를 타고 늦은 오전의 모허 절벽 투어에 참여한다. 다음날은 투어 프로그램에 한 번 더 참여한 후 코크로 이동한다. 코크에서 출발하는 링 오브 케리나 딩글 반도 투어 중 하나를 선택한다. 매일 저녁 아이리시 펍을 방문하는 것도 잊지 말자.

DAY 1

오후 _ 더블린 도착

오코넬 거리 p.104
시립 휴래인 미술관 p.60
트리니티 대학 p.109
그래프턴 거리 p.26

저녁

템플바 펍
p.20

DAY 2

오전

기네스 스토어하우스
p.14

오후

더블린 성 p.124
킬마이넘 감옥 p.116
더블린 근교 바닷가
p.146

저녁

템플바 펍
p.20

DAY 3

오전

골웨이로 이동
(약 3시간 소요)
11시 모허 절벽
투어 버스 p.160

오후 5시 이후

골웨이 시내 구경
p.152

저녁

골웨이 펍
(전통음악 공연)
p.152

오전-오후
코네마라 p.172
or
아란 제도 투어 p.178

저녁
코크로 이동

오전
코브 항
(코크 인근 30분)
p.264

오후
블라니 성 / 코크 시내
p.258, p.250

저녁
코크 펍
p.250

오전-오후
링 오브 케리 or 딩글 반도
p.282

저녁
코크 펍 p.250
or
탭댄스 공연 관람
p.254

오전
더블린으로 이동

북아일랜드 여행을 할 경우, 더블린 공항에서 바로 벨파스트(Belfast)로 가는 것을 추천한다. 더블린 공항에서 벨파스트행 에어코치(Aircoach) 버스를 이용할 경우, 에어코치 온라인 사이트(www.aircoach.ie)나 현장에서 왕복 22유로에 티켓을 구입할 수 있다(버스에린(Bus Eireann)을 이용하면 요금이 약 30유로 수준). 벨파스트 버스 정류장은 유로파(Europa) 버스 터미널 옆에 있으며, 타는 곳과 내리는 곳이 같다.

DAY 1

오후 _ 벨파스트로 이동
알버트 메모리얼 시계탑 p.298
빅피쉬 p.299
폴스 거리 & 샨킬 거리 p.302

저녁
크라운 리큐르 살롱(펍)
p.295

DAY 2

오전
타이타닉 박물관 p.309

주말일 경우,
세인트 조지스 마켓 p.298

오후
시청 투어 p.295
울스터 박물관
& 보타닉 정원 p.297
퀸즈 대학교 p.296

저녁
크라운 리큐르 살롱(펍)
p.295

DAY 3

오전 – 오후
자이언츠 코즈웨이 투어
p.324

저녁
더블린으로 이동

DAY 4

오전	오후	저녁
기네스 스토어하우스 p.14	오코넬 거리 p.104 시립 휴래인 미술관 p.60 트리니티 대학 p.109 그래프턴 거리 p.26	템플바 펍 p.20

DAY 5

오전	오후	저녁
킬마이넘 감옥 p.116	더블린 성 p.124 더블린 성당 p.137 더블린 근교 바닷가 p.146	골웨이로 이동

DAY 6

오전-오후		저녁
모허 절벽 p.160 or 아란 제도 투어 p.178		골웨이 펍 p.152

DAY 7

오전

더블린으로 이동

[더블린 공항에서 시내로 들어가는 방법]

더블린 공항에서 시내로 들어가는 교통편은 택시, 공항 리무진, 시내버스가 있으며, 약 30분 소요된다. 짐이 많거나 숙소가 중심가에서 떨어져 있다면 택시를 타고, 그렇지 않은 경우라면 공항 리무진을 이용하는 게 편리하다.

더블린 공항은 제1터미널, 제2터미널이 있지만 인천공항과 비교하면 매우 작은 편이다. 제1터미널에서 내릴 경우 왼쪽의 버스 이정표를 따라가면 공항 리무진 타는 곳을 쉽게 찾을 수 있다. 제2터미널에서 내린다면 공항 중앙의 노란 조각상을 지나서 구름다리를 건너 내려가면 공항 리무진 타는 곳이 있다.

공항 리무진은 에어링크(Airlink)와 에어코치(Aircoach)가 있다. 에어링크는 새벽 6시부터 밤 11시 30분까지 운행하는데, 지정석이 아니라 사람이 많을 때는 서서 갈 수도 있다. 에어코치는 공항 전용 리무진으로 24시간 운행하며, 온라인으로 예매하면 가격이 할인된다. 현장에서 티켓을 살 때는 버스 타는 곳 앞에서 구입하면 된다.

에어링크(Airlink) www.dublinbus.ie/en/Your-Journey1/Timetables/Airport-Services
성인(만 13세 이상) 편도 €6 왕복 €10   **어린이(만5~12세 이하)** 편도 €3 왕복 €5

에어코치(Aircoach) www.aircoach.ie
성인(만 13세 이상) 편도 €7(online €6) 왕복 €12(online €6)
어린이(만5~12세 이하) 편도 €2(online €1.5) 왕복 €4(online €3)

겟데어(getthere.ie) 대중교통으로 다른 도시를 갈 때, 가능한 교통편을 모두 보여주는 사이트이다. 여행 소요 시간과 정확한 출발지, 도착지를 알려주기 때문에 여행 계획을 할 때 아주 유용하다. 한 달 단위의 정보를 보여주기 때문에 몇 달 후의 정확한 교통 편까지 알기는 힘들지만, 교통 편 변동이 크지 않기 때문에 대략적인 계획은 세울 수 있다.

예를 들어, 2016년 5월 1일에 더블린에서 골웨이로 여행할 경우, 출발지(From)에 'Dublin', 목적지(To)에 'Galway'를 입력하고 원하는 날짜를 고르면 가능한 교통편과 구체적인 운행 정보를 확인할 수 있다.

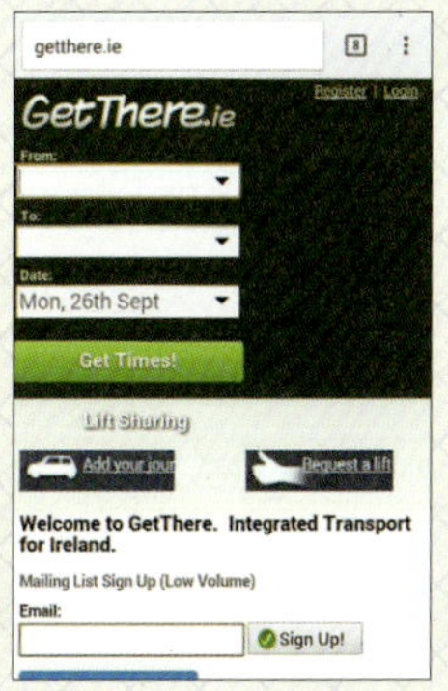

[교통편은 언제, 어떻게 예약해야 할까]

아일랜드는 런던이나 파리보다 교통과 숙박이 여유롭다. 시외버스도 유로스타(Eurostar)처럼 일찍 예약할 필요는 없고, 여행 당일에 현장에서 사면 된다. 단, 성수기에는 2~3일 전에 예약하는 것이 좋다.

더블린에서 지방으로 이동할 때는 대개 아일랜드의 대표적인 시외버스인 버스에린(Bus Eireann)을 이용한다. 티켓은 온라인으로 예매할 수도 있지만, 일정이 정해지지 않았거나 온라인 예매가 어려우면 현장에서 기계로 발권하면 된다. 편도보다는 왕복 요금이 대체로 저렴하기 때문에 왕복으로 끊는 것이 좋다. 날짜만 같으면 시간대에 상관없이 티켓을 사용할 수 있고, 좌석 또한 지정되어있지 않다. 온라인으로 예매할 경우, 요금이 10% 할인되고 5유로 쿠폰(회원 가입 후, 두 번째 예매에서 쓸 수 있다.) 도 받을 수 있어 경제적이다. 현장 예매와 마찬가지로 왕복 티켓이 저렴하며, 돌아오는 티켓은 출발일로부터 30일까지만 유효하다. 온라인 예매할 때는 날짜를 정확히 입력해야 한다. 가령 7월 15일로 예약할 표를 7월 16일로 잘못 예약했다면 그 표는 무효가 된다. 티켓을 발급하는 기계는 온라인 예약번호를 토대로 하기 때문에 날짜가 틀리면 기계가 작동하지 않으니 유의하기를!

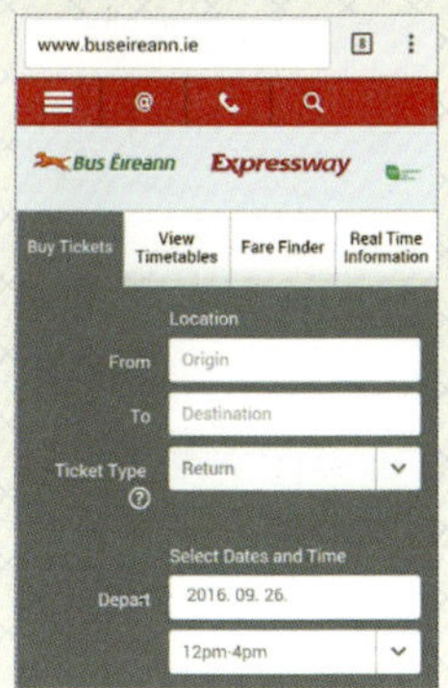

버스 에린(Bus Eireann) www.buseireann.ie
대중교통으로 아일랜드를 여행한다면 한 번쯤은 에린 고속버스를 타게 된다. 버스 티켓은 고속터미널에서 현장 구입해도 되지만 온라인을 이용하면 10% 할인에 쿠폰도 이용할 수 있다. 스마트폰 어플 'Real Time Bus Eireann'을 이용해도 된다.

[**렌터카 여행 언제 필요한가**]

더블린과 더블린 근교, 골웨이, 코크 등의 도시는 대중교통으로 여행하는 것이 좋다. 여기에 모허 절벽과 같은 유명한 자연 명소를 한 곳 정도 보고 싶다면 투어 버스를 타는 것이 경제적이다. 투어 버스는 제한된 시간에 모든 코스를 돌아야 해서 시간이 여유롭지는 않지만, 한 번에 여러 곳을 편하게 둘러볼 수 있어서 좋다.

도시보다는 자연을 여행하고 싶고, 자유롭게 시간을 사용하고 싶다면 렌터카를 추천한다. 도시가 아닌 곳은 대중교통이 좋지 않아 자칫 이동하는 데 시간을 다 보낼 수 있다. 또 투어 버스를 계속 타기에는 비용과 시간이 많이 소요되기 때문이다. 공항에서 렌터카를 예약하면 아일랜드의 자연을 천천히 감상하며 여행하기 좋다. 다만, 더블린 시내에서 운전하는 것은 추천하지 않는다. 주차비가 매우 비싸고 계획 도로가 아니라 운전하기 까다롭다.

[**렌터카 예약 시 주의할 점**]

구글에서 'Rent a Car Ireland'라고 검색하면 관련 사이트들을 볼 수 있다. 자동차 운전석이 한국과 달리 우측이고 길이 험한 편이기 때문에 오토매틱으로 예약하는 것이 좋다. 예약하지 않고 현장에서 빌릴 경우, 매뉴얼(스틱, 수동) 자동차만 남아있기도 하니 온라인 예약을 권한다.

자동차는 차종에 따라 금액이 달라지는데, 온라인상의 금액은 보험이 일부만 포함되어있다. 현장에서 차량을 인도받을 때 온라인 금액의 최대 2배까지 지불할 수 있으니 명심할 것!

[주유는 어떻게 할까]

아일랜드의 대표 주유소는 토파즈(Topaz), 텍사코(Texaco), 애플그린(Apple Green), 이모(Emo), 셸(Shell)이 있다. 일반 승용차에 넣는 휘발유 가격은 2019년 2월 현재 리터당 1.37유로(한화로 약 1,750원)로 한국보다 조금 더 비싸다. 아일랜드는 대부분 셀프 주유소이므로 렌터카를 타려면 주유하는 방법을 숙지해야 한다. 방법은 간단하다.

a) 자동차의 주유구가 있는 방향으로 차를 주차하고 시동 끄기

b) 차종에 맞는 기름 선택하기(검은색은 디젤, 연두색은 휘발유)

c) 주유기의 손잡이를 주유구에 넣은 후 손잡이 안쪽을 눌러서 원하는 만큼 기름 넣기(한국과 마찬가지로 주유기에 주유 금액과 주유량이 표시된다.)

d) 주유기의 번호를 잘 확인한 후에 편의점에 들어가서 결제한다. 한국과 달리 결제를 편의점에서 하니 명심하자.

[주차는 어떻게 할까]

도시에서 주차할 때는 주차 전용 빌딩이나 〈P〉라고 표시된 도로에 하면 된다. 주차 빌딩에 들어갈 때 주차권을 받고, 나가면서 근처 기계에서 주차비를 내는 방식으로 한국과 같다. 도로에 유료 주차를 할 때는 주차권 발급기에서 시간을 정하고 선불로 주차권을 받는데, 최대 2시간이 대부분이다. 주차권 발급기 사용법은 다음과 같다.

a) 원하는 시간만큼 동전을 투입한다. 잔돈을 거슬러주지 않으니 금액을 맞춰서 넣어야 한다.

b) 프린트 버튼(일반적으로 녹색 버튼)을 누른다.

c) 주차권을 자동차 유리 안쪽에 놔둔다.

◎ **자동차 조작 방법을 숙지하자** _ 영국과 마찬가지로 자동차 운전석이 한국과 반대이다. 차종에 따라서 와이퍼 등의 차량 조작 위치가 다를 수 있으니 출발 전에 완전히 숙지해야 한다.

◎ **원형 교차로 주행방법을 알아두자** _ 한국에서 로터리라고 불리는 원형 교차로(Roundabout)가 많다. 소도시일수록 신호등 대신 원형 교차로를 주로 사용한다. 아일랜드는 항상 우측에서 오는 차가 우선이기 때문에 진입 전에 우측에서 차가 오는지를 살펴야 한다. 원형 교차로를 주행하다가 나가는 도로가 아닌 곳을 지나칠 때는 오른쪽 깜박이를 켜서 원형 교차로 안에 있을 거라고 알려주고, 나가려는 도로가 가까이 오면 왼쪽 깜박이로 곧 나간다고 표시해줘야 한다.

◎ **좁은 도로에 익숙해지자** _ 고속도로와 더블린 주요 도로를 제외하면 대부분 1~2차선이다. 아일랜드 명소로 가는 국도는 대개 좁은 2차선이거나 1차선인데, 도로가 좁음에도 불구하고 최고 속력은 시속 80km 이상인 곳이 많다. 처음엔 좁은 도로에서 쌩쌩 달리는 차에 적응이 안 될 수 있지만, 통행량이 적어서 안전하게 달릴 수 있다.

◎ **비 오는 날에는 조심하자** _ 1년 내내 비가 온다고 해도 될 만큼 아일랜드는 비 오는 날이 많다. 도로가 좁기도 하고, 도로에 웅덩이도 간혹 있으므로 비 오는 날에는 조심하는 게 좋다.

◎ **전조등을 켜고 운전하자** _ 아일랜드는 흐린 날이 많고 수시로 비가 오기 때문에 전조등을 켜고 운전하는 것이 안전하다.

◎ **해가 지면 운전을 삼가자** _ 지방 도로는 가로등이 없는 곳이 많다. 밤에 다니는 차도 거의 없어서 해진 후 운전하는 것은 위험하다. 특히 좁은 해안 도로나 링 오브 케리 같이 구불구불한 도로에서는 밤길 운전을 피하는 것이 좋다.

◎ **고속도로에서 쉬려면 주유소를 이용하자** _ 아일랜드에는 고속도로가 많지 않을뿐더러 한국처럼 고속도로 휴게소가 발달하지 않았다. 운전 중 화장실을 가고 싶으면 근처 주유소 안의 편의점을 이용하면 된다.

◎ **항상 보행자가 우선이다** _ 아일랜드 시골에는 신호등 없이 건널목만 있는 곳도 많다. 건널목 앞에 보행자가 있다면 보행자가 먼저 건너가게 해야 한다. 무단횡단을 하는 이들도 많기 때문에 조심하도록!

7 숙박비는 얼마나 들까?

아일랜드 숙소는 크게 호텔과 B&B, 호스텔로 나뉜다. 최근 들어 공유경제 트렌드로 에어비앤비(Airbnb)도 젊은 층이나 가족단위 여행자들에게 인기를 끌고 있다. 숙소 검색은 호텔스닷컴(hotels.com), 부킹닷컴(booking.com), 익스피디어(expidia.ie) 등에서 호텔, B&B, 호스텔 검색이 모두 가능하다. 아일랜드 비앤비만 취급하는 사이트에는 아일랜드비앤비닷컴(ireland-bnb.com), 비앤비아일랜드닷컴(bandbireland.com) 등이 있다. 호스텔을 전문으로 취급하는 사이트에는 호스텔스닷컴(hostels.com)과 호스텔월드(hostelworld.com) 등이 있다.

[호텔]

도시와 시즌에 따라 차이가 나지만 도시는 1박에 150유로, 지방은 100유로 내외로 예약할 수 있다. 유럽의 다른 지역과 비하면 예약률이 낮은 편이지만, 원하는 숙소를 잡으려면 최소 일주일 전에 예약하는 것이 좋다.

[B&B(Bed & Breakfast)]

아침이 제공되는 가정식 호스텔로, 환대 문화가 발달한 아일랜드 가정 특유의 푸근함과 소박함을 경험할 수 있다. 가격은 1인당 40~50유로 수준이며, 어린이의 경우 25~50% 할인을 해주는 곳이 많다.(방 기준 가격이 아니라 사람 기준 가격임)

[호스텔]

젊은 배낭 여행자들이 많이 이용하는 호스텔은 도시나 유명 관광지에 주로 자리하고 있다. 방값은 몇 인실이냐에 따라 달라지지만, 1인당 15유로부터 시작한다. 가격이 싸고 인기 있는 호스텔에 묵으려면 최소 1~2주 전에는 예약하는 것이 좋다.

[에어비앤비]

에어비앤비는 집 전체를 빌리는 것으로 일행이 많을 때 좋다. 또한, 딩글 반도나 링 오브 케리의 경치 좋은 곳에 있는 집들은 별장 같은 느낌으로 여행을 즐길 수 있다. 에어비앤비가 처음이라면 '검색어 설정(Filters)'에 슈퍼호스트를 클릭하고 집을 알아보자. 많은 여행자에게 검증된 호스트를 선별할 수 있기 때문에 초보자들에게 위험 부담을 줄일 수 있다.

8 환전은 어떻게, 얼마나 해야 할까?

[아일랜드 화폐논]

아일랜드는 유로존에 포함되어있으니, 유로화로 준비해가면 된다. 유로화
지폐는 5, 10, 20, 50, 100, 200유로가 있으며 10, 20, 50유로를 가
장 많이 사용한다. 동전은 1, 2유로와 1, 2, 5, 10, 20, 50센트가 있다.
북아일랜드를 여행할 경우, 영국령이기 때문에 파운드도 환전해야 한다.

[신용카드나 체크카드 사용은]

재래시장이나 노점상을 제외한 거의 모든 상점에서 신용카드나 체크카드를 사용할 수 있으므로, 해외
에서 사용할 수 있는 카드를 준비하는 게 좋다. 간혹 5유로 이상부터 카드 사용이 가능한 곳도 있다.
또, 슈퍼마켓에서 체크카드로 결제할 때 캐쉬백을 할지 물어보는 경우가 있는데, 여기서 말하는 캐쉬
백은 돈을 인출하는 것을 말한다. 캐쉬백으로 최대 100유로까지 인출할 수 있다.

[하루에 돈은 얼마나 필요할까?]

맥도널드 빅맥 세트(6.7유로)를 기준으로 점심은 10유로, 저녁은 15유로 선에서 먹을 수 있기 때문에
군것질을 포함한 하루 식비를 평균 35유로 정도로 잡으면 된다. 명소 입장료는 평균 7~10유로 정도
이므로 하루에 한두 명소를 관람한다고 할 때 대략 15유로 정도 든다. 따라서 더블린과 근교만 여행한
다면 숙박비를 제외한 하루 예산을 대략 50~60유로(숙박비 제외)로 잡을 수 있지만, 아일랜드 지방을
여행할 경우 교통비가 늘어난다. 아일랜드는 대중교통으로 가기 힘든 명소가 많기 때문에 투어 버스
비용까지 고려해야 한다. 더블린과 아일랜드 서부를 여행한다고 가정하면, 더블린·골웨이 간 왕복 버
스 요금이 약 20유로, 골웨이에서 모허 절벽에 가는 투어 버스가 약 20유로, 골웨이에서 아란 제도에
가는 비용이 약 41유로(뱃삯, 자전거 대여료, 입장료 포함)로 하루에 90~110유로 정도가 필요하다.

[팁은 어떻게]

아일랜드는 팁 문화가 발달하지 않았지만, 좋은 서비스를 받았을 때는 전체 금액의 10%를 팁으로 주
기도 한다. 또한, 호텔에서 객실 청소에 대한 매너팁은 1유로 지폐를 주는 게 좋다.

바람막이 점퍼 계절에 상관없이 바람이 많이 불고 하루에 한 번씩 비가 내리는 날이 많다. 바람이 세기 때문에 우산을 쓰는 것보다는 모자 달린 바람막이 점퍼가 수시로 오는 비를 막는 데 더욱 요긴하다. 만약 바람막이 점퍼를 미리 준비해오지 못했다면 아일랜드의 중저가 브랜드인 페니스(Pennys)에서 구입할 것을 추천한다.

동전 지갑 유로(€) 화폐는 동전이 많기 때문에 동전 지갑이 있으면 편리하다.

비상약 한국보다 약값이 비싼 편이니, 필수 비상약은 준비하는 게 좋다.

멀티어댑터 아일랜드는 구멍이 세 개인 220V를 사용하므로, 여행용 멀티어댑터가 필요하다.

좋아하는 음악 광활한 자연의 아름다움을 느끼게 해주는 필수품이니 반드시 준비하자.

슈퍼마켓 간단한 식품을 살 때는 테스코(Tesco), 던스토어(Dunnes Store), 막스앤스펜서(Marks & Spencer, M&S), 리들(Lidl), 알디(Aldi) 등의 슈퍼마켓을 이용하면 된다. 리들과 알디가 가장 저렴하고, 테스코, 던스토어, 막스앤스팬서에서는 간편하게 먹을 수 있는 샌드위치를 살 수 있다.

편의점 대표적인 편의점으로 스파(SPAR)와 센트라(Centra)가 있다. 한국처럼 24시간 편의점은 없고, 대부분 7시 전후로 문을 열고, 밤 10~11시에 문을 닫는다.

생활용품점 싸게 사서 두어 번 편하게 사용할 여행용 물건들은 유로숍(Euroshop)이나 딜즈(Dealz)를 추천한다. 한국의 다이소와 같은 곳으로, 1~2유로 정도의 부담 없는 가격으로 급하게 쓸 물건을 구할 수 있다. 중저가의 옷을 사고 싶다면 페니스(Pennys)를 추천한다.

[아일랜드 안에서 와이파이존은 어디에]

많은 공공시설과 상점에서 무료로 인터넷을 쓸 수 있다. 아일랜드 더블린 공항 전역, 기차를 비롯해 고속버스, 시내버스 등 모든 대중교통 시설과 맥도널드, 스타벅스, 코스타(Costa) 커피숍, 대표적인 영국 기업인 테스코(Tesco) 슈퍼마켓과 부츠(boots) 등에서 인터넷 사용이 자유롭다. 여행 기간이 짧거나 더블린과 더블린 근교로만 여행한다면 유심칩을 별도로 구입하지 않아도 된다.

[전화 거는 방법]

아일랜드에서 한국으로 걸 때는 먼저 '0082'를 누르고 전화번호의 맨 앞자리 '0'을 뗀 나머지 번호를 누른다. 예를 들어 '010-123-4567'로 전화한다면, '0082-10-123-4567'을 누르면 된다.

한국에서 아일랜드로 걸 때는 국제전화 식별번호(001, 00700 등)와 아일랜드 국가 번호 '353'을 누른 후, 전화번호 맨 앞자리 '0'을 뗀 나머지 번호를 누른다. 예를 들어 유심칩을 구입하고 받은 현지 전화번호가 '087-057-1234'라면 '001-353-87-057-1234'로 걸면 된다.

[유심칩 구입 방법]

여행 기간이 일주일 이상이거나, 렌터카 여행으로 내비게이션이 필요하다면 유심칩을 사는 것을 추천한다. 이때 유심칩을 꽂을 스마트폰은 반드시 컨트리 록(Country Lock)이 해제되어있어야 한다. 아일랜드의 대표적인 통신사로는 보다폰(Vodafone), 쓰리(Three), 에어(Eir), 테스코 모바일(Tesco mobile) 등이 있고, 선불제 요금은 10유로부터 시작된다.

가장 저렴한 상품은 테스코 모바일의 15유로 상품으로 데이터를 15GB 제공한다. 여행 내내 자유롭게 데이터를 쓰고 싶다면 쓰리의 20유로 유심칩을 추천한다. 데이터는 무제한, 음성 통화는 20유로만큼 쓸 수 있고, 같은 통신사끼리는 무료로 통화, 문자는 3,000개까지 보낼 수 있다.

유심칩은 각 통신사 매장에서 구할 수 있고, 테스코 모바일은 아일랜드 전역의 테스코 마켓에서, 쓰리 매장은 더블린의 중심가인 그래프턴 거리에서 쉽게 찾을 수 있다.

쓰리 매장 주소 46 Grafton St, Dublin 2

[여행 정보는 어디에서 얻을 수 있나]

아일랜드 관광청(www.discoverireland.ie) 디스커버아일랜드(Discover Ireland)는 아일랜드 공식 관광청 사이트이다. 아일랜드에서 갈 만한 장소, 숙소, 레스토랑, 액티비티 등 다양한 여행 정보를 얻을 수 있다.

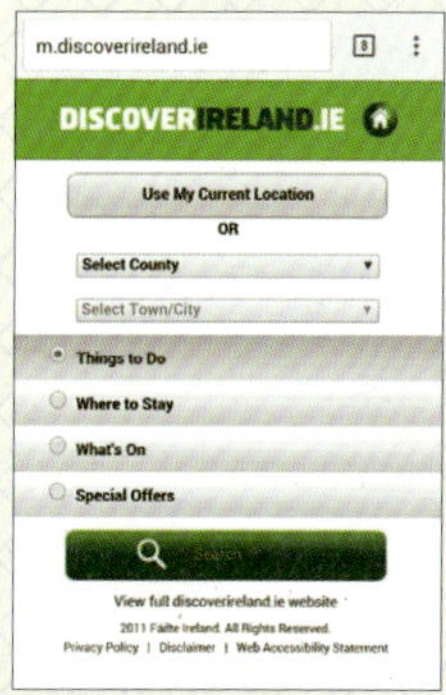

[비자가 필요할까?]

아일랜드를 포함한 유럽연합 국가들은 총 90일간 무비자로 여행이 가능하다. (단, 여권 유효기간이 6개월 이상 남아있어야 함) 90일 이상 여행할 경우, 학생 비자나 취업비자를 따로 발급받아야 한다.

[여행하기엔 안전할까?]

다른 유럽 국가에 비해선 안전한 나라이지만 최근 관광객의 증가로 더블린에서 소매치기가 증가하고 있다. 신형 핸드폰 도난이 가장 빈번하니, 거리에서 핸드폰으로 지도를 검색할 때나 늦은 시간에 특히 조심해야 한다. 사람이 많은 패스트푸드 체인점을 이용할 때는 테이블 위에 핸드폰을 올려놓지 않는 것이 좋다.

[여권을 분실했을 때는]

주 아일랜드 대한민국 대사관
(irl.mofa.go.kr)
주소 15 Clyde Rd, Ballsbridge, Dublin 4
연락처 +353-(0)1-660-8800/8053
　　　　+353-(0)1-668-2109
이메일 irekoremb@mofa.go.kr
비상연락 +353-(0)87-234-9226
　　　　　+353-(0)87-093-4054
　　　　　+353-(0)87-669-3787

한 번쯤은 아일랜드

ⓒ김현지 2017

초 판1쇄 발행 2017년 1월 23일
개정판1쇄 발행 2019년 2월 25일

지은이 김현지

펴낸이 김재룡
펴낸곳 도서출판 슬로래빗

출판등록 2014년 7월 15일 제25100-2014-000043호
주소 (139-806) 서울시 노원구 동일로183길 34, 1504호
전화 02-6224-6779
팩스 02-6442-0859
e-mail slowrabbitco@naver.com
블로그 http://slowrabbitco.blog.me
포스트 post.naver.com/slowrabbitco
인스타그램 instagram.com/slowrabbitco

기획 강보경   편집 김가인   디자인 변영은 miyo_b@naver.com

값 16,000원
ISBN 979-11-86494-23-3 13920

「이 도서의 국립중앙도서관 출판시도서목록(CIP)은 서지정보유통지원시스템
홈페이지(http://seoji.nl.go.kr)와 국가자료공동목록시스템(http://www.nl.go.kr/
kolisnet)에서 이용하실 수 있습니다. (CIP제어번호: CIP2017000635)」